Fabiana Fondevila
Wo das Wunderbare wohnt

Fabiana Fondevila

WO DAS WUNDERBARE WOHNT

Bücher haben feste Preise.
1. Auflage 2022
Wo das Wunderbare wohnt
Fabiana Fondevila

Der Titel des spanischen Originals lautet » Donde Vive el Asombro«.
Der Titel der englischen Ausgabe lautet »Where Wonder Lives«.
Nach der Übersetzung aus dem Spanischen von Nick Inman
aus dem Englischen übersetzt von Andreas Lentz.

Copyright © 2018, 2021 by Fabiana Fondevila
Spanische Ausgabe © 2018 bei Penguin Random House Grupo Editorial
Englische Ausgabe © 2021 bei Findhorn Press
Deutsche Ausgabe © 2022 bei Neue Erde GmbH

Ursprünglich veröffentlicht auf Spanisch im Jahr 2018 von Editorial Grijalbo,
einer Abteilung von Penguin Random House Grupo Editorial,
unter dem Titel »Donde Vive el Asombro«.
Die englische Ausgabe erschien bei Findhorn Press
Rochester, Vermont 05767 www.findhornpress.com
Findhorn Press ist ein Imprint von Inner Traditions International

Alle Rechte vorbehalten.

Illustrationen von Maite Ortiz

Umschlag:
Illustration: Maite Ortiz
Gestaltung: Dragon Design, GB

Lektorat: Alice Deubzer

Satz und Gestaltung:
Dragon Design, GB
Gesetzt aus der Minion

Gesamtherstellung: Appel & Klinger, Schneckenlohe
Printed in Germany

ISBN 978-3-89060-816-7

Neue Erde GmbH
Cecilienstr. 29 · 66111 Saarbrücken
Deutschland · Planet Erde
www.neue-erde.de

Meinem Vater, Rafael Fondevila,
für seine unendliche Liebe zur Welt.

Ich werde die Fackel weitergeben, Dad.

Inhalt

Ein Vorwort für jene,
die Vorworte überblättern

Ist dir schon einmal aufgefallen, dass unterschiedliche Bücher unterschiedliche Arten der Fortbewegung erfordern? Es gibt Bücher für Fußgänger und Bücher für Sprinter. Es gibt Bücher, die einen dazu bringen, langsam durch sie hindurchzugehen, als ob man durch einen Park schlendere, und andere, die einen einfach nur einladen, in einer imaginären Hängematte zu schaukeln, selbst wenn man sie zur Hauptverkehrszeit in der U-Bahn liest.

»Wo das Wunderbare wohnt« ist ein Buch für Tänzer. Wenn du gerne tanzt, wirst du durch die Seiten tanzen; und wenn du eine tänzerische Leseweise erlernen willst, kannst du keine begabtere Lehrerin als Fabiana Fondevila finden.

Wie die besten Lehrerinnen führt die Autorin ihre Schüler auf spielerische Art und Weise. Fast unbemerkt wirst du bei Begegnungen mit Psychologen, Anthropologen, Biologen und anderen Meistern ihres Fachs wertvolle Erkenntnisse gewinnen und große Dichter antreffen. Aber der Lernprozess wird sich von jenem unterscheiden, den du in der Schule erlebt hast. Stattdessen wirst du die Kunst des ernsthaften Spiels wiederentdecken, eine Kunst, die wir als Kinder perfektioniert haben, die uns die Schule aber leider abtrainiert hat. Selbst für jemanden, der die beste Schulbildung genossen hat, gilt das Sprichwort: »Die Kindheit ist zu kurz, um das Kind zu werden, das wir sein sollen.«

Aber es ist noch nicht zu spät. Jedes Ritual bietet deinem inneren Kind eine Form des Spiels mit Sinn und Zweck, und dieses Buch zeigt dir, wie du die einfachen Handlungen des täglichen Lebens in Rituale verwandeln kannst. In dem Maße, in dem du die Kunst beherrschst, jeden Augenblick auf diese Weise zu feiern, lernst du, dir den tiefsten Sinn des Lebens zu erschließen.

Wenn du anfängst, dieses Buch zu lesen, mache dich auf eine Reise gefasst, die sich von allen Reisen unterscheidet, die du je unternommen hast. Auf dieser Reise wirst du nicht gehen, reiten oder fliegen – du wirst tanzen. Die Verwunderung lässt uns tanzen, tanzen wie bei einer Hochzeit – der heiligen Hochzeit zwischen unserem Animus, der in die Gefilde der Vernunft aufsteigt, und unserer Anima, die in die Gefühle hinabsteigt. Die Schritte des Tanzes führen zu Übungen, die sich als die angenehmsten und zugleich transformierendsten Teile des Buches erweisen mögen.»Wir gehen zugrunde, weil wir uns nicht wundern«, schrieb G. K. Chesterton. Aber wir müssen nicht zugrunde gehen. Im heutigen Strom der Entzauberung wirft uns dieses Buch einen Rettungsring zu, denn es zeigt uns, wo das Wunderbare wohnt.

Bruder David Steindl-Rast
Benediktiner-Orden
Lichtmess, 2. Februar 2018

David Steindl-Rast studierte Kunst, Anthropologie und Psychologie und war einer der ersten Katholiken, die eine Ausbildung im Zen-Buddhismus absolvierten. Er ist Spezialist für den interreligiösen Dialog, Redner und Autor von einem Dutzend Büchern. Sein Video A Good Day *(Ein guter Tag) wurde auf der ganzen Welt bewundert, weil es dazu aufruft, ein Leben voller Wunder und Dankbarkeit zu führen.*
www.gratefulness.org

Anleitung ein Leben zu leben:
Gib acht.
Staune.
Erzähle davon.
Mary Oliver

Eine stilistische Klarstellung: Was das Geschlecht betrifft, habe ich absichtlich zwischen den beiden abgewechselt, anstatt durchgängig das eine oder das andere zu verwenden. Sofern aus dem Kontext nichts anderes hervorgeht, beziehe ich mich immer auf einen Menschen, unabhängig von seiner Geschlechtsidentität.

Einführung

Ich war etwa acht Jahre alt. Meine Eltern hatten ein Grundstück am Rande von Buenos Aires gekauft, in einer Gegend, die jemand einmal mit mehr Romantik als Realitätssinn »die Hügel« genannt hatte. Wir fuhren jedes Wochenende dorthin – außer wenn es stürmte –, um Bäume und Gemüse zu pflanzen, Gräben auszuheben und so zu tun, als hätten wir dort ein Zuhause mitten unter den Vögeln und Bäumen.

Kaum hatte mein Vater den Renault auf dem Wiesenweg geparkt, sprangen meine Brüder und ich auf das Tor zu wie eine Braut, die sich in die Arme ihres Geliebten wirft. Das Tor schwang auf... und los ging's! Ich weiß nicht, wie weit meine Brüder kamen, aber ich rannte, bis ich außer Atem und der gegenüberliegende Zaun, in einem Meer aus Gras, zum Greifen nah war. Der Geruch der trockenen Erde, das hohe Unkraut, das meine Nase kitzelte, die Weite, die sich in alle Richtungen auftat, – mehr Weite, als ein Stadtmädchen je gesehen hatte – machten mich trunken vor Freude. Der Rausch hielt den ganzen Nachmittag an, noch die gesamte Rückfahrt und bis es Zeit war, wieder zur Schule zu gehen.

Auf diesem Grundstück wurde nie ein Haus gebaut, wie es sich mein Vater erträumt hatte. Er ist nie ein bescheidener Träumer gewesen und hatte eigentlich fünf Häuser im Sinn: eines in der Mitte für seinen Ruhestand mit meiner Mutter, und vier drum herum für uns, seine Kinder. Es gab nie ein Haus. Aber es gab Kürbisse, Melonen, Wassermelonen, eine Eukalyptusallee, einen Zementschuppen und eine scheinbar endlose Schlauchleitung. Und für mich gab es ein Gefühl in der Seele, das erst Jahrzehnte später einen Sinn ergab, als ich mich endlich mit den Fragen auseinandersetzte, die mir damals ins Ohr geflüstert wurden: Fragen nach der Art meiner Verbindung mit der Welt; Fragen nach Verwandtschaft; Fragen nach Zugehörigkeit.

Diese Landabenteuer begleiten mich immer noch als eine Art Reisealtar. Zum Glück existiert dieser nur in meiner Vorstellung. Gäbe es ihn in der materiellen Welt, wäre er längst verwelkt, und auf jeden Fall gäbe es kein Regal oder keine Truhe, die alles aufnehmen könnte, was mit ihm verbunden ist. Vielleicht ist er mehr als ein Altar; er ist ein fortlaufendes Naturtagebuch, in das jeden Tag neue Entdeckungen und staunenswerte Wunder eingetragen werden. Seine Seiten enthalten die täglichen Gesten (winzige oder außergewöhnliche) der Menschen, die ich liebe; Farben (das Türkis des Himmels an bestimmten Sommertagen, die korallenroten Knospen des Vorfrühlings, das tiefe Indigo der Morgenlilienblüten, wenn die Sonne aufgeht, das schwarze Filigran der Baumkronen in der Abenddämmerung); Texturen (Fell, Haut, Holz), Düfte (Linden im Schatten, Kiefern im Sonnenschein), Erstaunliches (die Milchstraße, der Klang bestimmter Gedichte, die Freundlichkeit mancher Menschen); Liebe in ihren unzähligen Abstufungen.

All dies ist Teil meines persönlichen Pantheons, des ständig wachsenden Reservoirs, das alles ehrt und feiert, was mir heilig ist. Ich bin mir des feierlichen Nimbus bewusst, der das Wort »heilig« umgibt. Ich verwende es in der Absicht, es auf eine bescheidenere und erdverbundenere Weise neu zu definieren.

Ursprünglich war »das Heilige« das, was sich innerhalb der Mauern der Kirche abspielte, während »das Profane« das war, was diesseits ihrer Schwelle geschah. In der Vision, die ich auf diesen Seiten vorstelle, kann nichts wirklich außerhalb des Umkreises des Heiligen liegen, denn es ist kein Ort oder Gegenstand, sondern eine Art, auf das Leben zu schauen, eine Art, die Welt zu spüren.

Wie der Dichter und Naturtheologe Thomas Berry bin ich der Meinung, dass es »keine heiligen und profanen Orte gibt; es gibt heilige und entweihte Orte«. Wenn das Heilige in den Augen liegt, die die Liebe und das Geheimnis im Herzen des Lebens wahrnehmen, dann bedeutet Entweihung, diese Liebe und dieses Geheimnis zu ignorieren oder zu verletzen; die Bande, die uns miteinander verbinden, zu ignorieren oder zu verletzen. »Profan« ist Zynismus, Verunglimpfung, Erniedrigung und Verachtung. Und dies ist nicht das ausschließliche Terrain einiger weniger bestialischer Wesen. Wir alle können unbewusst eine Entweihung begehen, wenn wir aus Angst grausam handeln, wenn wir aus Verwirrung nachtragend sind oder wenn wir kalt oder apathisch sind, weil wir ein schwieriges Gefühl nicht ertragen können.

Die Übungen, die auf den folgenden Seiten angeboten werden, versuchen, die Qualitäten des Herzens wiederherzustellen, die uns helfen, das Heilige in den kleinen Ereignissen eines jeden Tages zu sehen, schätzen zu lernen und zu feiern – und durch sie das Leben selbst. Sie entspringen alle der gleichen inneren Haltung: dass das Geheimnis, wenn es existiert, im Ameisenhaufen genauso präsent ist wie auf dem schneebedeckten Gipfel; dass die Liebe unsere wahre Natur ist, ganz gleich, wie reich oder arm wir sie in einem bestimmten Moment zum Ausdruck bringen; dass, wenn wir ein Amalgam aus Geist und Materie sind, das eine notwendigerweise das andere umarmen muss, so wie die Schwärze der Nacht dem Schein des Tageslichts weicht.

Das ist die Reise, auf die ich dich mitnehmen möchte: eine Reise, die deine Augen weit öffnen, deine Ohren spitzen, deinen Geruchssinn schärfen und dich zu einem langen, tiefen Atemzug einladen wird; dein Leben mit der Kühnheit eines Seefahrers zu erforschen; verrückt zu werden vor Liebe für die wilde und phänomenale Welt; und am Ende des Tages, wie ein gutherziger Pirat, den Schatz wieder zurückzugeben, den zu finden du aufgebrochen bist.

DIE WEGE TRENNEN SICH

Von Anfang an hat der Mensch versucht, die Gesetze zu verstehen, die das Universum regieren, seine Rolle im großen kosmischen Orchester und den Sinn einer Existenz, die durch das ständige Wechselspiel von Freude und Schmerz, Schönheit und Scheußlichkeit, Staunen und Angst, Leben und Tod gekennzeichnet ist.

Diese Sinnsuche führte die Menschheit schon früh zur Erforschung der geistigen Dimension. Diese Erkundung nahm zwei Hauptwege, die den beiden von Platon und den Neuplatonikern beschriebenen Wegen entsprechen: eine aufsteigende Richtung von der Materie zum Geist; und ein absteigender Weg, der vom Geist zur Materie führt. Nach dieser Sichtweise ist der Kosmos ein multidimensionales Ganzes, das aus auf- und absteigenden Strömen der göttlichen Liebe besteht.

Die Menschen und Traditionen, die den aufsteigenden Weg einschlugen – die monotheistischen Religionen (mit bemerkenswerten Ausnahmen wie dem Mystiker Franz von Assisi) –, suchten den Geist in den erhabenen Höhen der Existenz und stellten »männliche« Werte und Bestrebungen wie das reine Licht, die Vision und das Transzendente in den Vordergrund. Durch Gebete, Fasten, Meditationen und einen strengen Lebensstil versuchten diese Traditionen, die unvollkommene Welt der Form hinter sich zu lassen und sich auf die ewige Quelle von allem, was existiert, auszurichten.

Auf der anderen Seite fanden die Menschen, die sich die absteigende Vision zu eigen machten – die heidnischen, schamanischen, vorwiegend matriarchalen Kulturen –, das Göttliche in jedem Blatt und jeder Kreatur wieder. Sie kultivierten weibliche Werte und schätzten das, was uns miteinander verbindet, das Irdische und das Immanente. Anstatt nach Erleuchtung zu streben, tauchten diese Menschen in die Unterwelt ein, die das Reich der Seele ist.

Was ist die Seele in dieser Auffassung? Sie ist der uranfängliche und wesentliche Kern unserer Individualität, der Teil des Geistes, der in uns lebt und unsere besonderen Eigenschaften annimmt – jene, die uns von allen anderen unterscheiden.

Der absteigende Weg taucht in die Tiefe: auf der Suche nach dem besonderen Ausdruck des Heiligen, das du bist. Hier erforschen wir unsere animalische Natur, unsere tiefsten Ängste, unser Einlassen auf Tod und Krankheit, unsere Erfahrung von Sexualität, unsere Wünsche, unsere Schöpfungen, unsere Träume, unser Unbewusstes und seine Symbole.

So definiert der brillante jungianische Psychologe James Hillman den Unterschied zwischen Geist und Seele:

> Die Seele mag Intimität, der Geist ist erhebend. Die Seele ist haarig, der Geist ist kahl. Der Geist sieht selbst im Dunkeln; die Seele tastet sich Schritt für Schritt vor oder braucht einen Hund. Der Geist schießt Pfeile ab, die Seele treffen sie in die Brust. William James und D. H. Lawrence haben es am besten ausgedrückt: Der Geist mag Ganzes. Seelen mögen Einzelwesen.

In seinem Buch *Soulcraft: Crossing into the Mysteries of Nature and Psyche* (Soulcraft: Die Mysterien von Natur und Seele) gibt der Tiefenpsychologe und Wildnisführer Bill Plotkin eine formalere Definition:

> Während die Seele mit den vielen irdischen Geheimnissen verbunden ist, ist der Geist mit der einen himmlischen Glückseligkeit verbunden. Die Seele öffnet die Tür zum Unbekannten oder noch nicht Bekannten, während der Geist das Reich jenseits von Wissen jeglicher Art ist, Bewusstsein ohne Objekt. Der Seele begegnet man im Unterbewusstsein (das heißt dem, was unterhalb des Bewusstseins liegt), während der Geist in Zuständen des Überbewusstseins wahrgenommen wird. Beide sind mit Zuständen der Ekstase (die außerhalb des Gewöhnlichen liegen) verbunden, aber die Begegnung mit der Seele ist durch Träume und Visionen des persönlichen Schicksals gekennzeichnet, während die Verwirklichung des Geistes reines, inhaltsfreies Bewusstsein hervorbringt.

Die beiden Wege – aufsteigend und absteigend – ergänzen und vervollständigen einander. Jeder für sich bietet eine Teilerfahrung des Göttlichen. Seit dem Aufkommen der Moderne wird der abwärtsgerichtete Weg jedoch behindert, wenn er nicht gar verboten ist. Wieder Plotkin:

> Vielleicht hatten unsere religiösen und politischen Vorväter Angst vor den Einflüssen der Natur und der Seele; sie haben uns von der Wildnis abgebracht und versucht, die Wildheit zu kontrollieren oder zu zerstören, wo immer sie zu finden war. Die Furcht vor der Natur und der Seele ist eine Furcht vor unserer eigenen Essenz.

Durch diese gespaltene Sichtweise verloren die Erde und ihre Geschöpfe ihren göttlichen Status. Die Spaltung verschärfte sich im 18. Jahrhundert mit dem Aufkommen des Rationalismus. Ohne den Fortschritt dieser Entwicklungsstufe schmälern zu wollen, ernannte er den Intellekt zur neuen Gottheit und tat alle anderen Formen des Wissens als bloßen Aberglauben ab. Die Weisheit der indigenen Völker, die auf innerem Wissen und dem Dialog mit den Kräften der Natur beruhte, wurde geleugnet oder einem infantilen Stadium des menschlichen Bewusstseins zugeschrieben.

Der Mythos des unbegrenzten wissenschaftlichen und industriellen Fortschritts mit seiner Auffassung von der Natur als auszubeutender Ressource wurde vorherrschend und droht heute den Planeten zu zerstören. Die Ablehnung der Materie – zunächst aus spiritueller, dann aus intellektueller Sicht – führte paradoxerweise in ein Zeitalter eines noch nie dagewesenen Materialismus.

Diese veränderte Sichtweise machte unsere Erfahrung der Welt arm: Wir verloren die Fähigkeit, mit anderen Arten in Dialog zu treten, uns in den Rhythmen und Zyklen der Natur wiederzuerkennen, uns in unserem Körper und mit den Körpern anderer wohlzufühlen, kurz: dazuzugehören.

In der zweiten Hälfte des 20. Jahrhunderts sorgte die New-Age-Bewegung für frischen Wind und vertrat eine ökologische, feministische, freiheitliche und progressive Agenda. Sie war ein notwendiger Wendepunkt, der zum Teil durch den Einfluss östlicher Weisheit, die den Westen erreichte, befördert wurde. Im Laufe der Jahrzehnte nährte sie jedoch einseitig die Transzendenz als einzigen Weg zum Spirituellen. Eines der deutlichsten Ergebnisse dieser Vorliebe ist das Phänomen, das der Autor Robert Augustus Masters »spirituelles Bypassing« getauft hat: die Neigung, körperliche oder seelische Probleme allein durch spirituelle (meditative, kontemplative, energetische) Praktiken lösen zu wollen, das heißt, diese Praktiken so zu nutzen, als seien sie Abkürzungen zum Heilwerden. Diejenigen, die in diese Verwirrung geraten, vermeiden es, bei ernsten körperlichen Symptomen zum Arzt zu gehen; sie unterdrücken Emotionen wie Wut oder Angst, weil sie sie für »unspirituell« halten; sie ertragen Missbrauch im Namen eines missverstandenen »Mitgefühls«; oder sie vermeiden schwierige, aber wichtige Gespräche, um den Frieden zu wahren.

Ein weiterer Aspekt desselben Phänomens ist das, was der buddhistische Lehrer Chögyam Trungpa »spirituellen Materialismus« nannte: die Nutzung von Spiritualität zur Erreichung persönlicher Ziele in der Welt, was sie letztlich entwertet.

Autoren wie Ken Wilber, der Begründer des integralen Denkens, warnen davor, dass die jahrzehntelangen buddhistischen Praktiken zur Erlangung von Losgelöstheit und Gleichmut wenig zur Förderung der seelischen und emotionalen Reife der Praktizierenden beigetragen haben. Mit anderen Worten: Egal, wie sehr sich jemand im Dojo, im Tempel oder bei einer Wochenendklausur um Frieden und Disziplin bemüht, wenn er nicht aktiv daran arbeitet, seine beruflichen, familiären oder persönlichen Probleme zu lösen, wenn er seinen Schatten nicht erforscht und sich nicht um die banalen Dinge seiner Existenz kümmert, dann werden seine Bemühungen um Erleuchtung vergeblich sein. Ein Beweis dafür sind die Skandale, die die nordamerikanische buddhistische Gemeinschaft erschütterten, als Gurus aus abgelegenen Klöstern, die wenig oder gar keinen Kontakt zu Geld, Frauen oder Sexualität hatten, in den Vereinigten Staaten ankamen und sich in einer Welt unbekannter Versuchungen wiederfanden. Ist es da verwunderlich, dass sie pubertäre Fehler begingen und es sogar zu Missbrauch kam? Wilber mahnt: Es reicht nicht aus, aufzuwachen; man muss auch erwachsen werden.

Auch Thomas Moore, Autor des Bestsellers *Care of the Soul*, misstraut einer Spiritualität, die die Transzendenz auf Kosten des Irdischen fördert:

> Wenn wir unsere Spiritualität nur in positiven und leuchtenden Begriffen definieren, wird sie sentimental, und dann ist sie nutzlos. Spirituell zu sein, bedeutet nicht nur, zu beten und zu meditieren, sondern auch, sich an den Auseinandersetzungen rund um Ehe, Arbeit und Kindererziehung zu beteiligen, soziale Verantwortung zu übernehmen und sich für eine gerechte und friedliche Welt einzusetzen.

In dieser Weltanschauung ist »spiritueller Aktivismus« kein Widerspruch in sich, sondern ein konkreter Ausdruck von Liebe in Aktion.

Die Wahrheit ist, dass wir beides brauchen: den aufsteigenden Weg, der die Quelle durch Vision, Weisheit und Losgelöstheit sucht, und den absteigenden Weg, der das Göttliche hier auf der Erde findet und danach strebt, es durch Dienen, Großmut und Mitgefühl auszudrücken.

In unserem Leben bewegen wir uns ganz natürlich zwischen diesen Gegensätzen: Wir trachten nach der Stille auf der Suche nach Inspiration und Ausgeglichenheit; dann kehren wir in die Welt zurück und teilen diesen Frieden mit unserer Gemeinschaft. Oder umgekehrt: Wir erleben etwas ganz Alltägliches – einen Freund, der uns Hilfe anbietet; einen Himmel voller Sterne; einen Vogel, der seine Jungen füttert –, und das stößt uns geradewegs in das Mysterium.

Wir müssen die Multidimensionalität des Lebens annehmen und Licht und Schatten, Sein und Tun, Geben und Nehmen, spirituelle Erhebung und psychologische und emotionale Reifung in Einklang bringen. Die Wiederentdeckung des weiblichen Gesichts des Heiligen ist ein Weg, das Ungleichgewicht zu berichtigen und der Welt die Nahrung zu geben, nach der sie sich seit Jahrhunderten sehnt: die heilige Verbindung, die Gegensätze integriert und uns Ganzheit bringt. Genau diese Sehnsucht inspiriert auch diese Seiten.

EINE LANDKARTE FÜR DIE REISE

Der Mensch ist von Natur aus ein Sinnsucher. So, wie wir lernten, uns zu ernähren, uns vor Kälte zu schützen und Unterkünfte zu bauen, so suchten wir mit gleicher Entschlossenheit in den Sternen nach dem Grund für unsere Gefühle, erkannten Sinnzeichen in den Flammen und begriffen intuitiv, dass die Bäume, die Gewässer und der Himmel Lebewesen waren genau wie wir. Wir baten die Berge um Schutz, vollzogen Sühnezeremonien, indem wir das Blut unserer Beute vergossen, sangen Lobeshymnen auf den Mond und feierten die Rückkehr der Sonne.

Heute leben wir unendlich viel sicherer und komfortabler als in früheren Zeiten, aber wir haben etwas von dem schlichten Zauber verloren, den die Welt für unsere Vorfahren hatte. Können wir die Lebenskraft dieser Zugehörigkeit zurückgewinnen? Können wir in den Lebewesen und der Landschaft die Widerspiegelung unserer inneren Erfahrung wiederentdecken? Können wir uns wieder eng mit anderen Menschen, mit dem Kosmos und dem Leben selbst verbunden fühlen (ohne zu viel intellektuelle Einmischung)? Joseph Campbell, der große Mythologe, spielte auf diese tiefe Sehnsucht an, als er sagte:

Die Leute sagen, dass wir alle nach dem Sinn des Lebens suchen. Doch ich glaube nicht, dass wir wirklich danach suchen. Ich glaube, wir suchen vielmehr nach der Erfahrung, lebendig zu sein, sodass unsere Lebenserfahrungen auf der rein physischen Ebene in Resonanz gehen mit unserem innersten Wesen und unserer Wirklichkeit und wir tatsächlich das Entzücken des Lebendigseins spüren.

Was dieses Buch vorschlägt, ist ein Weg zurück zu dieser Innigkeit. Oder besser gesagt, neun Wegabschnitte. Neun Etappen auf einer imaginären Landkarte, die dazu einladen, dorthin zu gehen, wo man noch nie war; dort weiterzumachen, wo man aufgehört hat; oder einfach die Freude wieder zu entfachen, hier zu sein, bei Bewusstsein und in guter Gesellschaft auf dieser grün-blauen Kugel, die langsam durch den Raum kreist.

Es ist eine Landkarte, keine festgeschriebene Reise, denn sie schlägt keine lineare Route vor. Du kannst dieses Land betreten, wo du willst – die Gegend, die dir am nächsten ist, die Landschaft, die dich anspricht, der Lebensraum, den du brauchst –, und du kannst deine Reise organisch gestalten, je nachdem, wie viel Zeit dir zur Verfügung steht und wie deine Umstände sind. Welche sind die Gebiete oder Etappen auf der Landkarte? Es sind Dimensionen des Lebens, die es zu erforschen sich lohnt; Topographien, in denen die Menschen seit Anbeginn der Zeit Freude, Frieden und Erfüllung gefunden haben.

Die Unterteilung zwischen diesen Phasen ist natürlich willkürlich, denn im Leben ist alles durch tausend und einen Faden verbunden, sichtbar und unsichtbar. Aber es lohnt sich, innezuhalten, um jede Facette des Prismas zu bewundern und es zu durchwandern, so wie jemand, der zum ersten Mal einen Planeten besucht und alles aufnimmt, was er sieht, hört und fühlt. Jede Erkundung ist in gewisser Weise nur ein Entdecken des Geländes, denn jede Station ist eine Welt für sich und verdient sicherlich einen längeren und ausführlicheren

Der Urwald

Der Garten

Das Dorf

Das Feuer

Der Berggipfel

Der Fluss

Der Leuchtturm

Der Sumpf

Das Meer

Besuch. Am Ende des Buches findest du die Namen der Reisenden, die dir den Weg geebnet haben, wenn du weiterforschen willst. Natürlich kannst du dich auch für andere Reisen entscheiden, bei denen du dich von einem anderen Kompass leiten lässt. Der Zweck dieser Landkarte ist erfüllt, wenn du nach dem Besuch eines der von mir beschriebenen Gebiete den Wunsch verspürst, dorthin zurückzukehren.

Neben der Beschreibung des Geländes enthält jede Etappe auch praktische Aktivitäten oder Übungen, und genau hier – in der Erfahrung dieser Aktivitäten – liegt der Wert dieses Buches. Eine Übung ist nichts anderes als selbstbestimmtes Lernen, bei dem der Schwerpunkt nicht auf dem Erreichen eines Ziels liegt, sondern auf dem inneren Wert des Weges und in der Absicht, mit der man ihn geht. So wie das Meditieren in gewisser Weise bedeutet, jedes Mal innezuhalten, wenn man von seinem Ziel abgelenkt wird, und sanft zu ihm zurückzukehren (zum Beispiel durch die Beobachtung des Atems), so ist jede Übung eine Einladung, uns immer wieder auf das zu besinnen, was wir uns vorgenommen haben. Es ist die immer wieder vollzogene Rückbesinnung, dieses ständige sich wieder aufs Neue Einlassen, welche eine langsame und unerwartete Transformation hervorbringt. Wie Rumi rät, dessen Weisheit über Jahrhunderte nachhallt:

Mache täglich eine Übung.
Deine Stetigkeit ist wie ein Klopfen an der Tür.
Klopfe weiter, und die Freude im Inneren
wird schließlich ein Fenster öffnen
und hinausschauen, um zu sehen, wer da ist.

Du kannst den Weg allein gehen in deinem Zeitmaß und anhalten, wo dich etwas inspiriert, um es genauer zu untersuchen. Es ist jedoch eine gute Idee, sich von einem Führer, Therapeuten oder spirituellen Lehrer, einem Freund oder noch besser einer Sangha (einer Gemeinschaft von Gleichgesinnten in der buddhistischen Tradition) begleiten zu lassen. Ein Grund dafür ist, dass einige der Übungen recht intensiv sind und Emotionen und Erfahrungen auslösen können, die ein liebevolles Eingehen erfordern. Ein weiterer Grund ist, dass die kollektive

Intelligenz jeden Prozess stärkt und zu einem größeren Verständnis und Wachstum bei allen Beteiligten führt. Eine Reise, die man allein unternimmt, kann eine wunderbare Herausforderung sein; derselbe Weg, wenn er in Gesellschaft anderer mutiger Seelen zurückgelegt wird, wird zu einem Abenteuer.

Dies sind die Gegenden, die wir erkunden werden:

1 Der Urwald

In diesem Reich kommunizieren wir mit der wilden Natur. Was wir waren, was wir sind, woraus wir gemacht sind. Auf dieser Etappe wirst du lernen, deine eigene Kräutermedizin herzustellen, die Sprache der Vögel zu verstehen und die Geographie des Himmels zu verstehen. Mit diesem Wissen kannst du beginnen, deinen Platz im ursprünglichen Gefüge des Lebens wiederzufinden oder, noch besser, zu erkennen, dass du ihn nie wirklich verlassen hast.

2 Der Garten

Sehen, hören, riechen, schmecken, berühren: Im Garten erwartet dich eine Welt voller Sinneseindrücke. Das Geschenk deiner fünf Sinne und anderer, die du vielleicht gar nicht kennst, kann dir die Tür zu einer größeren Vertrautheit mit der Welt und anderen Wesen öffnen, wenn du nur innehältst, um sie zu erleben. Der geheime Garten ist nur so lange geheim, bis du ihn entdeckst.

3 Der Fluss

Seine Wasser umstrudeln Steine, steigen in Wellen auf und reißen dich mit. Dieser magische fliegende Teppich ist das Land der Phantasie, und um die geht es hier. Diese Fähigkeit versetzt dich in deine Kindheit zurück, sie erlaubt dir, die Welt neu zu erfinden und sie auf ungewohnte Weise zu entdecken. Welche Wunder hält das Universum für dich bereit, wenn du es mit geschlossenen Augen erkundest?

4 Der Berggipfel

Hier zwischen den schneebedeckten Gipfeln und in der klaren Luft kannst du dein Leben aus einem mythischen Blickwinkel betrachten und entdecken, dass der Weg, den du zurückgelegt hast, viel mehr ist als die Summe zufälliger Ereignisse. Vom Gipfel aus siehst du selbst die mühseligsten deiner Probleme nur als weitere Figuren in einem Schattentheater. Der Blick vom Gipfel belohnt die Mühen des Aufstiegs.

5 Der Sumpf

Hin und wieder gerät man im Leben auf trügerischen Boden. Er gibt unter den Füßen nach, und man steckt fest: Man steckt im Sumpf, Auge in Auge mit seinem Schatten. In diese Ecke deines Reiches scheint kein Licht, so sehr du dir das auch wünschst. Aber der Sumpf ist nur dem Anschein nach beängstigend. Wenn du aufhörst, ihn zu bekämpfen, wird er dich mit seiner Fruchtbarkeit und seinen verborgenen, das Leben erneuernden Schätzen überraschen.

6 Das Dorf

Hier treffen wir uns, um zu plaudern, unsere Ernten zu verkaufen und einzukaufen, Bündnisse zu schließen und zu verhandeln, uns auseinanderzusetzen und Wiedergutmachung zu leisten. Und genau hier, im Schutz deiner Beziehungen zu anderen, spielen sich dein größtes Glück und dein größtes Unglück ab. In diesem Bereich wirst du Fertigkeiten kennenlernen, mit denen du deine Beziehungen – selbst die schwierigsten und vor allem sie – in einen Weg des Wachstums verwandeln kannst.

7 Das Feuer

Nachts suchen wir die Feuerstelle auf, getrieben von einem wichtigen Ereignis. Um seine Flamme herum trauern wir um unsere Verstorbenen, feiern unsere Siege, singen zu unseren Göttern und suchen ihren

Rat und Trost. Mit Riten und Zeremonien versuchen wir Menschen, das Unsichtbare sichtbar zu machen, und das, was wir am meisten schätzen, als heilig zu künden, sodass nicht einmal die Götter wegschauen können.

8 Der Leuchtturm

Das Leben ist voller Anforderungen und Ablenkungen, und der Verstand folgt ihnen allen wie ein unsteter Hund. An dieser Stelle lernst du Übungen, um den Verstand zu beruhigen und auszurichten, indem du dich am Leuchtfeuer des Bewusstseins orientierst. Es wird dich an den einzigen Ort zurückbringen, der wirklich sicher ist: den gegenwärtigen Augenblick, in dem das Leben stattfindet.

9 Das Meer

Alles beginnt und endet hier in den tiefen Gewässern des Herzens. Dies ist der Geburtsort der Gefühle, die unsere Verschiedenheit überwinden: Ehrfurcht, Dankbarkeit, Freude, Vergebung, Freundlichkeit und Mitgefühl. Auf dieser Etappe werden wir die Offenheit, die radikale Bejahung und den Mut zutage fördern, alles zu fühlen – verankert in der tiefen und beständigen Kraft der Liebe.

DER URWALD

Wildere dich aus

Ich komme in die Gegenwart des stillen Wassers.
Und ich spüre über mir die tagblinden Sterne,
die mit ihrem Licht warten. Eine Zeit lang
ruhe ich in der Gnade der Welt und bin frei.
Wendell Berry

Um diese kommenden Gipfel zu erklimmen,
ein Wort an dich, an
dich und deine Kinder:
Bleibt zusammen
lernt der Blumen
leichten Schritt.
Gary Snyder

Erinnere dich an die Erde, deren Haut du bist.
Joy Harjo

Wir wandeln zwischen den breiten Blättern, den durchscheinenden Farnen, den Lianen. Kolibris wirbeln die Luft auf und säen mit ihren Flügeln einen Weg aus Pollen. Ein smaragdgrüner Papagei knabbert am Fruchtfleisch einer Mango. Bienen summen. Schmetterlinge ruhen sich in der Sonne aus. An den Palmen hängen Kokosnüsse, an den Bananenstauden Bananen, aus einem Wasserfall steigt kühler Nebel auf. Sind wir im Paradies? In der Tat: Wir sind auf der Erde!

Vielleicht sind nicht alle Lebensräume so üppig wie der tropische Urwald, aber jeder bietet seinen eigenen Reichtum und seine eigene Schönheit sowie irgendeine Form von Nahrung, die den Menschen seit Anbeginn der Zeit ernährt und ihm gutgetan hat. Wir wachsen und leben hier wie die Kokosnüsse und die Bananen, die Bienen und die Kolibris, und nichts, was auf diesem Planeten geschieht, ist uns fremd. Wir scheinen diese Tatsache vergessen zu haben und auch, wie wir uns angemessen verhalten sollen.

Die Potawatomi-Indianer, die in den weiten Prärien Nordamerikas leben, erzählen eine Schöpfungsgeschichte. Eines Tages stürzte die Himmelsfrau mit einer Handvoll Samen in Richtung des großen Meeres. Während sie fiel, spürte sie plötzlich Federn unter ihrem Körper: Es war ein Schwarm Gänse, der sich zusammengetan hatte, um sie aufzufangen. Aber dieser konnte sie nicht lange halten, und sie stürzten ins Wasser. Die Gänse riefen einen Rat von Tieren zusammen, die sich unter der Frau versammelten. Eine Schildkröte bot ihr das Schild ihres Rückens an, sich darauf auszuruhen. Mehrere Tiere erinnerten sich, dass sie Schlamm auf dem Meeresgrund gesehen hatten, und beschlossen, danach zu suchen. Sie wussten, dass die Frau Land brauchen würde, um es zu bebauen und zu bewohnen.

Nacheinander tauchten Ente, Otter, Biber und Stör unter, ohne Erfolg. Schließlich erbot sich die Bisamratte, es zu versuchen. Niemand glaubte, dass sie es schaffen würde. Es dauerte lange, bis sie zurückkehrte. Endlich sahen sie eine Kette von Blasen aus dem Wasser aufsteigen und darunter den leblosen Körper der Bisamratte. Jemand bemerkte, dass ihre Pfote geschlossen war. Was hatte sie da in der

Pfote? Ein kleines Schlammbällchen. Sie hatte ihr Leben gegeben, um die Frau zu retten.

Die Schildkröte sagte: »Legt den Schlammball auf meinen Rücken«, und das taten sie. Voller Freude begann die Himmelsfrau zu singen. Während sie sang, begann die Erde um sie herum zu wachsen. Sie nannten sie die Schildkröteninsel. Aber die Himmelsfrau war nicht mit leeren Händen gekommen. Im Fallen hatte sie einige Äste des Baumes des Lebens ergriffen und in ihrer Hand Früchte und Samen mitgebracht. Sie streute die Samen auf die Erde, und aus ihnen entstanden Blumen, wildes Gras, Bäume und Pflanzen aller Art. Und da nun Platz war, schlossen sich viele Tiere der Frau auf der Schildkröteninsel an.

Dies ist die Geschichte, die Robin Wall Kimmerer niedergeschrieben hat, eine Nachfahrin des Potawatomi-Volkes. Sie stammt aus ihrem Buch *Braiding Sweetgrass: Indigenous Wisdom, Scientific Knowledge and the Teachings of Plants,* (Geflochtenes Süßgras: Die Weisheit der Pflanzen).

Aber wir kennen auch die Geschichte einer anderen Frau in einem anderen Garten und mit einer Reihe von anderen Ereignissen. Weit davon entfernt, die Hilfe der Tiere zu erhalten und gemeinsam die Erde zu erschaffen, wird Eva im jüdisch-christlichen Ursprungsmythos von der Schlange dazu verleitet, von der verbotenen Frucht zu kosten. Diese Geste der Intimität mit der Erde führt dazu, dass sie verbannt wird. Von da an müssen sie und ihr Partner ihren Lebensunterhalt im Schweiße ihres Angesichts verdienen, für immer entfremdet von der reichen Fülle, die einst ihre Heimat war. Unsere Schöpfungsmythen prägen uns viel stärker, als wir vermuten. Als Erben von Adam und Eva leben wir isoliert von der Schöpfung, geschieden vom Paradies. Es ist an der Zeit, dass wir uns eine bessere Geschichte erzählen.

DIE WELT WIEDER EINWOHNEN

Die Pflanzen, die in den Ritzen der Wegplatten wachsen, haben eine längere Geschichte als wir. Vögel teilen ihre Nachrichten in Gesängen und Rufen. Würmer bahnen sich ihren Weg durch die Erde. Die Wolken zeichnen die Geographie des Himmels, und die Sterne sprechen die Sprache des Lichts. Wir sind von einem lebendigen und pulsierenden Universum umgeben, das wir kaum kennen und das wir nur selten als uns eigen empfinden.

An jedem beliebigen Tag kannst du in einem zufälligen Augenblick mit der Natur in Berührung kommen. Vielleicht wirfst du einen kurzen Blick auf den Himmel, bewunderst den Mond, wenn er in der Dunkelheit eine perfekte Arabeske zeichnet, oder bleibst stehen, um ein paar Blüten an einem Blumenstand zu bewundern. Im Urlaub gönnst du dir vielleicht eine flüchtige Liebesaffäre mit dem Meer, einem Fluss oder der grünen Stille eines Berghangs. Aber wenn wir ehrlich sind, betrachten die meisten von uns die Natur eher als einen Ort, den wir besuchen, und nicht, wie der Naturdichter Gary Snyder meint, als unser einziges Zuhause.

Was ist Natur genau? Wir könnten mit einer Definition dessen beginnen, was sie *nicht* ist:

- Die ferne Landschaft, die wir durch das Fenster sehen, wenn wir irgendwo unterwegs sind. Sie ist nicht etwas »da draußen«. Sie ist keine Idee oder ein Horizont. Sie ist nicht das »Andere«.
- Sie ist nicht das Nimmerland (das imaginäre Land, das Peter Pan und seinen Freunden das Geschenk der ewigen Kindheit machte). Sie ist weder bukolisch noch perfekt.
- Sie ist nicht grausam, blutig oder unberechenbar.
- Sie ist keine Ressource, die der Befriedigung menschlicher Bedürfnisse dient. Um es mit den Worten von Thomas Berry zu sagen: »Die Welt ist keine Ansammlung von Objekten, sondern eine Gemeinschaft von Subjekten.«
- Sie ist nicht »das einzig Wirkliche«, während alles, was von Menschen geschaffen wurde, »falsch« oder »künstlich« ist.

Es ist nicht leicht, eine positive, präzise und vollständige Definition einer so umfassenden und grundlegenden Realität zu geben, aber vielleicht kommen wir ihr nahe, wenn wir sagen, dass die Natur die vitale und ursprüngliche Kraft ist, die uns in jedem Moment bewohnt, uns nährt und am Leben erhält. Wir sind Natur, und wir sind es immer, ganz gleich, wie weit weg oder wie nah wir sie im jeweiligen Moment wahrnehmen. Wir sind Natur, auch wenn wir von Betonwänden eingeschlossen sind, kein Fenster haben und nicht einmal einen briefmarkengroßen Blick auf den Himmel. Man könnte sogar sagen, dass die Lampe und das Bett und die Hausschuhe darunter und sogar dein Computer »sekundäre Natur« sind (wie einige Autoren es genannt haben), denn wir können nichts herstellen, was nicht aus ihren Rohstoffen besteht.

Wie genau finden wir die Natur in uns selbst? Kathleen Dean Moore, Professorin für Moralphilosophie und Naturphilosophie, drückte es in einem Gespräch über das Konzept der »Wildnis« folgendermaßen aus: »Sie ist in dem Licht, das unsere Haut wärmt, in der Luft, die wir atmen, in dem Wasser, das wir trinken, in dem Eisen in unserem Blut. Wir sind aus Erde gemacht, und die Erde ist aus Sternen gemacht. Ich denke, das macht uns zu Geschöpfen der Natur.«

Kann uns also irgendetwas von dieser Verbindung abschneiden? »Nichts kann das Wilde in uns unterdrücken. Aber wir können unser Bewusstsein für unsere Verbindung damit verlieren. Und das ist ein großer Verlust«, sagt Dean Moore.

Nichts kann uns von dieser Beziehung trennen, denn unsere Beziehungen definieren uns, auch in biologischer Hinsicht. Das sagt David Haskell, Biologieprofessor an der Universität von Tennessee und Autor von *The Songs of Trees* (Der Gesang der Bäume):

Wir alle – Bäume, Menschen, Insekten, Vögel, Bakterien – sind eine Vielfalt. Das Leben ist ein verkörpertes Netzwerk. Diese lebenden Systeme sind keine Orte des wohlwollenden Einsseins. Vielmehr sind sie Orte, an denen die ökologischen und evolutionären Spannungen zwischen Kooperation und Konflikt ausgehandelt und gelöst werden. Diese Kämpfe enden oft nicht in der Entwicklung stärkerer

34

und getrennter Individuen, sondern in der Auflösung der Bindung des Individuums.

Da das Leben ein Netzwerk ist, gibt es keine vom Menschen getrennte »Natur« oder »Umwelt«, betont Haskell, und wir sind auch nicht die »gefallenen« Wesen der Natur, wie romantische Dichter wie William Blake behaupteten. »Unser Körper und unser Geist, unsere Wissenschaft und unsere Kunst sind so natürlich und wild, wie sie es immer waren«, versichert Haskell.

Obwohl wir Kinder der Erde und der Sterne sind, haben wir eine ambitionierte Kultur geschaffen, die uns schlussendlich von unserer Autonomie überzeugt hat. Wir fühlen und handeln wie mächtige, überlegene, autarke Wesen. Unser Umgang mit dem Planeten gleicht zunehmend dem eines Feudalherrn gegenüber einem Leibeigenen: Wir schenken ihm ein paar Krümel unserer Aufmerksamkeit und verlangen im Gegenzug seine vollständige Unterwerfung. Diese Sichtweise erschöpft nicht nur die Ressourcen des Planeten, sondern höhlt auch unsere Seelen aus. Die Verbindung zwischen der Natur und der Seele wird sogar in der Sprache deutlich. Bill Plotkin, Leiter schamanischer Visionssuchen, weist darauf hin, dass das Wort »Natur« von *natus*, »geboren werden«, kommt und dass »die Natur« einer Sache »das dynamische Prinzip ist, das sie zusammenhält und ihr Identität verleiht«. Mit anderen Worten, es ist das Wesen. »Da die menschliche Seele der wesentliche Kern unserer Natur ist, werden wir, wenn wir uns von der Seele leiten lassen, auch von der Natur geleitet«, sagt Plotkin. Gibt es irgendetwas, was wir tun können, um diese Verbindung wieder herzustellen? Haben wir noch die Zeit, unsere Verwandtschaft wieder herzustellen?

Die haben wir tatsächlich. Wir mögen in Backsteinhäusern leben, wir mögen uns in Metallkisten bewegen, aber der Geruch der Erde begegnet uns überall, wohin wir gehen. Der Dichter und Landwirt Wendell Berry sagt: »Die Erde unter dem Gras träumt von einem jungen Wald, und unter dem Pflaster träumt die Erde vom Gras.« Wir können unsere Sehnsucht stillen: Wir können unsere Zugehörigkeit erneuern. Lasst uns die Möglichkeiten aufzählen.

DAS WILDE ESSEN

Sie wachsen in allen Ecken: am Fuß von Bäumen, in den kleinsten Blumenbeeten, in den Ritzen der Bürgersteige. Wir gehen an ihnen vorbei, ohne sie zu kennen. Wenn jemand nach ihrem Namen oder ihrer Identität fragen würde, wäre die Antwort höchstwahrscheinlich: »Ach das? Das ist doch nur Unkraut!«

Was ist eigentlich ein Unkraut? Der Naturforscher, Schriftsteller und Philosoph Ralph Waldo Emerson definierte es so: »Ein Unkraut ist eine Pflanze, die dort wächst, wo wir sie nicht haben wollen.« Michael Pollan hingegen, Autor von *Second Nature: A Gardener's Education* (Meine zweite Natur: Die Ausbildung eines Gärtners), ist der Meinung, dass ein Unkraut eine Pflanze mit einem ganz besonderen Charakter ist. Unkräuter tarnen sich geschickt zwischen den Pflanzen; sie wissen, wie sie sich an fast alle klimatischen Bedingungen anpassen können, und sie haben gelernt, die meisten Schädlinge und Pestizide zu überlisten. Und noch etwas: Sie folgen dem Menschen wie sein Schatten.

Diese geschmähten botanischen Wesen tauchen überall dort auf, wo Erde aufgewühlt wird. Mit anderen Worten: Sie sind die Ableger der Zivilisation. Sie wuchern nicht so sehr in Urwäldern, Wüsten oder Prärien, sondern auf Brachland und Feldern, auf Wegen und an Straßenrändern.

Sie gehören nicht mehr einer bestimmten Region an: Sie sind kosmopolitisch. Von Anfang an waren sie mit uns unterwegs, in unseren Rucksäcken, in unseren Taschen und an unseren Schuhsohlen. Heute sind sie Weltbürger und gedeihen zwischen Backsteinmauern und Granitzitadellen.

Vielleicht weil sie sich mit uns entwickelt haben, sind Unkräuter reichlich vorhanden, unendlich anpassungsfähig und haben uns unendlich viele Vorteile zu bieten: Sie enthalten mehr Vitamine und Mineralien als die meisten Gemüsesorten, die wir im Supermarkt kaufen, und viele haben medizinische Eigenschaften. Deshalb hat der argentinische Forscher Eduardo Rapoport, emeritierter Professor an der Universität Comahue, sie als »nützlich« eingestuft und einen Großteil seines Lebens der noblen Aufgabe gewidmet, Schulkindern in armen Gegenden Patagoniens beizubringen, wie man sie erkennt, erntet und zu täglichen Mahlzeiten verarbeitet.

Für unsere Urgroßeltern war das alles nichts Neues, denn sie lebten von diesen Pflanzen und nutzten sie als Nahrung, Medizin, Material und für die Unterkunft (sowie zur Gewinnung von Farbstoffen zum Färben ihrer Kleidung und zur Verzierung ihrer Behausungen). Heute gehen wir an ihnen vorbei oder vernichten sie, weil sie uns stören, die Gestaltung unseres Gartens beeinträchtigen oder mit unseren Kulturpflanzen konkurrieren. Wir kennen weder ihre Namen noch ihre Eigenschaften und würden gar nicht daran denken, sie auf den Tisch zu bringen.

Der Kräuterexperte und Autor Stephen Harrod Buhner hat eine provokante Erklärung für dieses Verschmähen:

Unsere Mütter haben intuitiv etwas Wesentliches verstanden: Das Grün ist Gift für die Zivilisation. Wenn wir das Wilde essen, beginnt es, in uns zu wirken, uns zu verändern, uns zu verwandeln. Wenn wir zu viel davon essen, werden wir bald nicht mehr in den Anzug passen, der für uns gemacht wurde. Unser Haar wird lang und zerzaust. Unser Gang und die Art, wie wir unseren Körper halten, werden sich verändern. Ein wildes Licht beginnt in unseren Augen zu glimmen. Unsere Worte beginnen seltsam zu klingen, nicht-linear, emotional. Unpraktisch. Poetisch.

Nachdem wir einmal von dieser Wildheit gekostet haben, hungern wir nach einer Nahrung, die uns lange vorenthalten wurde, und je mehr wir davon essen, desto mehr erwachen wir.

Es ist kein Wunder, dass man uns lehrt, unsere Sinne vor der Natur zu verschließen. Durch diese Kanäle dringen die grünen Pfoten der Natur in uns ein, klettern auf uns herum, suchen in uns, finden all unsere Verstecke, brechen uns auf und blenden das intellektuelle Auge mit hängenden grünen Ranken.

Der Schrecken ist natürlich eine Illusion. Die meiste Zeit unserer Millionen Jahre auf diesem Planeten hat der Mensch täglich das Wilde gegessen. Es ist nur so, dass der lineare Verstand weiß, was passieren wird, wenn man es jetzt isst.

Was wird geschehen? Nach und nach wirst du vergessene Aspekte deiner Seele zurückgewinnen, Aspekte, die nicht immer zu der gesellschaftlichen Moral passen. Die Wildheit in uns ist beängstigend, weil wir sie für unkontrollierbar halten. Also verdrängen wir sie und spalten damit einen wesentlichen Teil unseres Wesens ab. »Von Wildheit zu sprechen, bedeutet, von Ganzheit zu sprechen«, sagt der Dichter und Ökologe Gary Snyder, »der Mensch ist aus dieser Ganzheit hervorgegangen.«

Henry David Thoreau (1817-1862) war ein weiterer Pionier der »Re-Wildness«-Bewegung. Der amerikanische Schriftsteller lebte zwei Jahre, zwei Monate und zwei Tage in einer kleinen, bescheidenen Hütte, die er selbst in einem Wald in Concord, Massachusetts, in der Nähe des Walden Pond gebaut hatte (was den Titel für den Essay lieferte, in dem er diese Erfahrung schilderte: Walden; oder das Leben im Wald). Er wollte sich selbst und der Welt beweisen, dass das Leben in der Natur das beste (oder vielleicht sogar das einzige) Leben für einen freien Menschen ist. »Ich ging in die Wälder, weil ich bewusst leben wollte. Um nur die wesentlichen Fakten des Lebens zu sehen. Um zu sehen, ob ich nicht lernen kann, was es zu lehren hat, und nicht, wenn ich sterbe, feststellen muss, dass ich nicht gelebt habe«, schrieb er. Diese in Holz geschnitzten Worte begrüßen heute Touristen und Besucher, die seinen Wald besuchen, auch wenn die Wildnis selbst größtenteils nur noch eine Erinnerung ist.

Thoreau gehörte zu der Gruppe von Dichtern und Philosophen, die als Transzendentalisten bekannt sind und zu Beginn des 19. Jahrhunderts an der Ostküste der Vereinigten Staaten aufkamen. Beeinflusst von der englischen und deutschen Romantik, dem Hinduismus und anderen Traditionen, wandten sich diese Denker gegen den überbordenden Intellektualismus und die puritanischen religiösen Ansichten ihrer Zeit, standen für die grundlegende Güte des Menschen und der Natur und plädierten für eine Rückkehr zu einem einfachen und wesentlichen Lebensstil. So beschrieb es Thoreau:

Die Natur ist natürlich nicht immer gutartig und schön. Sie kann auch beängstigend und furchterregend sein. Vor nicht allzu vielen Generationen lösten die rauhe Natur und Wildnis bei »zivilisierten« Menschen eher Angst und Schrecken aus. Sie standen für Andersartigkeit und Unbekanntes. Was »wild« ist, ist auch »verwirrend«. Heute wird Wildnis in der Regel als etwas Gutes und Bewahrenswertes angesehen. Die Schönheit und die Ehrfurcht vor ihr beherrschen unsere Sicht. Wir fühlen uns von der Wildnis angezogen, von ihrem Anderssein, von dem Gefühl, dass sie etwas ist, das unweigerlich außerhalb von uns liegt. Sie ist immer jenseits von uns, sie ist das, was letztlich wirklich ist. Wir können diesen Aspekt der Natur nicht angemessen würdigen, wenn wir uns ihr mit einem Hauch von menschlicher Verstellung nähern. Er wird sich uns entziehen, wenn wir zulassen, dass Artefakte wie Kleidung zwischen uns und diesem Anderen stehen. Um es zu begreifen, können wir nicht nackt genug sein. In der Wildheit liegt die Bewahrung der Welt.

Können wir die Gesamtheit dessen, was wir sind, zurückgewinnen? Wir können damit beginnen, wilde Pflanzen zu essen, wie wir es früher getan haben.

Betrachten wir die erste Sorge, die bei diesem Vorschlag aufkommt: Kann das Wilde uns töten? Diese Befürchtung stand hinter der Frage, die ich der amerikanischen Kräuterexpertin Susun Weed vor vielen Jahren zu Beginn meiner eigenen Forschung stellte: »Ist es gefährlich, Wildpflanzen zu essen?« Ihre Antwort war unverblümt: »Das Leben ist gefährlich.«

Das war keine ironische oder ausweichende Antwort, sondern eine empirische. Natürlich gibt es Pflanzen, deren Gehalt an Alkaloiden und anderen Verbindungen sie für den Menschen giftig machen. Aber es ist auch wahr, dass eine Vielzahl von Wildpflanzen seit Jahrtausenden als Nahrung verzehrt oder als Medizin verwendet werden: viel länger als die verarbeiteten Lebensmittel und synthetischen Arzneimittel, die unseren täglichen Speiseplan und unsere Hausapotheke ausmachen. Tatsächlich ist die Rate der Konsultationen wegen Vergiftungen bei allopathischen Medikamenten unendlich viel höher als bei Kräutern jeglicher Art.

Sicherheit beruht auf Bildung und Wissen: Lesen, Recherchen auf zuverlässigen Webseiten und in Foren zur Pflanzenbestimmung sowie langsames, sorgfältiges Experimentieren. Giftige Pflanzen haben in der Regel ein bestimmtes Erkennungsmerkmal: einen üblen Geruch, einen unangenehmen Geschmack, glänzende Blätter. Aber das ist keine unfehlbare Methode. Der beste Weg, sich zu schützen, ist, sich von einem erfahrenen Kräuterkundigen einführen zu lassen, der seit mindestens ein paar Jahren Wildpflanzen konsumiert. In der Vergangenheit wurden die Risiken dadurch, dass dieses Wissen von Generation zu Generation weitergegeben wurde (Kenntnis der Eigenschaften der Pflanzen sowie der Rezepte und Verwendungsmöglichkeiten), erheblich gemindert.

Ich weiß noch, wie meine Tochter mich eines Tages in einem Stapel botanischer Bücher vergraben fand und sagte: »Es ist gut, dass du das alles studierst, Mama, dann muss ich es nicht aus Büchern lernen.« Es gibt nichts Besseres, als Pflanzen an Ort und Stelle zu erkennen, sie zu berühren, an ihnen zu riechen und sich mit den Phasen ihres Lebenszyklus vertraut zu machen.

Solltest du dich jedoch jemals in einer Situation befinden, in der es um das Überleben geht, und du eine Pflanze essen musst, die du nicht mit Sicherheit bestimmen kannst, ist es am besten, eine winzige Portion des Blattes oder der Frucht – etwa einen Zentimeter im Quadrat – zu verzehren und zwei Stunden zu warten, um eine Vergiftung zu vermeiden. Wenn du keine Magenbeschwerden oder andere unerwünschte Symptome verspürst, kannst du ein weiteres Stück der gleichen Größe probieren. Zwei Stunden später wiederholst du den Vorgang und so weiter, bis du sicher bist, dass keine negativen Auswirkungen aufgetreten sind. Probiere immer eine Pflanze nach der anderen.

Ein weiterer Grund, warum wir einige Wildpflanzen meiden, ist der bittere Geschmack, den viele von ihnen haben. Es ist wichtig, sich mit dieser Abneigung auseinanderzusetzen, denn der bittere Geschmack hat medizinische Wirkungen: Er regt die Verdauungssekrete an, stärkt die Leber, verbessert den Stoffwechsel und hilft bei der Heilung von Schleimhautschäden. Einige Experten schreiben diesem Geschmack emotionale und sogar spirituelle Tugenden zu. Für den amerikanischen Kräuterexperten Jim McDonald bringt uns der Bittergeschmack wieder in die Gegenwart, indem er die Energie vom Kopf in die Eingeweide leitet; und die englische Kräuterexpertin Sara Head meint, dass dieser wenig bekannte Geschmack in unserer Ernährung die im Körper festsitzenden Emotionen mobilisiert.

Aus all diesen Gründen ist es ratsam, vor den Mahlzeiten einen Salat mit bitteren Blättern zu essen, der mit Essig gewürzt ist: Bittere Kräuter helfen, den Körper auf die Verdauung vorzubereiten, und Essig trägt dazu bei, die in ihnen enthaltenen Mineralien zu extrahieren und verfügbar zu machen.

Ein weiterer Einwand, der häufig von Gegnern des Verzehrs von Wildpflanzen vorgebracht wird, ist die Hygiene. Es ist ratsam, die Ernte in Gebieten zu vermeiden, die von Tieren frequentiert werden oder in deren Nähe sich Straßen oder Autobahnen befinden. Legt man die Blätter oder geernteten Wurzeln eine Zeit lang in Wasser mit einigen Esslöffeln Apfelessig ein, werden viele Keime und gefährliche Bakterien abgetötet. Hinzu kommt, dass das Obst und Gemüse, das wir täglich essen, mit Pestiziden besprüht wird, die auf lange Sicht nicht weniger riskant sind als die Verunreinigungen auf einer Wildpflanze.

Eine interessante Tatsache: Archäo-botanische Untersuchungen haben ergeben, dass eine Pflanze um so essbarer ist, je aggressiver sie sich in ihrem Territorium ausbreitet. Du wirst gut daran tun, auf Pflanzen zu achten, die sich in deiner Nachbarschaft »wie die Pest« vermehren. Manchmal drückt sich die Kraft, mit der eine Art ihr Territorium erobert, auch in der Kraft ihrer Nährstoffe aus.

Wie du dich mit Pflanzen versorgen kannst

Es gibt eine sehr einfache Methode, zu Pflanzen für einen »Unkrautgarten« zu kommen: Tue etwas bloße Erde in einen beliebigen Topf oder auf ein Stück deines Gartens und warte ab. Du wirst das außergewöhnliche Vergnügen haben, die Geheimnisse zu entdecken, die nach und nach in deinem kleinen selbst gemachten Herbarium sprießen.

Eine andere Möglichkeit ist, Pflanzen, die dich interessieren, von dort zu holen, wo sie wachsen, und sie in einen Topf zu pflanzen oder in ein Beet zu setzen. Du kannst ihnen zuschauen, wie sie sich an ihre neue Umgebung gewöhnen, sie genau beobachten und ihre Gewohnheiten und ihr Wachstum kennenlernen. »Alles wird seine Geheimnisse preisgeben, wenn man es nur genug liebt«, sagte der Theologe George Washington Carver.

Wenn du losziehst, um Unkraut zu ernten, brauchst du nur ein paar Dinge mitzunehmen. Eine Grundausstattung zum Sammeln: Schere oder Gartenschere, eine Hacke (falls du ein Exemplar mit seinen Wurzeln mit nach Hause nehmen möchtest) und einen Korb oder einige Papiertüten.

Du wirst auch deinen inneren Kompass angleichen müssen. Wir sind daran gewöhnt, abgelenkt über den Erdboden dahinzueilen, gefangen in irgendwelchen Gedanken oder damit beschäftigt, über einen Bildschirm Nachrichten auszutauschen. Ein Unkrautspaziergang ist ein abenteuerliches Eintauchen. Man muss langsam gehen, damit man nicht nur das Große, das Bunte, das Herausragende sieht. Wildpflanzen sind meist klein (sie werden oft geschnitten, bevor sie eine Chance hatten, sich zu entwickeln); sie haben keine spektakulären Formen; und sie neigen dazu, sich zwischen Gras und anderen Pflanzen zu tarnen. Du musst langsam und aufmerksam vorgehen und deine Sinne und deine Neugierde auf Hochtouren bringen.

Das Wichtigste ist, dass du immer nur so viel mitnimmst, wie du brauchst, dass du eine »Großmutterpflanze« zurücklässt, um sich zu vermehren und Insekten und andere Tiere zu ernähren, und dass du dich für alles bedankst, was du mitnimmst.

Warum kommst du nicht mit mir auf eine virtuelle Unkrautwanderung? Nimm deinen Korb und los geht's!

Löwenzahn

(Taraxacum officinale)

Es ist ein schöner Frühlingstag, perfekt, um auf die Straße oder in den nächsten Park zu gehen. Der erste Halt ist ganz in der Nähe. Du musst dir nur eine beliebige Ecke aussuchen, den Blick senken oder dich hinknien und dich umsehen. Du kannst darauf wetten, dass du im Umkreis von ein oder zwei Metern die gezahnten und glänzenden Blätter des Löwenzahns siehst.

Diese bescheidene kleine Pflanze, die in der Regel an ihren gelben Blüten und ihren flauschigen Samenköpfen oder »Pusteblumen« zu erkennen ist, besitzt eine Vitalität, die sehr gesundheitsfördernd ist, sie aber auch zum Feind Nummer eins der Landwirte macht.

Er ist von Anfang bis Ende essbar: Blätter, Blüten und Wurzeln. Die Blätter können roh in Salaten gegessen werden, aber wenn du den bitteren Geschmack als störend empfindest, koche sie zweimal eine Minute lang, wobei du jedes Mal das Wasser wechselst, und mazeriere sie dann mit Honig und Sojasauce oder brate sie mit Olivenöl und Knoblauch an. Welche Nährstoffe liefern sie? Die Vitamine A, B und C, Kalium, Eisen, Kalzium, Mangan, Phosphor, Magnesium und Karotin.

Die Blüten sind äußerst vielseitig. Aus ihnen lassen sich Kekse, Pudding, Honig, Pfannkuchen oder der berühmte Löwenzahnwein herstellen, der von Ray Bradbury in seinem gleichnamigen halbautobiographischen Roman verewigt wurde: ein gelber Likör, der die Essenz des Sommers einfängt und das ganze Jahr über getrunken werden kann. Und schließlich ist die geröstete Wurzel ein hervorragender Kaffee-Ersatz.

In seiner heilenden Wirkung ist er ein gutes Beispiel für ein »Breitspektrum-Medikament«, da er gleichzeitig verdauungsfördernd, den Gallenfluss anregend, ein Aperitif und ein Stärkungsmittel ist. Er ist auch ein hervorragendes Diuretikum (Mittel zur Entwässerung), da er – im Gegensatz zu den meisten synthetischen Diuretika – dem Organismus kein Kalium entzieht, sondern es zuführt.

Damit nicht genug: Ein Aufguss aus den Blüten reinigt und entschlackt die Haut und kann von leichten Hautreizungen bis hin zu Kratzern und Akne alles lindern.

Und das ist noch nicht alles: Aus der ganzen Pflanze lässt sich Löwenzahnjauche herstellen, die das Wachstum anderer Pflanzen anregt.

LÖWENZAHNBLÜTEN-PFANNKUCHEN

4 Tassen frisch geerntete und gewaschene Blüten
2 Tassen Mehl
2 Eier
2 Tassen Milch

- Die Milch mit dem Mehl und den Eiern in eine Schüssel geben und gut vermischen, so dass ein Teig entsteht.
- Die Kelchblätter (die grünen Teile, die unten an den Blütenblättern sitzen) entfernen; sie sind leicht bitter. Gib die Blüten in die Mischung. Die Blütenblätter fallen auseinander, wenn du die Kelchblätter entfernt hast.
- Ein wenig Butter in einer Pfanne erhitzen. Einen Esslöffel Teig hineingeben, backen lassen und dann den Pfannkuchen wenden, bis er auf beiden Seiten goldbraun ist. Er sollte wie ein amerikanischer Pfannkuchen aussehen, etwas dicker als normal.

- Auf einen mit Küchenpapier ausgelegten Teller geben, um die überschüssige Butter aufzusaugen.

Die Pfannkuchen können so, wie sie sind, oder mit Honig gegessen werden. Du kannst sie auch mit Puderzucker bestreuen oder mit Zimt, Ingwer oder einem anderen Gewürz nach Belieben würzen.

LÖWENZAHNWURZEL-KAFFEE

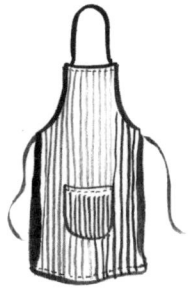

- Die Wurzeln von mindestens vier Pflanzen sammeln, vorzugsweise im Herbst (dann sind die Nährstoffe am stärksten konzentriert).
- In Stücke schneiden und gut abwaschen.
- Im Ofen oder in einer Pfanne bei geringer Hitze rösten, bis sie ein reichhaltiges Röstaroma entwickeln.
- In einer Papiertüte oder einem Glas aufbewahren.

Für den Kaffee koche die Wurzeln zehn Minuten lang (oder bis das Wasser die Farbe von Kaffee annimmt). Nach Geschmack mit Zucker oder Honig süßen.

LÖWENZAHNBLÜTEN-MARMELADE

3 gut gefüllte Tassen mit Löwenzahnblüten, gepflückt in einem pestizidfreien Gebiet
4 Tassen Wasser
4 Tassen Rohrohrzucker
1 Päckchen Pektin
2 Esslöffel Zitronensaft

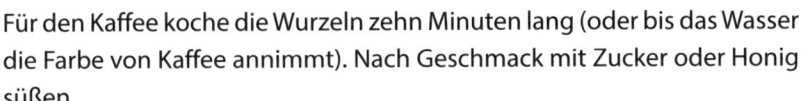

- Die Blüten gründlich waschen und die Kelchblätter entfernen, damit die Marmelade keinen bitteren Geschmack bekommt.

- In einem mittelgroßen Kochtopf Wasser zum Kochen bringen; die Hälfte der Blüten hineingeben.
- Den Herd ausschalten und 20 Minuten ruhen lassen.
- Die Blüten durch ein feines Sieb streichen und auspressen.
- Das Wasser wieder zum Kochen bringen und den Rest der Blüten hineingeben.
- Zudecken, den Herd ausschalten und 20 Minuten ruhen lassen.
- Die Blüten wie zuvor auspressen.
- 3 Tassen der Flüssigkeit abmessen und Zucker, Zitronensaft und Pektin hinzufügen. Das Ganze wieder in die Pfanne geben.
- Eine Minute lang unter Rühren aufkochen lassen, bis sich der Zucker auflöst. Den Schaum mit einem Holzlöffel abschöpfen.
- Die Marmelade in sterilisierte Gläser füllen, wobei am Hals jedes Glases ein fingerbreiter Rand frei bleiben sollte. Im Kühlschrank aufbewahren. Diese Konfitüre hat die Konsistenz von Honig. Wenn du eine dickere Marmelade bevorzugst, nimm eine halbe Tasse mehr Zucker (insgesamt 4 1/2 Tassen).

Breitwegerich und Spitzwegerich

(Plantago major, Plantago lanceolata)

Dies ist eine einfache Pflanze, kurz, ohne auffällige Blüten oder Duft. Wenn man sich jedoch die Mühe macht, sie kennenzulernen, wird man mit ihren zahlreichen Gaben belohnt. Bei beiden Arten, dem Breit- und dem Spitzwegerich, haben die Blätter lange parallele Adern, die ein wenig an eine Handfläche erinnern. Sie haben eine große Heilkraft: Sie können helfen, Blutungen zu stillen, Wunden zu heilen und die Haut zu regenerieren. Die Heilkraft dieser Pflanze ist so stark, dass sie als »Wundverband aus der Kräuterwelt« bezeichnet wurde. Sie dient auch zur Linderung von Bisswunden und Kratzern, lässt Furunkel reifen und hilft beim Austreiben von Splittern. Eine schnelle und einfache Behandlung für kleinere Hautverletzungen, die schmerzen, brennen oder jucken, ist die Herstellung eines »Speichelpflasters«: Kaue die Blätter ein wenig und trage die Paste direkt auf den Biss oder die betroffene Stelle auf. Alternativ kannst du auch ein Blatt oder einen Streifen davon als Verband auf die Wunde legen.

Wegerich ist nicht nur zur äußerlichen Anwendung geeignet. Als Aufguss hat er ein breites Spektrum an Tugenden: Er ist ein allgemeines Reinigungsmittel für den Organismus; er lindert Erkältungen, Husten, Bronchitis, Fieber, Bluthochdruck, Gastritis, Blasenentzündung, Kehlkopfentzündung, Nasennebenhöhlenentzündung, Geschwüre, Heiserkeit, Durchfall und Rheumatismus. Seine adstringierende Eigenschaft bedeutet, dass er übermäßige Sekrete in den Atemwegen und im Verdauungstrakt austrocknen kann; da er jedoch Schleimstoffe enthält, ist er viel schonender für den Organismus als handelsübliche Adstringentien.

Als ob das nicht genug wäre, hilft er auch, den Cholesterin- und Triglyceridspiegel zu senken und den Blutzucker zu stabilisieren. Manche Menschen nutzen ihn, um mit dem Rauchen aufzuhören, denn die Entschlackung des Körpers kann dazu beitragen, das Verlangen zu verringern, das zu einem Rückfall führt.

Er ist auch ein nahrhaftes Gemüse: Die Blätter sind reich an Kalzium und anderen Mineralien und Vitaminen, darunter Vitamin K (das ihm blutstillende Eigenschaften verleiht). Junge, zarte Blätter können in Salaten verzehrt werden, ältere sollten gekocht werden. Die Samen werden geerntet, wenn sie reif sind, und können als Ballast- und Nährstofflieferant verwendet werden. Zu diesem Zweck kannst du sie rösten oder wie Chiasamen verwenden.

WEGERICH-CHIPS

24 große Blätter von Breit- oder Spitzwegerich
2 Esslöffel Olivenöl
1/4 Teelöffel Salz
1/2 Teelöffel Gewürze (Knoblauchpulver, Hefe, Pfeffer, Kreuzkümmel oder was immer du magst)

- Den Backofen auf 120°C vorheizen.
- Die Wegerichblätter waschen und trocknen. In einer großen Schüssel die Blätter mit dem Öl mischen.
- Auf einem Backblech in einer Schicht anrichten. Mit Salz und den Gewürzen deiner Wahl bestreuen.
- Backen, bis sie knusprig (nicht verbrannt) sind. Dies kann je nach Größe der Blätter 10 bis 20 Minuten dauern. Im Zweifelsfall ist es besser, sie früh herauszunehmen, da sie beim Austrocknen knuspriger werden.
- Nach dem Abkühlen können sie in Gläsern mehrere Wochen aufbewahrt werden. Wenn sie ihre Knusprigkeit verlieren, backe sie noch einmal für 3 bis 5 Minuten.

Brennnessel

(Urtica dioica)

Der schlechte Ruf der Brennnessel ist verständlich, wenn auch völlig ungerechtfertigt. Es stimmt, dass die kleinen Härchen, mit denen ihre Blätter und Stengel bedeckt sind, bei Berührung Ameisensäure freisetzen, was zu einer kurzen, aber schmerzhaften Reizung der Haut führt. Aber die Brennnessel hat so viele gute Eigenschaften, dass es sich lohnt, ein Paar Handschuhe anzuziehen und sie in die Ernährung einzubeziehen.

Brennnesseln haben einen sehr hohen Gehalt an Eisen, Kalzium und Vitamin C. Wenn man sie über Nacht ziehen lässt, liefert eine einzige Tasse 250 Milligramm Kalzium (während ein in wenigen Minuten zubereiteter Kräutertee nur etwa fünf Milligramm liefert). Brennnesseln enthalten auch nützliche Mengen an Eiweiß und Chlorophyll.

Brennnesseln können auch als Nahrungsmittel dienen, wenn sie gekocht werden – sie verlieren innerhalb weniger Minuten ihre Brennhaare. Sie sind ein guter Ersatz für Spinat und können in allen möglichen Zubereitungen verwendet werden: Eintöpfe, Kuchen, gefüllte Nudeln usw. Die Brennnesselsuppe ist eine der appetitlichsten Suppen, die man je probiert hat, mit einem milden und köstlichen Geschmack … nach Fisch! Die smaragdgrüne Farbe des Chlorophylls macht sie zu einer Augenweide. Du kannst eine Prise Paprika und einen Hauch Sahne hinzufügen, um die Farben zu betonen und das Gericht zu vervollständigen.

Vor allem aber ist die Brennnessel eine hervorragende Heilpflanze mit einem Strauß von Tugenden: Sie ist adstringierend, reinigend, harntreibend, antidiabetisch, antirheumatisch, antiasthmatisch, schleimlösend, leicht abführend und blutstillend.

Diese Pflanze ist ein ausgezeichnetes allgemeines Stärkungsmittel und eine Energiequelle, die nicht so schnell verbraucht ist wie die anregenderen Energieschübe von Zucker oder Kaffee. Darüber hinaus alkalisiert sie das Blut und reinigt den Körper, während sie ihn gleichzeitig nährt. Dank ihres hohen Eisengehalts eignet sie sich hervorragend für Frauen während der Menstruation, während der Schwangerschaft und in der Stillzeit. Aufgrund ihres hohen Eisen- und Vitamin-C-Gehalts ist die Brennnessel sehr empfehlenswert bei Anämie.

Außerdem stärkt die Brennnessel Knochen, Nägel und Haare, bringt das Hormon-, Nerven- und Immunsystem ins Gleichgewicht, normalisiert die Verdauung und lindert saisonale Allergien. Sie hilft auch bei Stressbewältigung.

Die Brennnessel ist eine Pflanze, die täglich gegessen werden sollte, um den gesamten Organismus zu nähren, damit wir mit guter Energie in den Tag starten und am Ende des Tages Ruhe und Gelassenheit finden.

BRENNNESSEL-TONIKUM: EIN NAHRHAFTER AUFGUSS

- Eine Handvoll trockener Brennnesseln (etwa 30 Gramm) in ein Ein-Liter-Glas mit Deckel füllen.
- Mit frisch aufgekochtem Wasser auffüllen, abdecken und über Nacht abkühlen und einweichen lassen.
- Abseihen und über den Tag verteilt trinken, entweder heiß oder bei Zimmertemperatur. Beachte, dass dieses Gebräu nicht besonders gut schmeckt, auch wenn es gesüßt ist. Es schmeckt leicht erdig (wie Mangold oder Rote Bete); wohlwollend betrachtet, kann man das als eine weitere Tugend der Brennnessel betrachten!

Vogelmiere

(Stellaria media)

Diese zarte Pflanze mit kleinen Blättern und noch kleineren Blüten wächst an feuchten und schattigen Orten. Ihr wissenschaftlicher Name kommt von der Sternform der Blüte, kaum sichtbar, aber schön, wenn man sie aus der Nähe betrachtet.

Sie wird hauptsächlich roh verzehrt: Ihr frischer und leicht salziger Geschmack passt gut zu jedem Salat. Sie kann sogar selbst die Grundlage für einen Salat sein: Füge einfach Tomaten oder anderes frisches

Gemüse hinzu, das du zur Hand hast. Die ganze Pflanze kann verwendet werden. Das Schneiden mit einer Schere regt das Wachstum an, daher ist es ratsam, sie regelmäßig zu schneiden.

Sie enthält eine große Menge Vitamin C sowie die Vitamine A, B und D und Mineralien wie Eisen, Kalzium und Kalium. Sie hat auch verschiedene therapeutische Wirkungen: Sie ist ein Tonikum, harntreibend, schleimlösend, antibakteriell und leicht abführend. Ihr Saft ist ein Stärkungsmittel für die Augen und wird aufgrund seines Saponingehalts traditionell zur Bekämpfung von Übergewicht eingesetzt. (Saponine sind chemische Verbindungen, die vor allem in Pflanzen vorkommen und in Studien mit einer Verringerung von Körperfett und Cholesterin in Verbindung gebracht wurden.)

Äußerlich angewendet, lindert sie Entzündungen, Juckreiz und Verbrennungen und hilft bei der Wundheilung.

Beifuß

(Artemisia vulgaris)

Beifuß ist eine in Europa heimische Pflanze, die sich in Amerika und anderen Teilen der Welt eingebürgert hat. Sie gilt als »Mondpflanze« mit einer weiblichen Qualität, vielleicht wegen ihrer Tugend, die Beschwerden des weiblichen Fortpflanzungstraktes zu lindern.

Die magische Verwendung des Beifuß hat eine lange Tradition. Die Legende besagt, dass es keine Hexe (oder Kräuterkundige, was dasselbe ist) gab, die nicht ein Beifußbeet in der Nähe ihrer Tür hatte.

Sein lateinischer Name ehrt die griechische Göttin des Mondes, an die die weiße Unterseite der Blätter erinnert. In der Kräutertradition ist eine seiner Haupttugenden die Unterstützung der Traumerinnerung und die Fähigkeit, luzide Träume zu fördern (Träume, in denen man weiß, dass man träumt). Nimm dazu einen Aufguss oder lege einen Stoffbeutel mit den getrockneten Blättern unter dein Kopfkissen.

Sie eignet sich hervorragend zur Reinigung und Energetisierung von Räumen. Die Kräuterkundigen vergangener Zeiten verwendeten die Pflanze nach der Blüte zur Reinigung von Räumen und behaupteten, dass die Pflanze in diesem Stadium ihres Lebenszyklus eher magisch als medizinisch sei.

Als Heilmittel wirkt Beifuß verdauungsfördernd und schleimlösend, außerdem ist er ein hervorragendes krampflösendes Mittel und ideal zur Linderung von Menstruationsbeschwerden und zur Regulierung des Menstruationszyklus. Er hat eine beruhigende Wirkung auf die Nerven und ist gut gegen Erkältungen. Um seinen leicht bitteren Geschmack auszugleichen, kann man ihn mit Melisse und anderen schmackhafteren Kräutern kombinieren.

Portulak

(Portulaca oleracea)

Dieses sukkulentenartige Kraut mit rötlichen Stengeln und winzigen gelben Blüten ist fast so häufig wie der Löwenzahn, aber nicht annähernd so bekannt. Trotzdem werden seine schmackhaften Blätter seit prähistorischen Zeiten als Nahrungsmittel verwendet, und er wird häufig in alten Abhandlungen über chinesische Medizin erwähnt.

Glücklicherweise wird das bestgehütete Geheimnis der Pflanzenwelt allmählich gelüftet: Portulak enthält mehr essenzielle Omega-3-Öle als manche Fischsorten (was ihn zu einem unverzichtbaren Freund für Vegetarier macht) und liefert 17 Vitamine und Mineralien, einige starke Antioxidantien (die verschiedenen Krebsarten entgegenwirken) und vier Flavonoide, die nur in dieser Pflanze vorkommen. Sie ist reich an Ballaststoffen und eine der besten Vitamin-A-Quellen unter den grünen Gemüsesorten.

Wie isst man ihn? In Salaten, kombiniert mit Tomaten oder Gurken, Oliven und Zitrone (ein Klassiker der griechischen Küche). Man kann ihn auch zu gebratenen Gerichten geben (ohne ihn zu sehr zu kochen, da er aufgrund seines hohen Schleimgehalts zäh wird), und man kann ihn wie eine Gurke einlegen. Frisch gepflückt hält er sich drei bis vier Tage im Kühlschrank, aber am besten schneidet man die Zweige der Pflanze nach Bedarf, um die volle Nährstoffkraft zu nutzen.

Medizinisch gesehen haben die Blätter und Stengel eine kardiotonische und schleimlösende Wirkung; sie sind entzündungshemmend und harntreibend. Die Samen senken Blutdruck, Cholesterin, Triglyceride und Blutzucker.

Eine grüne Reiseapotheke:
die Gebrauchsanweisung

Nun, wir haben unsere Pflanzen geerntet! Es ist klar, wie viel sie zu unserer täglichen Ernährung beitragen können. Sehen wir uns nun an, wie sie zubereitet werden können, um die Krankheiten, die uns plagen, zu heilen.

Die Wirkstoffe der Pflanzen können in Wasser, Essig, Öl, Honig oder Alkohol extrahiert werden (man spricht hier von einem »Menstruum«). Wenn du Alkohol als Menstruum verwendest, ist das Ergebnis eine »Tinktur«. Der Alkohol zerstört den Nährstoffgehalt der Pflanze, extrahiert und bewahrt jedoch die pharmazeutischen Wirkungen und ist die wirksamste Medizin, die du zu Hause selbst zubereiten kannst (abgesehen von der Herstellung von Kapseln, die jedoch einige Geräte erfordert).

Beginnen wir mit dem einfachsten Verfahren: der Herstellung eines medizinischen Aufgusses. Dieser unterscheidet sich von der Zubereitung eines Kräutertees durch die Menge der verwendeten Pflanze und die Dauer, die sie dem heißen Wasser ausgesetzt wird. Ein Teebeutel wird in der Regel etwa drei Minuten lang im Wasser belassen, während ein Heiltee mindestens 15 oder 20 Minuten lang ziehen muss. Pflanzen mit milder Wirkung wie Brennnessel, Haferstroh oder Rotklee brauchen sogar noch länger: Es ist ratsam, sie vier Stunden oder sogar über Nacht ziehen zu lassen, um einen stärkeren Aufguss zu erhalten.

Die Blätter und Blüten selbst werden nicht gekocht: Das Wasser wird zum Kochen gebracht, die Hitze wird ausgeschaltet, und die Pflanzen werden in einem abgedeckten Gefäß ziehen gelassen. Die harten Pflanzenteile (Wurzeln, Samen und Rinden) hingegen müssen zehn bis 15 Minuten lang gekocht werden, um ihre Inhaltsstoffe freizusetzen (dies wird als »Abkochung« bezeichnet), oder man lässt sie über Nacht einweichen: Die Wirkung ist dieselbe. Unabhängig davon, ob du einen Aufguss oder eine Abkochung zubereitest, ist es ratsam, für das Abkochen des Wassers ein Gefäß aus Glas, Edelstahl, Keramik oder Eisen zu verwenden und nicht aus Aluminium. (Aluminium kann in die Kräuterzubereitung eindringen und sie giftig machen oder ihre Eigenschaften beeinträchtigen.)

Verwende etwa einen Esslöffel der getrockneten Pflanze oder drei Esslöffel der frischen Pflanze pro Tasse. Wenn du den Aufguss den ganzen Tag über trinken möchtest, benötigst du 30 Gramm Pflanzenteile in einem Liter Wasser.

Medizinische Aufgüsse werden am besten bei Zimmertemperatur getrunken, es sei denn, sie sollen zum Schwitzen anregen; in diesem Fall müssen sie heiß getrunken werden.

Für die äußerliche Anwendung musst du eine Lotion, eine Kompresse, eine Creme, eine Salbe oder ein Bad vorbereiten. Beginnen wir mit der ältesten und einfachsten Methode, die geeignet ist, den Schmerz einer Wunde oder den durch eine Verletzung, einen Ausschlag oder einen Stich verursachten Juckreiz zu lindern: ein Speichelpflaster. Wie wird es gemacht? Wenn du die geeignete Pflanze gefunden hast (Wegerich, Beifuß, Vogelmiere, Schafgarbe oder Rosenblätter gehören zu den gebräuchlichsten und nützlichsten), must du einen Ball daraus formen und ihn etwas kauen, damit der Saft austritt und du ihn auf die betroffene Stelle auftragen kannst. Es reicht nicht aus, sie mit den Fingern zu zerdrücken; wichtig ist, dass die Pflanze mit deinem Speichel in Berührung kommt.

Du kannst dich auch selbst »einweichen«, um die heilende Wirkung der Pflanzen aufzunehmen, indem du ein Kräuterbad nimmst. Dazu gibt es mehrere Möglichkeiten: einen Aufguss in einem Topf zubereiten, abseihen und die Flüssigkeit in die Badewanne gießen; einen Leinensack mit den Pflanzen an den Wasserhahn hängen, während das Wasser läuft; Badesalz herstellen, indem man die ausgewählten Kräuter mit grobem Salz mischt; oder die Pflanzen direkt ins Wasser werfen. Einige der besten Pflanzen, die man für ein Bad verwenden kann, sind: Haferstroh (oder auch grober Hafer, den man in den meisten Lebensmittelgeschäften leicht kaufen kann und der nahrhaft, entspannend und erweichend ist); Salbei, Lavendel oder Kamille (Beruhigungsmittel); Löwenzahnblüten (die die Haut reinigen); Minze (eine anregende Pflanze, die bei der Wundheilung hilft); und Kiefer, Rosmarin oder Eukalyptus (abschwellende Mittel).

Zu rituellen und medizinischen Zwecken haben einige indigene Kulturen die Pflanzen in Form einer Räucherung oder durch eine Pfeife inhaliert.

Aufbewahren von Pflanzen

Um Blätter und Wurzeln zu trocknen, lege sie in Papiertüten (niemals Plastik), in ein halbgeschlossenes Gefäß oder hänge sie draußen auf, immer im Schatten. Sie können gelagert werden, wenn sie durchgetrocknet sind. Wichtig: Eine gut konservierte Pflanze hat die Farbe und das Aroma der ursprünglichen Pflanze. Wenn du eine getrocknete Pflanze siehst, die wie undefinierbarer grauer Staub aussieht, hat sie wahrscheinlich nur noch wenig oder gar keine Lebensenergie für die Heilung.

Die Kräuterexpertin Susun Weed, Autorin der Buchreihe *Wise Woman*, nahm an einer Podiumsdiskussion über die Wechseljahre teil, als ein Arzt, der ebenfalls auf dem Podium saß, erklärte, dass kein Kraut sicher zu verwenden sei, wenn sein Wirkstoff nicht gemessen und standardisiert wurde. Dies war die Antwort von Susun:

Für mich ist der Wirkstoff einer Pflanze genau der Teil, der nicht gemessen werden kann: die Energie, die Lebenskraft, das Chi, die Elfe der Pflanze, nicht ein »giftiger« Bestandteil. Für den Heiler/Kräuterkundigen ist der aktive Teil der Pflanze der Teil, der von der rechten Gehirnhälfte aktiv genutzt werden kann, um chaotisch, natürlich, »die Oktave zu überspringen« und ein Wunder zu bewirken. Dieser aktive Teil wird in standardisierten Produkten weg-veredelt, der wirksame Teil ist hingegen der unordentliche Teil, der veränderliche Teil, der subtile, der unsichtbare Teil.

HERSTELLUNG EINER TINKTUR

Dabei handelt es sich um ein einfaches Verfahren, bei dem Alkohol verwendet wird, um das Maximum an Wirkstoffen aus einer Pflanze zu extrahieren (im Gegensatz zu Aufgüssen, bei denen nur die in Wasser löslichen Eigenschaften extrahiert werden können). Eine Tinktur kann aus frischen oder getrockneten Pflanzen hergestellt werden. Für Letztere verwendet man etwa halb so viel Pflanzenmaterial wie bei der Verwendung der frischen Pflanze, da sie sich beim Einweichen in Flüssigkeit ausdehnt.

Was du brauchst
- Frisches oder getrocknetes Pflanzenmaterial
- Eine Glasflasche mit einem Metallverschluss
- Wodka oder Brandy, da er einen hohen Alkoholgehalt hat. Es muss nicht unbedingt eine teure Marke sein, billigere Sorten funktionieren genauso gut. Wenn du keinen Alkohol trinkst (oder wenn du die Tinktur einem Kind geben willst), kannst du stattdessen Apfelessig verwenden, allerdings gehen dann einige der Nährstoffe und Bestandteile verloren.
- Etiketten und ein Stift

Anleitung
- Sterilisiere die Flasche und fülle sie mit der Pflanze deine Wahl. Es ist wichtig, sie in kleine Stücke zu schneiden (egal, welchen Teil der Pflanze du verwendest, ob Blatt, Blüte, Stengel oder Wurzel), damit die größtmögliche Menge der Pflanze mit dem Alkohol in Kontakt kommt. Fülle die Flasche bis zum Hals mit dem von dir gewählten Alkohol.
- Rühre die Mischung mit einem Holzlöffel (oder einem Stäbchen) um, so dass keine Luftblasen mehr darin sind, und beschrifte sie (mit dem Namen der Pflanze und dem Datum). Lasse sie vier bis sechs Wochen

lang an einem dunklen Ort ruhen und durchziehen. Es ist ratsam, sie an einem naheliegenden Ort aufzubewahren, zumindest am Anfang, damit du daran denkst, sie zu schütteln. Dies ist auch ein guter Zeitpunkt, um sich mit der Energie der Pflanze zu verbinden und der Medizin deine Heilungsabsicht einzuprägen.

- Nach der Mazerationszeit filtere die Mischung mit einem mit Musselin oder Gaze ausgelegten Sieb. Drücke am Ende alles gut aus, um keinen Tropfen der Medizin zu verschwenden. Die Reste der Pflanze können auf den Komposthaufen oder als Dünger in einen Blumentopf gegeben werden.

- Du kannst ein sauberes Gefäß für die umgefüllte Flüssigkeit verwenden oder dasselbe Gefäß wiederverwenden, aber es ist wichtig, dass du in diesem Fall das Etikett änderst und diesmal die medizinischen Eigenschaften der Tinktur dazuschreibst, damit du sie bei Bedarf zur Hand hast.

- Eine Kräutertinktur muss zur Verwendung in etwa 20 ml Wasser verdünnt werden. Es gibt mehrere Möglichkeiten für die nötige Dosis. Eine Möglichkeit besteht darin, die Flüssigkeit zwei- bis dreimal täglich zu trinken, wobei jeweils 20 bis 30 Tropfen der Tinktur eingenommen werden. Eine andere, praktischere Möglichkeit ist die Einnahme eines ganzen Teelöffels der Tinktur (immer verdünnt) pro Tag bei chronischen Beschwerden oder eines halben Teelöffels mehrmals täglich (oder stündlich, je nach Bedarf) bei akuten Schmerzen oder Beschwerden.

Ernten der Jahreszeit entsprechend

Nur wenige Erlebnisse sind so lohnend wie das »Ernten gehen«, und selbst wenn man in der Stadt lebt, ist das kein Hindernis. Dies ist ein kleiner Auszug aus der Vielfalt der möglichen Kräuter, die selbst in der urbansten Landschaft zu finden sind.

Was du wann ernten kannst, hängt von deinem Standort ab – vom Klima, vom Boden und anderen Bedingungen –, aber hier sind ein paar Ideen für Pflanzen, die du vielleicht finden kannst. Beachte, dass die gebräuchlichen Namen der Pflanzen von Ort zu Ort sehr unterschiedlich sind.

Frühling

Lindenblätter. Mit den ersten Lindenblättern des Frühlings kannst du »Waldkekse« backen.

WALD-KEKSE

50 Gramm Mehl
125 Gramm Rohrohrzucker
125 Gramm Butter
1 Ei
1 Esslöffel junge Lindenblätter, ohne Stiele, in kleine Stücke geschnitten

- Die Zutaten zu einem gleichmäßigen Teig verrühren und diesen flach ausrollen und Kreise ausschneiden oder ausstechen.
- Die Kekse bei mittlerer Hitze backen, bis die Ränder leicht gebräunt sind.
- Mit etwas Honig süßen.

Lindenblüten. Sie können frisch für einen Aufguss verwendet werden (ein Elixier der Götter!), getrocknet, um den gleichen Aufguss im Winter zu machen, oder zur Herstellung von Lindenhonig verwendet werden. Wie das geht? Ganz einfach! Trenne die Blüten von den Stielen und gib sie in ein Glasgefäß. Mit Honig auffüllen, mit einem Holzlöffel umrühren und mehrere Wochen lang ziehen lassen. Er kann von Anfang an verwendet werden, wird aber mit der Zeit besser. Die Blüten brauchen nicht abgeseiht zu werden; sie schmecken köstlich als Brotaufstrich.

Blüten und Früchte der Linde. Wenn man grüne (unreife) Lindenfrüchte mit getrockneten Blüten (vom selben Baum) in einem Verhältnis von 10-12 Teilen Früchte auf einen Teil Blüten mischt und verarbeitet, erhält man eine Paste mit Johannisbrotgeschmack. Mit den reifen Früchten (sie sind reif, wenn sie braun werden) kann man einen Kaffeeersatz herstellen.

Weidenzweige. Weidenstecklinge scheiden Auxin aus, ein wasserlösliches Hormon, das bei anderen Pflanzen das Wurzelwachstum anregt. Schneide einige junge, bleistiftdicke Zweige von den Zweigspitzen ab, wobei die Knospen kurz vor der Blüte stehen sollten, und lege sie in ein Glasgefäß. Mit kochendem Wasser übergießen und 24 Stunden lang abgedeckt ziehen lassen. Dann abseihen, und du hast dein Bewurzelungshormon!

Verschiedene Frühlings- und Frühsommerfrüchte, die an Bäumen wachsen, die du am Wegesrand finden kannst, darunter Mispeln und Maulbeeren.

Sommer

Brombeeren: können roh gegessen, mit Apfel gekocht oder zu Marmelade verarbeitet werden.

Brennnesseln, verschiedene Gänsefuß-Arten (Weißer Gänsefuß oder Ackermelde) und andere Blattgemüse. Sie sind zu Beginn des Sommers in ihrer Blütezeit und können roh oder gekocht verzehrt werden.

Herbst

Eicheln. Sie können zur Herstellung von Mehl verwendet werden, aber das Verfahren zum Beseitigen der Bitterkeit ist langwierig und anstrengend. Besser ist es, sie zum Spaß der Kinder zu verwenden. Ohne viel Aufwand werden sie zu Kobolden mit Hüten, Girlanden, oder was immer ihnen einfällt.

Esskastanien. Sie können im Ofen gebacken oder gekocht werden. Wenn sie weich sind (nach etwa einer Stunde), schälen und mit Salz essen. Köstlich!

Löwenzahnwurzeln. Eine ideale Aktivität für die ganze Familie. Kinder lieben es, die Wurzeln auszugraben und sie in Gläsern aufzubewahren (und zu Kaffee zu rösten). Sie fühlen sich wie in Hogwarts, der Harry-Potter-Schule für Zauberei. Kein Wunder: Sie sind das, was einer konservierten Alraune am nächsten kommt. Doch damit nicht genug: Sie enthalten zwar kein Koffein, dafür aber eine Reihe interessanter Vitamine und Mineralstoffe.

Haselnüsse. Die essbaren Haselnüsse sind die, die in pieksige Hüllblätter eingewickelt sind. So verlockend es auch sein mag, warte mit der Ernte am besten einen Monat nach Herbstbeginn – wenn die ersten Früchte fallen –, denn die ersten sind in der Regel zu klein, als dass sich die Mühe des Knackens lohnen würde.

Hagebutten. Sie enthalten viel Vitamin C und werden für die Zubereitung von Tee oder zum Aromatisieren von Marmeladen verwendet. In England wurden sie während des Zweiten Weltkriegs zur Vorbeugung gegen Skorbut gegessen. Der fleischige Teil wird verwendet und die Samen, die Juckreiz auslösen, werden weggeworfen. Meide Pflanzen, die möglicherweise mit Chemikalien besprüht wurden.

Hibiskus (Eibisch). Zur Herstellung von magischem Hibiskussaft: Nimm rote Hibiskusblüten, entferne die Hüllblätter und den Stempel und gib sie in kochendes Wasser. Sie werden dem Wasser eine zartviolette Farbe verleihen. Dann versammelst du die Kinder um den Topf und spritzt ein wenig Zitrone hinein, wobei du ein lautes »Abrakadabra!« rufst. Im Handumdrehen färbt sich der Saft karminrot! Wenn du die Aufmerksamkeit der Kinder geweckt hast, süße den Tee, stelle ihn kalt und serviere ihn als (gesundes, mit Vitamin C angereichertes) Getränk. Da kann kein Kind widerstehen!

Winter

Kiefernnadeln. Die Nadeln vieler Nadelbaumarten sind genießbar. Man kann aus ihnen einen Tee oder einen schmackhaften Heilessig zubereiten. Beide sind reich an Vitamin C.

Eukalyptussamen und -blätter. Diese können gekocht werden, um die Dämpfe zur Linderung von Erkältungen zu inhalieren oder einfach zur Reinigung der Umgebung.

Vogelmiere, Wegerich, Klee und Klettenwurzeln sind einige weitere Leckerbissen, die in der kalten Jahreszeit verfügbar sind.

Wir haben das Ende unseres Pflanzenweges erreicht. Für die nächste Reiseetappe müssen wir unsere Körbe weglegen und stattdessen ein Fernglas in die Hand nehmen, um in ein Universum einzutreten, das flatterhafter, aber genauso faszinierend ist.

DIE BRUDERSCHAFT DER VÖGEL

Herr...
Ich war vielleicht ein Zweig eines Baumes,
der Schatten eines Vogels,
das Spiegelbild eines Flusses...
J. L. Ortiz

Vögel leben in unseren Gärten, auf unseren Balkonen, in den Bäumen unserer Nachbarschaft. Sie bieten uns Stadtbewohnern eine wunderbare Gelegenheit, mit wilden Tieren zusammen zu sein. Doch wie viele von uns lassen dieses Geschenk ungenutzt verstreichen? Wir loben ihren inspirierten Gesang, wir beneiden sie, um ihre Fähigkeit zu fliegen, aber meistens führen wir unser Leben so, als ob es sie nicht gäbe, oder zumindest so, als ob sie nur eine Zierde wären – ein schöner, aber zufälliger Teil der Landschaft.

Andere Kulturen sind auf eine andere Weise mit der geflügelten Welt verbunden. Das Volk der San, das in der Kalahari-Wüste lebt, erklärt dies folgendermaßen:

Wenn ich an einem Tag einen Vogel sehe und ihn wiedererkenne, entsteht ein feiner Faden zwischen uns. Wenn ich morgens hinausgehe und denselben Vogel erkenne, wird der Faden ein wenig dicker. Jedes Mal, wenn ich denselben Vogel sehe und erkenne, wächst der Faden, bis er zu einem Seil wird. Wir haben Seile, die uns mit allen Aspekten der Schöpfung, mit dem ganzen Universum verbinden.

Es mag utopisch erscheinen, zu glauben, dass wir, die in bebauten Gebieten leben, diese Verbindung zur Natur wiederfinden könnten, wo wir doch so weit vom grünen Volk entfernt leben und uns in einem so rasanten Tempo bewegen. Heutzutage sind wir nicht nur wenig geneigt, uns mit den Vögeln, die uns umgeben, zu verbinden, sondern wir glauben oft, dass es sich bei den Vögeln, denen wir begegnen, immer um verschiedene Individuen handelt, die zufällig unseren Weg kreuzen. Das Gegenteil ist der Fall: Da Vögel ortsgebundene Tiere sind, leben sie in einem Wohngebiet mit einem Radius von etwa zehn bis 20 Metern. Wenn sie einen Ort einmal für sich entdeckt haben und seine Verstecke, seine Versorgungsquellen und Unterschlüpfe kennen, geben sie ihn nicht so leicht auf. Die Vögel, die wir jeden Tag sehen, sind also nicht mehr und nicht weniger als unsere Nachbarn. Mit ein wenig Geduld und Hingabe können wir sie kennenlernen und anhand einiger individueller Merkmale sogar voneinander unterscheiden.

Warum sollten wir uns mit Vögeln verbinden wollen? Für unsere Vorfahren waren diese Tiere Verbündete bei ihren wichtigsten Aufgaben: sich gegen Raubtiere zu schützen und Beute aufzuspüren. Vögel machten sie durch ihre Bewegungen und Laute auf die Anwesenheit beider aufmerksam und leisteten dem Menschen damit einen unverzichtbaren Dienst. Heute brauchen wir die Vögel nicht mehr, um zu überleben, aber wenn du lernen kannst, was der professionelle Fährtenleser Jon Young »die tiefe Sprache der Vögel« nennt (in seinem Buch *What the Robin Knows: How Birds Reveal the Secrets of the Natural World – Was das Rotkehlchen weiß: Wie Vögel die Geheimnisse der Natur lüften*), wird dir deine Welt ungeahnte Wunder offenbaren. Was meint er mit »tiefer Sprache«? Er spricht von einer speziesübergreifenden Kommunikation, die voll mit Informationen ist, die durch

Lautäußerungen und Körpergesten verschlüsselt sind, und die von den Vögeln praktiziert wird, die uns umgeben.

Young ist ein begeisterter Verfechter der Idee, in die Natur einzutauchen, um den Eingeborenen wiederzuentdecken, der im Herzen selbst des eingefleischtesten Stadtbewohners lebt. Er hat viele Menschen in diese Kunst eingeweiht und so dazu beigetragen, gefährdeten Jugendlichen und Mitgliedern anderer Randgruppen durch prägende Erfahrungen in der Natur Selbstvertrauen und ein Gefühl der Zugehörigkeit zu vermitteln.

Youngs erster Ratschlag zur Wiederherstellung der Bindung ist einfach: Suche dir einen »Sitzplatz« in der Nähe deines Zuhauses. Das kann eine Bank auf einem Platz sein oder ein Stuhl auf dem Balkon oder im Garten. Dort solltest du jeden Tag mindestens zehn Minuten lang sitzen, mit einem Notizbuch in der Hand, und beobachten, was passiert. Young nennt das »Hinausgehen, um die Nachrichten des Tages zu hören«.

Anfangs bemerkst du vielleicht gar nichts, aber sobald du lernst, deinen Verstand zum Schweigen zu bringen, wirst du allmählich deine Umgebung wie eine Partitur lesen. Um das grundlegende Verhalten der Vögel beobachten zu können, anstatt sie immer nur im Flug zu sehen, musst du lernen, drei einfache Fähigkeiten zu entwickeln:

Eulenblick. Dabei erweiterst du dein Sichtfeld: Du weitest deinen Blick bis zu den äußersten Rändern und versuchst, so viele visuelle Informationen wie möglich zu erfassen, ohne deinen Kopf oder deine Augen zu bewegen. Das beruhigt die Vögel und lässt sie ihr Leben fortsetzen, als ob du nicht da wärest. Wenn du zu Fuß unterwegs bist, kannst du auch in die andere Richtung blicken und den Vogel über die Schulter hinweg anschauen, damit er nicht bemerkt, dass du ihn beobachtest.

Rehohren. Um dein Gehör zu schärfen, versuche, zwischen nahen und fernen Geräuschen zu unterscheiden. So kannst du Informationen darüber sammeln, was mit Vögeln los ist, die sich nicht in deiner unmittelbaren Umgebung befinden. Du wirst auch in der Lage sein,

Verbindungen zwischen Ereignissen in verschiedenen Teilen deiner Nachbarschaft herzustellen.

Fuchsgang. Tritt zuerst mit dem Fußballen auf und senke dann allmählich die Ferse ab. Dieser Schritt bewirkt einen leisen und unauffälligen Gang und schützt dich gleichzeitig davor, auf etwas Schmerzhaftes zu treten, da dein Fuß den Boden »ertastet«, bevor er ganz auftritt.

Diese drei Techniken verschaffen dir eine Art Tarnmantel, so dass du die Natur in Ruhe beobachten kannst. Noch wichtiger ist, dass sie einen Entspannungszustand herbeiführen, ähnlich dem vieler anderer kontemplativer Praktiken. (Es gibt Extrapunkte, wenn du diesen Zustand vor dem letzten Kapitel »Der Leuchtturm« entdeckst!) Young sagt, ein häufiger Fehler, den Menschen machen, wenn sie mit der Vogelbeobachtung beginnen, bestehe darin, dass sie versuchen, »heimlich« zu sein. Tarnung macht einen Vogel auf deine Anwesenheit aufmerksam, weil es die Haltung eines Raubtieres ist; doch du suchst nicht nach einer Tarnung, sondern nach einem Zustand des inneren Friedens und der Stille.

Bei jeder Naturbeobachtung ist es hilfreich, sich zwei Kreise vorzustellen: Der eine stellt den Kreis der eigenen Wahrnehmung dar, der andere die Störung durch deine Anwesenheit. Die Idee ist, den ersten Kreis so weit wie möglich zu vergrößern und den zweiten zu verkleinern, um den perfekten »Sweet Spot« zu erreichen, der es dir ermöglicht, Wildtiere unaufdringlich zu beobachten.

In seinem Buch berichtet Young von der Erfahrung eines Heranwachsenden aus einem New Yorker Slum, der im Rahmen eines Sozialprogramms an seinem Kurs teilnahm. Am Ende des ersten zehnminütigen Beobachtungszeitraums hatte der Junge nicht ein einziges Ereignis aufgeschrieben. »Es ist nichts passiert«, sagte er lakonisch

und gelangweilt. Am zweiten Tag schrieb er in sein Notizbuch, dass »ein Vogel rechts an mir vorbeiflog«. Nach einer Woche war er bereits in der Lage, die Drossel von der Großen Kiskadee zu unterscheiden und zu notieren, dass die eine nur wenige Meter von seiner Bank entfernt der anderen das Futter gestohlen hatte, während Papageien aufgeregt in den Zweigen eines Eukalyptus kreischten. Diese kleine Verwandlung zeugt davon, dass sich die Welt ausdehnt, wenn wir aufmerksam sind; sie wird von Wesen bevölkert und wimmelt von Leben. Durch die Anwendung dieser Praktiken, so Young, »werden Vögel zu Barometern für unser Bewusstsein für die innere und äußere Landschaft«.

Sie führen auch zu einem anderen unerwarteten Ergebnis: Das Kind in uns wird plötzlich wieder zum Leben erweckt, so, als ob es nach Jahren der Gefangenschaft zum Spielen eingeladen wäre. Wer träumt nicht davon, ein Entdecker zu sein und die Geheimnisse des Universums zu entdecken, vor allem, wenn diese Geheimnisse direkt vor unserer Nase vorbeifliegen?

Wir wollen sehen, was wir aus dem Reich der Geflügelten lernen können, ohne Bücher oder Ferngläser, einfach durch Zuhören und Neugierde.

Vögel und ihre Sprache

Es gibt fünf Arten von Lauten, die wir zu erkennen lernen können:

Gesang. Der Gesang ist bei weitem der am besten untersuchte – und beliebteste – Klang der Vögel. Er unterscheidet sich vom Ruf durch die Dauer und Komplexität. Jeder Vogel hat ein grundlegendes »Repertoire« an Gesängen und Rufen, das jedoch je nach Tageszeit viele Variationen enthält, wie wir noch sehen werden.

Geselligkeitsruf. Dies ist der Laut, den Vögel verwenden, um miteinander zu kommunizieren und ihren Artgenossen mitzuteilen, wo sie sich befinden oder wo sie leckere Snacks finden. Beim Großen Kiskadee ist er gut zu erkennen: ein hoher Pfiff, der die ganze Nachbarschaft (und auch den Empfänger) alarmiert. Subtilität gehört nicht zu den Eigenschaften dieser Art.

Betteln der Jungen. Dies ist der Hungerschrei eines Jungvogels. Er wird mit offenem Schnabel ausgestoßen, im Nest oder wenn es hinter einem Elternteil herläuft, wenn das Küken seine ersten Schritte macht. Man hört ihn vor allem im Frühjahr, in der Brutzeit, und man muss sein Ohr nicht besonders trainieren, um ihn zu erkennen. Er ist so deutlich, dass er auch bei nicht gefiederten Tieren Mutterinstinkte weckt.

Aggression. Sie wird vor allem von Männchen als Reaktion auf territoriale Bedrohungen ausgestoßen. Oft geht sie mit einer rituellen Zurschaustellung einher, die einen Eindringling abschrecken oder das Territorium markieren soll, ohne sich zu einem echten Kampf zu entwickeln. Vögel, sowohl Männchen als auch Weibchen, sind bekannt für ihre Rituale zum Schutz ihrer Nester, manchmal auch um Fressfeinde abzuschrecken, die um ein Vielfaches größer sind als sie selbst.

Alarmruf. Es gibt verschiedene Schreie für verschiedene Anlässe. Einige Arten haben einen spezifischen Alarm für Gefahren auf dem Boden und einen anderen für Bedrohungen aus der Luft. Das Klicken, das Drosseln von sich geben, wenn ein menschlicher Eindringling einem Nest zu nahe kommt, gehört ebenfalls in diese Kategorie.

Um diese verschiedenen Laute erkennen zu können, muss man zunächst lernen, die »Grundlinie« jeder Art zu erkennen: ihr gewohntes Verhalten, wenn alles ruhig ist und das Leben normal verläuft. Wenn du gelernt hast, dies zu erkennen, ist es einfacher zu bemerken, wann etwas geschieht, das deine Aufmerksamkeit verdient. Eine gute Gelegenheit zur Beobachtung dieses Grundverhaltens ist, wenn die Vögel fressen. Du kannst diesen Moment nutzen, um ihre Körpersprache und ihre Laute zu studieren, damit du sie mit anderen Verhaltensweisen vergleichen kannst, wenn diese auftreten.

Das Geheimnis des Vogelgesangs

Der Gesang von Vögeln ist faszinierend und geheimnisvoll. Man kann sich fragen: Warum singen sie? Schließlich ist das Singen eine Aktivität, die viel Energie erfordert und die Aufmerksamkeit von Fressfeinden auf sich ziehen kann. Die Ornithologen sind sich über zwei Hauptgründe einig: um das Revier zu verteidigen und um potenzielle Partner anzulocken. Für das Männchen ist der kräftige und kunstvolle Gesang eine Möglichkeit, seine Vorzüge kundzutun und die Weibchen auf sich aufmerksam zu machen.

Aber es gibt noch eine andere Sichtweise, die der Musik- und Philosophieprofessor David Rothenberg vorschlägt. In seinem Buch *Why Birds Sing* (Warum Vögel singen) akzeptiert Rothenberg die von der Wissenschaft angegebenen Gründe, erlaubt es sich aber, über eine dritte Möglichkeit nachzudenken. Er sagt:

> Warum singen Vögel? Aus denselben Gründen, aus denen wir singen
> – weil wir es können. Weil wir es lieben, das reine Reich des Klangs
> zu bewohnen. Weil wir singen müssen – so wurden wir geschaffen,
> um die reinen Formen des Klangs zu erschließen. Wir zelebrieren
> diese Fähigkeit bei unseren größten Aufgaben: uns selbst darzustellen,
> unseren Platz zu verteidigen und jene zu rufen, die wir lieben. Aber
> die Form ist am Ende weit mehr als die bloße Funktion.

Wenn er von »Form« spricht, bezieht sich Rothenberg auf die fast unüberschaubare Ausgestaltung und Ausschmückung einiger Lieder. Es ist schwer zu ermessen, warum der australische Leierschwanz Dutzende von Geräuschen (von anderen Vögeln, anderen Dingen in der Natur und auch von Elementen der Zivilisation wie Flöten, Kameras,

Autoalarmanlagen und Kettensä-
gen) perfekt imitieren muss, um
von einem der edlen Weibchen als
geeigneter Partner angesehen zu
werden.
Es ist nicht nur der Gesang, der
über das Zweckdienliche hinaus-
geht: Es gibt auch einen Sinn für Ästhetik, etwa bei den Laubenvögeln
in Australien und Neuguinea, die ihre Nester mit Gegenständen auskleiden, die sie auf dem Waldboden finden, und das choreographische
Talent der Paradiesvögel, die in derselben Ecke der Welt leben und
Tanzschritte ausführen, die Michael Jacksons Moonwalk inspiriert
haben könnten.

Könnte es sein, dass manche Vögel einfach gerne singen, tanzen,
fliegen und ihre Schönheit und ihre Gaben zur Schau stellen? Belassen
wir diese Möglichkeit im unendlichen Mysterium der Welt. Dennoch
muss gesagt werden, dass die Balzgesänge am auffälligsten sind. Bei
fast allen Arten sind es die Männchen, die singen (außer in den Tro-
pen, wo beide Mitglieder des Paares im Duett singen, und bei den
argentinischen Ofenvögeln). Die spektakulärsten Darbietungen finden
im Frühjahr statt: zunächst zur sexuellen Eroberung und dann zur
Markierung des Territoriums.

Singvögel sind mit einer Syrinx (Stimmkopf) gesegnet, einem
Organ, das sich dort befindet, wo sich die Luftröhre in die Bron-
chien teilt. Jede Seite der Syrinx erzeugt unabhängige Töne, so dass
ein Vogel zwei verschiedene Töne gleichzeitig ausstoßen kann. Einige
Vögel können sogar gleichzeitig auf- und absteigende Töne singen.
Der nördliche Kardinal (*Cardinalis cardinalis*) kann in einer Zehntel-
sekunde mehr Töne singen als das Klavier Tasten hat.

Zwar hat jede Art einen »Grundgesang«, doch wenn eine Kolonie
durch einen geographischen Zufall vom Rest isoliert ist, können ihre
Mitglieder ihren eigenen »Dialekt« entwickeln, den sie dann an ihre
Nachkommen weitergeben. Aus diesem Grund können Vögel dersel-
ben Art unterschiedliche Melodien anstimmen. Können wir unser
Gehör so weit sensibilisieren, dass wir diese Unterschiede hören?

Legendäre Lieder

Vögel haben unzählige Mythen und Legenden inspiriert, von denen viele versuchen, die Vielfalt der Gewohnheiten, Gesänge und Verhaltensweisen der verschiedenen Arten zu erklären. Ein Beispiel dafür ist eine Legende aus dem Nordosten Argentiniens, die erklärt, warum Graukuhstärlinge (*Agelaioides badius*) zu proben scheinen, wenn sie als Gruppe singen, und warum der Seidenkuhstärling die Nester anderer Vögel besetzt.

Es heißt, dass alles auf den Tag zurückgeht, an dem Gott den Vögeln beibrachte, ihre Nester zu bauen, und auf die Nacht davor, in der die Vizcacha [ein Bergnager] ein großes Fest für alle Tiere veranstaltete. Nur die Seidenkuhstärlinge und die Graukuhstärlinge nahmen die Einladung an. Erstens, weil sie sofort verleitet waren, als sie das Wort »Fest« hörten. Und zweitens, weil sie gerne und viel sangen.

Die Party fand spät in der Nacht statt, als die übrigen Vögel schon tief schliefen und sich auf den anstrengenden Tag vorbereiteten, an dem Gott ihnen beibringen wollte, wie sie ihre jeweiligen Nester bauen sollten. Die Stärlinge hatten ein tolles Repertoire ausgewählt, um das Fest zu beleben, aber sie kamen nicht dazu, aufzutreten. Die Probe dauerte viel zu lange, denn sie verschwendeten viel Zeit mit dem Stimmen. Bevor also das Fest beginnen konnte, weckte Gott alle Vögel im Morgengrauen für die bevorstehende Aufgabe.

Die gehorsamen Graukuhstärlinge mussten das Fest verlassen und an die Arbeit gehen, ohne ein einziges Lied gesungen zu haben. Ihre Vettern, die Seidenkuhstärlinge, ignorierten den Befehl und blieben auf dem Fest, ohne je zu lernen, ihre Nester zu bauen. Das erklärt, warum die Graukuhstärlinge nur proben können. Sie singen nur in Gruppen, und ihr Gesang klingt, als würden sie ewig ihre Instrumente stimmen.*

Bitte deine Kinder, Legenden zu schreiben, die einige der Gewohnheiten und Formen verschiedener Vögel »erklären«: Warum Pieperwaldsänger so eigenartige Nester bauen; wie Kolibris die Blumen auswählen, an denen sie nippen; warum Spechte Löcher in Bäume hacken; warum Raben den Menschen Geschenke hinterlassen. Dies sind nur ein paar Ideen für den Anfang!

Auf YouTube gibt es viele Aufnahmen von Gesängen und Klängen verschiedener Vogelarten. Wenn du sie dir anhörst, kannst du dein Ohr schulen, um die Vögel in deiner Umgebung zu erkennen. Du hast sie wahrscheinlich schon Tausende Male gehört, aber ohne den Vogel mit dem Lied in Verbindung zu bringen.

Hier sind einige Vögel mit klar definierten Gesängen, auf die du achten kannst, je nachdem, wo auf der Welt du dich befindest: Halsband-Sperling, Sperling, Drossel, Kiskadee, Singdrossel, Amsel, Feldlerche.

Ein Tag im Leben eines Vogels

Jeder von uns könnte Geschichten (nette oder nicht so nette) über seine Nachbarn erzählen. Und genau so können wir Geschichten über die Vögel erzählen, die in unserer Nähe leben. So, wie wir festgestellt haben, dass es nicht irgendwelche Individuen sind, sondern immer dieselben Drosseln, Rotkehlchen und Spottdrosseln, können wir auch sagen, dass ihre Bewegungen nicht zufällig sind und ihr Verhalten nicht ziellos ist.

Vögel sind empfindliche Tiere und können es sich nicht leisten, unnötig viel Energie zu verbrauchen, weshalb fast alle ihre Bewegungen einem bestimmten Zweck dienen. Daher folgen ihre Routinen meist erkennbaren Mustern, die wir beobachten können.

Wie sieht ein Tag im Leben eines Vogels aus? Mehr oder weniger so:

- Vor der Morgendämmerung stimmt die große Mehrheit den »Dämmerungsgesang« an. Es ist der aufwendigste Gesang des Tages, fast so, als würden sie die Sonne begrüßen. Einige Ornithologen vermuten, dass sie damit ihr Revier markieren, bevor die Hektik des Tages beginnt. Romantisch veranlagte Menschen vermuten andere Motive.
- Der Vormittag ist die Zeit für die Nahrungsaufnahme. Vögel, die sich von Würmern, kriechenden und am Boden lebenden Insekten ernähren, fressen am Boden; andere sitzen auf den Ästen und picken nach Samen, Früchten und Insekten. Zu dieser Zeit

hört man eine »harmonische Kakophonie« aus vielschichtigen Stimmen voll Zielstrebigkeit und Eifer.

- Am frühen Nachmittag, wenn die Sonne hochsteht, verhalten sich die Vögel eher ruhig und ruhen. Zu dieser Zeit hört man nur Grillen, Zikaden und das Gurren der Tauben.
- Mit dem Sonnenuntergang kehrt das geschäftige Treiben zurück. Der Chor in der Abenddämmerung ist etwas weniger ausgefeilt als der in der Morgendämmerung, aber zu manchen Jahreszeiten genauso energisch und ohrenbetäubend.
- Nach Sonnenuntergang sucht jeder Vogel einen sicheren Platz zum Schlafen. Vögel schlafen nicht in Nestern – die einzig und allein der Aufzucht und dem Schutz ihres Nachwuchses dienen – sondern auf Ästen und Zäunen oder in Sträuchern, Baumhöhlen und an anderen Orten, vor Fressfeinden und Gefahren verborgen. Einige Arten singen in einem Gebiet und ziehen sich dann in ein anderes zurück, um ihre Fressfeinde in die Irre zu führen. Nachtaktive Arten wie Eulen hingegen werden aktiv und gehen auf die Jagd, wenn die Sonne untergeht.
- Wie können sie schlafen, ohne von den Ästen zu fallen? Als Geschenk der Evolution haben Vögel dafür ein System entwickelt. Wenn ein Vogel das Gewicht seines Körpers auf seine Krallen stützt, aktiviert er einen Mechanismus, der die Krallen um den Ast herum festklemmt, so fest wie ein Zimmermannsgriff. Wasservögel verfügen über eine ebenso ausgeklügelte Technik: Sie schlafen als Schwarm auf dem Wasser und halten sich gegenseitig warm, wobei die Vögel am Rand der Gruppe in einem Zustand des Halbschlafs verharren (wobei ein Teil ihres Gehirns aktiv und wachsam ist). Wenn sich ein Fressfeind nähert, spüren sie die Vibrationen der Wellen im Wasser und alarmieren die anderen.

Diese grundlegenden Informationen sollten ausreichen, um mehr über das Verhalten von Vögeln herauszufinden. Hier sind einige praktische Vorschläge:

VOGEL-AKTIVITÄTEN

Feldforschung

Beobachte und studiere die Gewohnheiten der Drosseln, Schwalben und Spatzen, die deinen Balkon besuchen oder in deinem Stadtviertel oder Garten leben:

- Auf welchem Baum oder in welcher Ecke schlafen sie nachts?
- Wo hört man sie morgens zuerst?
- Wo bauen sie ihre Nester?
- Wie sehen ihre Nester aus?
- Wie viele Eier haben sie darin?
- Welches Mitglied des Paares (Männchen oder Weibchen) brütet sie aus?
- Wie viel Zeit verbringen sie mit ihren Jungen?
- Womit füttern sie sie?
- Welche Fressfeinde machen ihnen Angst? Wie weit fliegen sie weg, wenn eine Katze, ein Hund oder ein Mensch vorbeikommt? Wie lange dauert es, bis sie zurückkommen? Dies ist ein Maß für die Besorgnis, die der jeweilige Fressfeind hervorruft.
- Kannst du in solchen Situationen einen lauten Beschwerde- oder Alarmruf erkennen?
- Wie reagieren sie, wenn ein Zug vorbeifährt oder ein Flugzeug vorbeifliegt? Hinweis: Wenn solche lauten Geräusche zu hören sind, nutzen einige Greifvögel (zum Beispiel Falken) dies aus, um unbemerkt von einem Ort zum anderen zu fliegen. Das gleiche Geräusch löst bei Vögeln, die als Beute gelten, den Drang aus, zu fliehen, oft in Schwärmen.

Kartierung des Geländes

Dies ist eine gute Aktivität, die man mit Kindern machen kann.

Die Teilnehmer wählen eine Gegend aus, die kartiert werden soll: Das kann ein Stadtviertel oder ein größeres Gebiet sein. Innerhalb dieses

Raums werden verschiedene Zonen oder Gebiete festgelegt und den Teilnehmern zugewiesen. Jede Person steckt ihr Gebiet ab und widmet sich hier zehn Minuten lang der Beobachtung des Verhaltens und der Sprache der Vögel . Nach Ablauf dieser Zeit versammeln sich alle und teilen ihre Beobachtungen und tragen sie in ein einfaches Diagramm oder eine Karte ein. Die so entstandene Karte zeigt die Bewegungen der Vögel von einem Ort zum anderen und die vogelkundlichen »Ereignisse« des jeweiligen Morgens oder Nachmittags innerhalb des festgelegten Gebiets.

Einen Lebensraum für Wildtiere im Garten schaffen

Du kannst Vögeln, Insekten und anderen Tieren helfen, indem du einen Garten anlegst, der ihnen Unterschlupf und Nahrung bietet.

Hier einige Möglichkeiten: Stelle frisches Wasser in Form einer Tränke oder eines Teichs bereit; biete Futter in einem Futtertrog an (eine Möglichkeit: hängende Tannenzapfen, die mit Erdnussbutter bestrichen und mit verschiedenen Samen bestreut sind) oder pflanze einfach heimische Blumen, von denen die Vögel und Bienen naschen können.

Es ist auch ratsam, den Garten nicht mit Pestiziden zu besprühen und Fenster mit Aufklebern zu markieren, damit Vögel nicht dagegen fliegen und sich verletzen; und ein Gebiet wild zu lassen, um Unterschlupf und Nistplätze zu bieten.

Im Frühjahr kannst du Körbe mit Moos und Gräsern oder sogar Wollfetzen (nicht länger als zwei Zentimeter) bereitstellen, mit denen sie ihre Nester auskleiden können. In den darauffolgenden Wochen kannst du in der Nachbarschaft herumgehen und sehen, ob du Nester findest, die mit deinen Gaben »geschmückt« sind. Ob du sie findest oder nicht, die Suche nach Nestern ist an sich schon ein schönes Erlebnis.

HIMMELHOCH JAUCHZEND:
DER SUBTILE ZAUBER DER WOLKEN

»Was ist ein Sonnenuntergang ohne Wolken? Ein Kreis, der eine gerade Linie kreuzt«, sagt Gavin Pretor-Pinney, Gründer der Cloud Appreciation Society, Schöpfer einer originellen Form des Aktivismus und eines Manifests, das so beginnt: »Wir glauben, dass Wolken zu Unrecht schlecht gemacht werden und dass das Leben ohne sie unermesslich ärmer wäre.«

Wolken? Können sie wirklich Anlass für Aktivismus sein? Auf den ersten Blick mag es zumindest merkwürdig erscheinen, dass jemand sein Leben der Aufgabe widmet, seine Mitmenschen davon zu überzeugen, nach oben zu schauen und das Schauspiel von Altocumulus, Altostratus und Cumulonimbus zu bestaunen. Aber wir müssen uns nur in die Kindheit zurückversetzen, um das zu verstehen. Wer von uns hat nicht lange im Gras liegend damit zugebracht, Hasen, Berge und Einhörner in den phantastischen Formen zu erkennen, die über den Himmel zogen? Wer hat sich nicht gewundert, wie sich diese Bilder von einem Moment zum anderen vor unseren Augen veränderten? Oder vielleicht sollte die Frage besser lauten: Wann haben die Wolken aufgehört, uns in ihren Bann zu ziehen? Wann haben wir aufgehört, unsere Augen gen Himmel zu richten?

Wolken waren schon immer eine Quelle der Inspiration und des Staunens. Nicht umsonst wurden sie über Jahrhunderte hinweg in Kunstwerken dargestellt. Seit der Renaissance wurden sie sogar als Metapher für das Göttliche verwendet. Aber warum sollten wir als Erwachsene lernen, wieder mit dem Kopf in den Wolken zu leben? Rein vom gesunden Menschenverstand her gesehen, liegt die Antwort auf der Hand: Weil wir durch das Erkennen der Formen und Arten von Wolken die Regenwahrscheinlichkeit vorhersagen können und wissen, ob wir mit einem Hagelschauer rechnen müssen oder mit leichtem, aber unaufhörlichem Nieselregen, der Moos an unerwarteten Stellen wachsen lässt. Das wäre in der Tat ein guter Grund, zu den Wolken aufzuschauen, aber es kratzt kaum an der Oberfläche der Möglichkeiten.

Wir wollen die Wolken nicht betrachten, um das Wetter vorher-zusagen, sondern um wieder zu träumen und uns daran zu erinnern, dass wir auf Schritt und Tritt von Magie und Schönheit umgeben sind. Wir wollen in ihnen einen Weg zurück ins Wunderbare finden. »Es ist die Zeit, die du an deine Rose verschwendet hast, die deine Rose so wichtig macht«, heißt es im Kleinen Prinzen von Antoine de Saint-Exupéry. Lasst uns Zeit vergeuden und dabei lernen, die Welt jeden Tag ein bisschen mehr und besser zu lieben. Verschwenden wir Zeit für das, was wirklich wichtig ist!

Erlaube mir, als informelle Reiseführerin zu den wichtigsten Wol-kenfamilien zu fungieren. Es wird keine erschöpfende Tour sein, aber mit etwas Glück wird sie dich dazu verleiten, weiter zu forschen.

Wie Pflanzen und Tiere werden auch Wolken nach dem Linné-schen System klassifiziert, in diesem Fall nach ihrer Höhe und ihrem Aussehen. Es gibt zehn Gruppen, die als »Gattungen« bezeichnet wer-den. Innerhalb jeder Gattung gibt es eine Vielzahl von »Arten«, und innerhalb jeder Art gibt es noch »Varietäten«. Und als ob das noch nicht genug wäre, gibt es noch einige andere Eigenschaften, die dem Etikett manchmal hinzugefügt werden. Und das alles auf Lateinisch. Wenn du dich einen Nachmittag lang mit Wolken beschäftigen willst, lohnt es sich, ihre Taxonomie zu lernen.

Das Wichtigste zuerst: Was ist eine Wolke?

Eine Wolke ist eine Kondensation von Wasserdampf, die durch die Abkühlung der Luft entsteht. Die Kondensation erfolgt in Form von Tröpfchen oder Partikeln aus sichtbarem Eis, die so klein sind, dass sie von leichten, vertikalen Strömungen in der Luft gehalten werden. Thermische Strömungen bestimmen auch die Bildung von Wol-ken: Wolken, die in ruhender Luft entstehen, nehmen die Form von Schichten an, während diejenigen, die zwischen Winden entstehen, sich in Form von Türmen nach oben entwickeln.

Die einfachste und umfassendste Klassifizierung ist die, die die Wolken nach ihrem Aussehen in hoch, mittel und niedrig einteilt. Beginnen wir mit denen, die uns am nächsten sind!

Niedrige Wolken

Kumulus

Es handelt sich dabei um jene baumwollartigen Wolken mit klar umrissenen Rändern, die wir alle als Kinder in unseren Himmelsbildern malen. *Cumulus* bedeutet »Hügel« oder »Haufen« und spielt auf die für diese Gattung typische »aufgetürmte« oder »klumpige« Form an. In der Regel treten sie einzeln auf, manchmal gruppieren sie sich aber auch und bilden Muster (wie die schönen *Cumulus radiatus*, die wie Straßen aufgereiht sind). In der Sonne sehen sie strahlend weiß aus, aber sie können auch grau oder dunkel erscheinen, wenn die Sonne hinter ihnen steht.

Schauen wir uns einige Merkmale und Merkwürdigkeiten dieses Genres an.

Wie viel wiegt ein durchschnittlicher Kumulus? So viel wie 80 Elefanten. Dies ist keine zufällige Assoziation, erklärt Pretor-Pinney, denn nach altem hinduistischem und buddhistischem Glauben sind Kumulus die spirituellen Vettern der Elefanten. Seit Jahrtausenden verehren die Hindus dieses Tier und bitten es in den heißen Sommern um Regen. Megha (Hindi für »Wolke«) ist der Name, mit dem der Elefant in diesen Bittgebeten angesprochen wird. Alte Schöpfungsmythen besagen, dass Elefanten am Anfang weiß waren und Flügel hatten; sie konnten ihre Gestalt nach Belieben verändern und brachten Regen. Obwohl sie diese Fähigkeit eindeutig verloren haben, werden sie immer noch mit den Wolken in Verbindung gebracht, insbesondere die Albino-Elefanten.

Wie lange dauert ein durchschnittlicher Kumulus? Zehn Minuten. Eine Ausnahme bildet der *Cumulonimbus*, eine Art aufgeladener Kumulus, der sich mehrere Stunden halten kann. Wenn sich mehrere »Zellen« von Wolken zusammenschließen und eine Agglomeration bilden, kann sie sogar noch länger bestehen bleiben.

Wo treten sie auf? Überall auf der Welt, außer in der Antarktis, wo die Erde zu kalt für die Bildung von thermischen Strömungen ist.

Cumulus werden nach ihrer Größe unterteilt:

Cumulus humilis. Sie sind breiter, als sie hoch sind, haben eine flache Basis und eine blütenförmige Spitze. Sie neigen dazu, sich wahllos über den Himmel zu verteilen. Sie sind die klassischen »Schönwetterwolken«: durchsichtig, schwammig und völlig harmlos. Pretor-Pinney sagt: »Lass dich nicht von den Sonnenanbetern verunsichern – Schönwetterwolken spielen die Hauptrolle an einem perfekten Sommertag.« Wenn sie klein bleiben, gibt es keine Chance auf Regen. Aber wenn ein *cumulus humilis* wächst und bis zum Mittag zu einem *cumulus congestus* geworden ist, ist die Wahrscheinlichkeit groß, dass du am Nachmittag deinen Regenschirm herausholen musst. Die Merkregel lautet: »Morgens ein Berg, nachmittags eine Quelle.«

Cumulus mediocris. Sie sind ebenso hoch wie breit. Sie können an der Spitze Ausstülpungen in verschiedenen Formen haben.

Cumulus congestus. Sie sind höher, als sie breit sind. Sie verursachen kurze Schauer, können aber weiter wachsen und zum Tyrannosaurus Rex des Himmels werden: der zu Recht gefürchtete *Cumulonimbus*.

Cumulonimbus

»Tyrannosaurus« ist eigentlich kein Spitzname, der dieser Wolkenart gerecht wird. Wegen ihrer Schönheit und ihres Ausmaßes könnte man den *Cumulonimbus* stattdessen »die Kaiserin der Wolken« nennen. *Cumulonimbuswolken* können [in den Tropen] bis zu 18 km [bei uns bis 11 km] hoch werden (höher als der Mount Everest!). Ihre charakteristische Form ist die eines Pilzes mit einer abgeflachten Spitze oder eines Ambosses. *Cumulonimbuswolken* erkennt man am besten an dem, was sie hervorbringen: Donner, Blitze, Wind und manchmal Hagel.

Wie kann man einen *Cumulus congestus* von einem *Cumulonimbus* unterscheiden? Wenn der obere Teil der Wolke noch präzise Kanten hat (blumenkohlförmig), handelt es sich um einen *Cumulus congestus*. Wenn sie flacher und diffuser wird, ist Vorsicht geboten: Es handelt sich um einen *Cumulonimbus*. Hoch oben in diesen Wolken können sich große Eiskristalle befinden. Wenn jemand diese Tatsache bestätigen kann, dann war es Oberstleutnant William Rankin, ein Pilot der U.S.

Cumulonimbus

Cirrocumulus

Altocumulus

Cumulus

Air Force, Veteran des Zweiten Weltkriegs, der erste und (bisher) einzige Mensch, der durch den Bauch eines *Cumulonimbus* gefallen ist und überlebt hat.

Es klingt wie Science-Fiction, ist aber tatsächlich wahr. Am 26. Juli 1959 flog Rankin mit seiner F-8 Crusader über einer Gewitterwolke, als plötzlich die Triebwerke ausfielen und die Feuerwarnlampe aufleuchtete. Er versuchte, das Flugzeug mit dem Nothebel zu steuern, aber als er ihn zog, entglitt er seinen Händen. Ihm blieb nichts anderes übrig, als sich in 14.000 m Höhe ohne Druckanzug aus dem Flugzeug zu katapultieren, wohl wissend, dass ihn draußen Temperaturen von 50 Grad unter Null erwarteten – und die Aussicht auf ein Gewitter, das er von oben hatte sehen können.

Es war Punkt 18 Uhr, als er sich aus dem Flugzeug katapultierte. Er erlitt sofort Erfrierungen, vor allem an einer Hand, von der der Handschuh abriss, als er das Cockpit verließ. Durch die Dekompression blutete er aus Augen, Nase und Mund, und sein Bauch schwoll schmerzhaft auf die Größe einer neunmonatigen Schwangerschaft an. Er versuchte, das Auslösen seines Fallschirms so lange hinauszuzögern, bis er tief genug gefallen war, um ihn steuern zu können, aber er riss sich in 3.000 m Höhe auf, und ein eisiger Luftstrom trieb ihn hilflos in das Herz des Sturms. Regen und Hagelkörner schlugen von allen Seiten auf Rankin ein, und um ihn herum war so viel Wasser, dass er den Atem anhalten musste, um nicht zu ertrinken. Die Orkanwinde wirbelten ihn wie eine Marionette herum und brachten ihn zum Erbrechen, weil ihm schwindelig wurde. Er konnte nur einen Meter weit sehen, und er hörte den Donner nicht nur, sondern spürte ihn am ganzen Körper.

Was ihm jedoch am meisten in Erinnerung blieb, waren, wie er in seinem Buch *The Man Who Rode the Thunder* erzählt, die Blitze. Er beschreibt sie als blaue Feuerseile von einem halben Meter Breite, die um ihn herum wie Feuerwerkskörper explodierten. Einmal schaute er gerade auf, als ein Blitz seinen Fallschirm beleuchtete: Er sah ein strahlendes Gewölbe inmitten der Schwärze und dachte, er sei endlich tot.

Aber das war er nicht. Er war am Leben und im Begriff, aus dem Bauch der Bestie aufzutauchen. Plötzlich beruhigte sich das Wetter, die Temperatur kletterte um einige Grad, und er begann, seine Gliedmaßen wieder zu spüren. Als er zu dem Wolkenturm über ihm hinaufschaute, erkannte er, dass er unter seinem Fallschirm sanft zur Erde glitt.

Aber an diesem Tag sollte nichts einfach sein. Wenige Meter, bevor er den Boden berührte, wurde er von einer Windböe erfasst und prallte gegen den Wipfel eines Baumes. Glücklicherweise bewahrte ihn sein Helm davor, das Bewusstsein zu verlieren. Er schaffte es, vom Baum herabzuklettern, und schaute auf seine Uhr: Es war 18:40 Uhr. Ein Absprung aus dieser Höhe würde normalerweise zehn Minuten dauern. Rankin war 40 Minuten lang durch das Innere des Cumulonimbus geflogen und hatte überlebt, um die Geschichte zu erzählen.

Rankin lebte weitere fünf Jahrzehnte, nachdem er dieses Abenteuer erlebt hatte, das nur wenige Menschen je erleben werden. Gott sei Dank.

Stratus

Das sind niedrige Wolken, die sich wie Decken über die Landschaft legen. Sie geben einen sanften und konstanten Nieselregen ab und vermitteln vielen ein Gefühl von Druck und Enge, da sie die Aussicht auf die Weite des Himmels verbergen.

Pretor-Pinney gesteht, dass es ihn frustriert, diese besondere Wolkenformation nicht lieben zu können: »Sie ist wie ein Freund, der zu lange bleibt und nicht weiß, wann er gehen soll.« Es sind jedoch die Wolken, die der Erde am nächsten kommen und denen wir Nebel und Dunst zu verdanken haben. Und wenn sie sich schließlich auflösen, erinnern sie uns daran, wie schön die Sonne ist!

Im Herbst und Winter können Stratuswolken den ganzen Tag über am Himmel bleiben; im Frühling und Frühsommer sieht man sie jedoch meist nur in den frühen Morgenstunden, dann lösen sie sich für den Rest des Tages auf. Dabei sind sie die Vorboten für gutes Wetter.

Es gibt folgende Varianten: undurchsichtig (wenn sie Sonne und Mond verdecken), durchscheinend (wenn sie dünn sind und man den Himmel durch sie hindurchsehen kann) und wellig (wenn sie eine gewellte Form haben).

Stratocumulus

Diese Wolken bilden niedrige, baumwollartige Schichten. In ihrer spektakulärsten Form werden sie als *Lenticularis* bezeichnet, die wie ein UFO geformt sind und sich oft um Berggipfel herum bilden. Manche Leute glauben, dass viele vermeintliche UFO-Bilder in Wirklichkeit *Stratocumulus lenticularis* in ihrer ganzen Pracht sind.

Wolken in mittlerer Höhe

Altocumulus

Der Name mag vermuten lassen, dass es sich um hohe Wolken handelt, aber in Wirklichkeit sind sie nur mittelhoch. Sie haben normalerweise die Form von »Brötchen«, die über den Himmel verstreut sind. Es gibt zwei Arten – *stratiformis undulatus* und *lenticularis* –, die sich in der Höhe unterscheiden. Sie kündigen normalerweise Regen oder sogar einen Sturm an.

Altostratus

Dabei handelt es sich um dünne Wolkenschichten mit einigen dichten Bereichen, aber fast ohne Textur. Sie sind als »langweilige Wolken« bekannt und erzeugen einen feinen und anhaltenden Regen nach »Londoner Art«, der mit einem Temperaturabfall einhergeht. Im allgemeinen lassen sie einen Blick auf die Sonne zu. Bei Sonnenuntergang kann ein *Altostratus* sogar ein beeindruckendes Schauspiel bieten.

Zu den Varietäten von *altostratus* gehören *radiatus*, *opacus*, *translucidus*, *undulatus* und *duplicatus* (wenn die Form doppelt ist).

Nimbostratus

Dies sind die klassischen Regenwolken (*Nimbus* bedeutet Regen): dicke graue oder dunkle Schichten, die Wasser in Form eines konstanten und stetigen Regens abgeben.

Im Gegensatz zu *Cumulonimbus* erwischen sie einen nie unvorbereitet und ohne Regenschirm, denn sie machen von vornherein klar, was man zu erwarten hat.

Cumulonimbus

Cirrus

Altostratus

Stratocumulus

Stratus

Nimbostratus

Während *Cumulonimbus* einen wütenden Sturzbach von kurzer Dauer liefert, ermüden Nimbuswolken einen bis zur Erschöpfung. Während ersterer in Form eines Turms über einem aufragt, erscheint der Nimbus wie ein endloser Teppich.

Hohe Wolken

Cirrus

Es handelt sich um weiße, helle und durchscheinende Wolken mit einem fein gestreiften, seidigen Aussehen. Sie bestehen aus Eiskristallen, die beim Herabfallen halb gefrieren und den Eindruck erwecken, dass ein ambitionierter Maler das Firmament als Leinwand benutzt hat. Die Erde teilt diese Art Wolken mit anderen Planeten, vor allem mit Mars, Jupiter, Saturn und Uranus.

Es gibt folgende Arten: *fibratus* (faserig), *uncinus* (erinnert an Wellen oder Haare, weshalb man sie auch Stutenschwänze nennt) und den verrückt aussehenden *vertebratus* (wie ein Fischskelett, das sich über den Himmel spannt).

Wenn Zirruswolken den Himmel überspannen, kann man darauf wetten, dass es in weniger als 24 Stunden zu einem starken Temperaturabfall kommen wird.

Cirrocumulus. Diese Wolken bilden eine zusammenhängende Schicht mit feinen Falten und abgerundeten Formen. Sie sind völlig weiß, ohne Schatten.

Cirrocumulus tritt häufig neben Cirrus auf und zeigt in der Regel eine Änderung der Wetterlage in den folgenden 12 Stunden an – und sie gehen oft einem Sturm voraus.

Cirrostratus. Diese Art hat das Aussehen eines Schleiers über dem Himmel, mit gelegentlichen langen und breiten Streifen. Die Ränder haben klare und regelmäßige Grenzen. In der Regel bilden sie einen Heiligenschein um die Sonne oder den Mond. *Cirrostratus* folgen in der Regel auf Cirrus und kündigen die Ankunft von Unwettern in Form von Stürmen oder Warmfronten an.

Ungewöhnliche Wolken

Morgenglorie

Dies sind ungewöhnliche Formationen, die manchmal an der nordaustralischen Küste vor Burketown auftreten, und zwar zwischen September und November. Es handelt sich um rollenförmige Wolken, die bis zu 1.000 Kilometer lang sein können (und damit zu den größten Formationen der Welt gehören) und sich mit einer Geschwindigkeit von 60 km/h in Meereshöhe bewegen. Manchmal bilden sie Formationen von bis zu acht parallel ausgerichteten »Rollen«. Drachenflieger reisen in diesen Monaten des Jahres nach Burketown in der Hoffnung, über diese Wolken zu fliegen.

»Neue« Wolken

Hin und wieder entdeckt jemand eine Art von Wolke, die nicht in das übliche Klassifizierungssystem passt. Dies ist der Fall bei den elf neuen Formationen, die 2017 in den Internationalen Wolkenatlas (die Ruhmeshalle der Wolken) aufgenommen wurden. Das Einbauen von Kameras in Mobiltelefone hat zu einer neuen Generation von »fahrenden Wissenschaftlern« geführt, die Wolkensichtungen aufzeichnen und so die vorhandene Datenbank um neue Entdeckungen erweitern.

Ist es wichtig, neue Wolken zu benennen? Pretor-Pinney sagt: »Dieses Interesse an der Benennung von Wolken hilft uns, uns mit der Atmosphäre und der Welt zu verbinden; indem wir sie besser verstehen, kennen wir sie besser und kümmern uns mehr um sie. Gleichzeitig wirkt es dem Druck der digitalen Welt entgegen, denn wenn wir in den Himmel schauen, werden wir von den Belastungen auf der Erde abgelenkt.«

Hätten sie das gewusst, hätten uns unsere Mütter vielleicht nicht so sehr gescholten, wenn wir den Kopf in den Wolken hatten. Dieser frühe Hinweis auf unsere wahre Berufung hat uns zweifellos dazu befähigt, erstklassige »Wolkenbeobachter« zu werden. Pretor-Pinney wäre stolz auf uns alle.

Das Tagebuch eines Naturforschers

In gewisser Weise sind die Tagebücher der Naturforscher des 18. Jahrhunderts mit ihren detaillierten Strichzeichnungen der Flora und Fauna ihrer Länder oder der von ihnen bereisten Gebiete die Vorläufer der modernen Biologie. Aber man muss kein Wissenschaftler sein, um die gleiche Methode der Rückverbindung anzuwenden, die ebenso einfach wie effektiv ist. Alles, was du tun musst, ist, die Natur, die dich umgibt, und die Ereignisse einer jeden Jahreszeit zu beobachten und das, was du siehst, in einem Notizbuch festzuhalten.

Du kannst deine Beobachtungen mit Fotos oder Zeichnungen anreichern. Wichtig ist, dass du alles aufschreibst, was dir auffällt: jede Pflanze, jede Wolke, jedes Tier, seine Interaktionen mit der Umgebung und die Gefühle, die das in dir weckt. Auf diese Weise erweiterst du dein Wissen, indem du lernst, das, was du in der Natur siehst, auf dieselbe empirische Art und Weise zu identifizieren, wie es die ersten Wissenschaftler taten; aber du wirst auch deine Verbindung zur Natur stärken, indem du die Qualität deiner Aufmerksamkeit verbesserst. Es ist wichtig, das Datum jedes Eintrags zu notieren. Dann weißt du, ob die Vogelmiere in dieser Saison früh blüht, ob die Cirruswolken am Himmel in der Morgendämmerung Regen oder gutes Wetter ankündigen und ob das Meisenpaar, das in deinem Viertel wohnt, jedes Mal, wenn es ein neues Nest baut, auf einen anderen Baum zieht. Die Natur zu studieren bedeutet, sie kennen und mit jedem Tag mehr lieben zu lernen.

Lasst uns wieder zwischen Himmel und Erde hin- und herpendeln wie die Kinder, die wir einst waren. Wir wollen wieder im Gras liegen, den Wind in unseren Haaren spielen lassen und Spielkleidung aus Pollen und Tau tragen. Es ist wirklich nie zu spät, nach Hause zu kommen.

Zweite Etappe

DER GARTEN

Erwecke deine Sinne

ich danke dir, Gott, für diesen wunderbaren
Tag: für die sprießenden grünen Geister der Bäume
und einen blauen wahren Traum von Himmel; und für alles,
was natürlich ist, was unendlich ist, was Ja ist
...
(jetzt sind die Ohren meiner Ohren wach und
jetzt sind die Augen meiner Augen offen)
Edward Estlin Cummings

Das dichte Laub wird allmählich lichter, und als du weitergehst, kommt die Sonne zwischen den Blättern wieder zum Vorschein. Die Bäume stehen hier in Reihen, und jede Reihe bietet eine andere Frucht. Unterdessen reiben sich auf Kniehöhe Tomaten an Basilikum und Rosmarin an Ringelblumen. Dort drüben wachsen Kartoffeln und Möhren kopfunter in der Erde. Die Aromen sind berauschend, die Farben vibrieren mit ihren Kontrasten, in der Luft liegt der Duft von Gras, und die Wärme lädt zum Verweilen ein. Du befindest dich in einem Garten: ein Genuss für die Augen, die Ohren, die Haut … und für die Seele.

Deine Sinne sind die Tore der Welt zu deinem persönlichen Ökosystem. Ihnen – dem Sehen, dem Riechen, dem Schmecken, dem Tasten und mindestens einem Dutzend anderer Fähigkeiten, die wir kaum kennen – ist es zu verdanken, dass wir die Wesen sind, die wir sind: empfindungsfähig, ruhelos, erregbar und fähig, verletzt oder unendlich bewegt zu werden.

Emotionen und Gedanken werden von ihnen genährt, mehr als wir ahnen. Wenn wir uns ihrem Einfluss entziehen – wenn wir aufhören, zu schauen, zu hören und zu schmecken und uns den Sorgen hingeben – dann schmerzt das Herz.

Den meisten von uns lässt das Leben jedoch keine Zeit, innezuhalten, um flüchtige Eindrücke wahrzunehmen und aufzunehmen; immer in Eile, ein dringenderes Ziel zu erreichen, neigen wir dazu, die Eindrücke der Sinne zu übergehen. Es ist eine hartnäckige Täuschung, immer auf dem Weg zu etwas Besserem zu sein.

Selbst wenn wir es wollten, wären wir wahrscheinlich nicht in der Lage, 100 Prozent der Informationen, die uns die Sinne vermitteln, bewusst zu registrieren. Jorge Luis Borges' Kurzgeschichte »Funes der Gedächtnishafte« über eine Figur, die ihre Erinnerungen nicht filtern und vergessen kann, legt nahe, dass ein Leben, in dem jeder Eindruck seine Spuren hinterlässt, unerträglich wäre. Aber es ist möglich, der Sinnesbetäubung zu widerstehen, die uns das moderne Leben beschert.

Wir sind Produkte einer Kultur, in der Intellekt, Aktion, Konsum, sofortige Belohnung und zunehmend auch die virtuelle Realität geschätzt werden. Es ist leicht, einen ganzen Tag im Sessel oder am Schreibtisch zu verbringen, den Körper unbeweglich und den Blick auf einen Bildschirm gerichtet, und trotzdem das Gefühl zu haben, *viel geschafft oder viele Orte besucht zu haben.* Diese digitalen Ausflüge haben nichts mit Phantasiereisen zu tun, bei denen es um Erfahrungen, Kreativität und Entdeckungen geht; sie sind eher mit dem passiven Genießen einer Fahrt in einem Vergnügungspark vergleichbar.

Du siehst ein Zebra, das in einer hochauflösenden Dokumentation mit der Herde läuft, und du glaubst, dass du die Erfahrung mit den Tieren teilst. Aber was ist ein Erlebnis wert, wenn es an Tiefe, Perspektive, Geruch, Textur und Temperatur fehlt? Damit will ich nicht die vielen Vorteile der Technologie leugnen, sondern die Dinge ein wenig zugunsten unserer uralten und grundlegenden tierischen Natur ins Lot bringen. Für unsere Vorfahren waren die Sinne Werkzeuge zum Überleben. Ihre Nasen witterten Nahrung und Gefahr; ihre Ohren warnten sie vor Beutegreifern und Lawinen; ihre Geschmacksnerven unterschieden zwischen einem schmackhaften und einem potentiell tödlichen Biss. Heute werden fast alle Informationen, die uns erreichen, über den Intellekt vermittelt, während unser Körper lethargisch bleibt und auf eine Anregung wartet, die ihn aus der Schläfrigkeit reißt.

In Wirklichkeit liefern uns unsere Sinne heute genauso viele Informationen wie früher, aber wir lernen weniger, weil wir ihnen nicht die gleiche Aufmerksamkeit schenken. Oder vielleicht behandeln wir sie nicht mit der gleichen Art Aufmerksamkeit.

In ihrem autobiographischen Buch *Long Life: Essays and Other Writings*, erklärt die Dichterin Mary Oliver, wie sie von ihrer Partnerin, der Fotografin Molly Malone, den Unterschied zwischen zwei Arten von Aufmerksamkeit lernte:

> In Bezug auf meine Schriften ist häufig bemerkt worden, dass ich den Begriff der Aufmerksamkeit hervorhebe. Dies begann einfach genug: zu sehen, dass die Art und Weise, wie sich das Flimmern bewegt, sich stark von der Art und Weise unterscheidet, wie die Schwalbe in der

goldenen Luft des Sommers spielt. Es war mir eine Freude, solche Dinge wahrzunehmen, es war ein guter erster Schritt. Aber später, als ich M. beim Fotografieren und in der Dunkelkammer beobachtete und nicht minder die Intensität und Offenheit, mit der sie mit Freunden und auch Fremden umging, lehrte mich, worum es bei echter Aufmerksamkeit geht. Aufmerksamkeit ohne Gefühl, so erfuhr ich, ist nur ein Report. Eine Offenheit – ein Einfühlungsvermögen – war notwendig, wenn die Aufmerksamkeit von Bedeutung sein sollte.

Der Jungsche Psychologe James Hillman mahnte mit den Worten: »Wir haben die Antwort des Herzens auf das, was uns die Sinne vermitteln, verloren.«

Schauen wir also, wie wir unser ganzes Wesen einsetzen können, um dem Leben Aufmerksamkeit zu schenken und die Sinne unser Herz wieder aufleuchten und informieren zu lassen.

Wie viele Sinne haben wir? Über die Antwort auf diese Frage herrscht keine absolute Einigkeit. Neben den fünf üblichen Verdächtigen – Hören, Schmecken, Tasten, Riechen und Sehen – ist bekannt, dass wir über die Fähigkeiten der Thermorezeption (Temperaturwahrnehmung), der Propriozeption (Bewegungswahrnehmung), der Nozizeption (Schmerzempfindung), der Prurizeption (Juckreizempfindung), der Äquilibriozeption (Gleichgewichtssinn) und andere subtilere Wahrnehmungen wie die Fähigkeit, die Sauerstoffkonzentration, den Salz- oder Kohlendioxidgehalt in unserem Blut zu bestimmen, verfügen. Manche Menschen behaupten sogar, dass wir die Chronozeption (die Fähigkeit, den Lauf der Zeit wahrzunehmen) anerkennen sollten.

Obwohl es faszinierend wäre, diese unbekannten Sinneswelten zu erforschen, wird es dein Leben schon wesentlich bereichern, wenn du deine volle Aufmerksamkeit auf die fünf allgemein anerkannten Sinne lenkst.

GERUCH

Ich betrete die Küche, bereit, die morgendliche Ruhe zum Schreiben zu nutzen. Meine Gedanken schwimmen noch in den Gewässern des Schlafes, und ich fühle mich weit weg in meiner eigenen Welt. Noch immer dösend, bereite ich den Kaffee. Als er fertig ist, setze ich mich hin und hebe die Tasse zum Mund. Das Gefühl, das dieser Duft auslöst, ist seltsam: ein Aufblitzen von Wachsein, umhüllt von Wärme. *Hygge*, denke ich.

Als Mädchen war ich verrückt nach Kaffeeduft. Wenn ich ihn in der Küche roch, folgte meine Nase seinem Duft wie die Kinder, die dem Rattenfänger hinterherliefen. Ich versuchte mehrmals, ihn zu trinken, spuckte ihn aber jedes Mal enttäuscht aus. Wie konnte die Bitterkeit dieses Geschmacks mit der Verheißung dieses Duftes verbunden sein? Jahre später, an der Universität, überwand ich meinen Widerstand und nutzte den Kaffee als Verbündeten in den langen Nächten vor Prüfungen. Zur gleichen Zeit begann meine Studiengruppe, sich im Haus von Silvina, einer Freundin sephardischer Abstammung, zu treffen. Silvinas Mutter besuchte uns in regelmäßigen Abständen mit Tabletts mit türkischem Kaffee und verschiedenen süßen Leckereien, so wie es ihre Vorfahren getan hätten. Das Tablett war rund, golden und aus ziseliertem Metall. Ich glaube, der Zauber dieses Tabletts markierte den Beginn meiner Liebesbeziehung zu diesem Gebräu. »Der Geruch von brodelndem Kaffee war ein Grund zum Erwachsenwerden«, wie die afroamerikanische Köchin Edna Lewis sagte. Ich war definitiv erwachsen geworden.

Von den fünf wichtigsten Sinnen ist der Geruchssinn derjenige, der am direktesten mit den Gefühlen verbunden ist. Dafür gibt es physiologische Gründe: Der Riechkolben in der Nase ist unmittelbar mit zwei Hirnregionen verbunden, die mit dem Gedächtnis und den Emotionen verknüpft sind, der Amygdala und dem Hippocampus. So ist es wahrscheinlich, dass der Duft von Jasmin die Erinnerung an den Balkon deiner Großmutter eher wachruft, als ein Foto der gleichen Blume.

Der Mensch kann mehr als 10.000 Gerüche wahrnehmen, und wir haben 1.000 Geruchsrezeptoren, die sich im Laufe unseres Lebens ständig erneuern. Der Geruchssinn ist auch einer der wenigen Sinne, der immer aktiv ist, ob man es will oder nicht: Bei jedem Atemzug – mehr als 23.000 Mal am Tag – nimmt man Gerüche wahr. In den Sekunden, die du zum Einatmen brauchst, strömt eine kleine Armee von Molekülen in dein System. Gleichzeitig strömen andere Moleküle von dir aus: Wir leben in einem Meer von Gerüchen.

Die Geruchswelt besteht natürlich nicht nur aus angenehmen Düften, sondern auch aus weniger angenehmen Gerüchen. Zwischen dem Duft von Blumen und dem Gestank von Müll liegt ein himmelweiter sensorischer Unterschied. Zumindest für Erwachsene; Babys sind da deutlich weniger wählerisch.

Warum?

Vielleicht hat es etwas Instinktives, dass wir bestimmte Gerüche abstoßend finden. Plato war einer der ersten, der den Geruchssinn mit unserem tierischen Zustand in Verbindung brachte und ihm einen niederen Platz unter den menschlichen Erfahrungen zuwies. Ähnlich schrieb es ein anonymer Autor früher einmal: »Zusammen mit Lüsternheit, Begierde und Triebhaftigkeit trägt der Geruch den Stempel des Tieres.« Warum wird der Geruch mit unserer instinktiven Natur in Verbindung gebracht? Einerseits sind Tiere in hohem Maße auf den Geruch angewiesen, um zu fressen, sich zu paaren und ihr Revier zu erkennen. Andererseits sind die physiologischen Verbindungen zwischen den Geruchs- und Sprachzentren im Gehirn so schlecht, dass es uns schwerfällt, das, was wir riechen, in Worte zu fassen. Der Geruchssinn ist also weit entfernt von den Eigenschaften, die wir als typisch menschlich betrachten.

In ihrer wunderbaren poetisch-wissenschaftlichen Erkundung *A Natural History of the Senses* (Die schöne Welt der Sinne) weist die Naturwissenschaftlerin Diane Ackerman auf einige merkwürdige Paradoxien des Geruchs hin:

Wir brauchen den Geruchssinn nicht, um Territorien zu markieren, Hierarchien zu bilden, Individuen zu erkennen oder zu wissen, wann ein Weibchen läufig ist. Und doch macht ein Blick auf den obsessiven Gebrauch von Parfüm und seine psychologische Wirkung auf uns klar, dass der Geruch ein alter Haudegen der Evolution ist, den wir pflegen und füttern und der uns einfach nicht loslässt. Wir brauchen ihn nicht, um zu überleben, aber wir sehnen uns über alle Maßen danach, vielleicht zum Teil aus Nostalgie nach einer Zeit, als wir noch kreatürlich waren, ein tief eingewobener Teil der Natur.

Der Geruch ist Teil des Geschmacks. Wenn du tief einatmest, während du ein köstliches Essen genießt, schickst du die Luft zu den Geruchsrezeptoren in deiner Nase, damit du es »besser riechen« kannst. Ohne Geruch gibt es keinen Geschmack: Würdest du den erlesensten Wein mit ausgeschaltetem Geruchssinn probieren, würde er wie Wasser schmecken.

Wir haben ganz persönliche olfaktorische Vorlieben: Wir mögen den Geruch von Menschen, die wir lieben, und manchmal sind wir sogar in der Lage, sie mit geschlossenen Augen zu erkennen. Ein Baby riecht seine Mutter, wenn sie den Raum betritt, lange bevor es sie sieht. In vielen Sprachen ist das Wort für »küssen« dasselbe wie das Wort für »riechen«, und es wird angenommen, dass der Kuss als Erweiterung des gegenseitigen Riechens an den Gesichtern entstand, die eine hohe Konzentration von Geruchsrezeptoren aufweisen. Das rituelle Reiben der Nasen bei den Inuit (fälschlicherweise als Eskimos bezeichnet) ist ein Beispiel dafür.

Die taube und blinde Schriftstellerin und Aktivistin Helen Keller schrieb, dass der Geruch ein Tor zur Vertrautheit mit der Welt sei:

Die männlichen Ausdünstungen sind in der Regel stärker, lebhafter und differenzierter als die der Frauen. Im Geruch von jungen Männern gibt es etwas Elementares, wie Feuer, Sturm und salziges Meer. Er pulsiert vor Lebendigkeit und Sehnsucht. Er suggeriert all das Starke, Schöne und Fröhliche und gibt mir ein Gefühl von körperlichem Glück.

Unsere Kultur schreibt jedoch vor, dass persönliche Gerüche per Definition anstößig seien, und so tun wir alles, um sie zu überdecken. Für die Alten waren die Körpergerüche Teil der Identität einer Person, und sie wurden als Opfergaben ausgetauscht. Es überrascht uns (nicht gerade angenehm), dass Napoleon Josephine bat, nicht zu baden, bis er aus dem Krieg zurückkehrte. Aber ein Jahrhundert zuvor im feinen elisabethanischen England hatten sich Liebende gegenseitig »Liebesäpfel« als erotisches Accessoire angeboten. Der Name klingt romantischer als die Tatsache, dass es sich dabei um geschälte Äpfel handelte, die sich die Liebenden hingebungsvoll in die Achselhöhlen steckten und dann austauschten, um die Essenz der Geliebten überallhin zu tragen.

Dein Geruch ist immer noch eine persönliche Prägung: Er ändert sich mit deinem Gemüts- und mit deinem Gesundheitszustand. Angst, Furcht, Stress: Jeder hat seinen eigenen Geruch. Wenn du traurig bist, ist dein Geruch fast nicht mehr wahrnehmbar, so als wäre er genauso abwesend wie dein Geist. Es gibt Krankheiten, die man am Geruch erkennen kann: Bei Schizophrenie riecht der Schweiß nach Essig, bei Leberversagen riecht der Atem nach rohem Fisch, bei Diabetes riecht er nach Nagellackentferner, bei Typhus nach gebackenem Brot.

Im Vergleich zu anderen Tieren scheint unser persönlicher Geruch sehr intensiv zu sein. Die unerschrockene Diane Ackerman erzählt eine Anekdote über die Erforschung einer Fledermausart in Texas. Um die landläufige Meinung zu testen, dass sich diese Tiere gerne in den Haaren von Frauen verfangen, setzte sie eine von ihnen auf ihren langen Locken ab. Weit davon entfernt, sich dort einzunisten, hustete die Kreatur mehrmals verächtlich, flog zu ihrem Ast zurück und leckte sich minutenlang wie eine Katze, offenbar beleidigt durch den Kontakt.

Vielleicht sind die menschlichen Gerüche, die wir anziehend finden, für Fledermäuse weniger ansprechend. Wahrscheinlich wählen wir unsere Partner genauso mit der Nase wie mit dem Verstand und dem Herzen aus. Nur haben wir, die in der industrialisierten Welt leben, heute einen Teil unseres natürlichen Repertoires verloren, weil wir in einer Geruchslandschaft aus künstlichen Kiefern, Zitronen, Rosen und Gardenien leben.

Mit unseren Reinigungsmitteln (von denen die meisten diese künstlichen Duftstoffe enthalten, um den Geruch von Chemikalien zu überdecken), Aromastoffen, die unsere Wohnungen süßlich riechen lassen, und der milliardenschweren Parfümindustrie scheint es, als wollten wir einfach in einer Welt leben, in der Häuser und Menschen nach Blumen, Früchten oder verwunschenen Wäldern riechen.

Es geht nicht darum, die Fortschritte bei Hygiene und Abfallentsorgung rückgängig zu machen, die so viel für unsere körperliche und geistige Gesundheit getan haben; aber vielleicht könnten wir die Art und Weise, wie wir unseren Geruchssinn selektiv einsetzen, ein wenig abmildern.

Es könnte sein, dass natürliche Düfte uns auf tiefe und dauerhafte Weise betören. Vielleicht, wie bei meiner verspäteten Liebesaffäre mit Kaffee, lügt der Duft nicht, sondern liefert am Ende die versprochene Ekstase.

Welche emotionalen Erinnerungen wecken Gerüche in dir?

Unsere Biographien sind auch voller olfaktorischer Fußabdrücke. Lies die folgende Liste von Gegenständen und Orten und schreibe die erste Erinnerung auf, die dir zu jedem Gegenstand einfällt, ohne darüber nachzudenken. Auf die Plätze, fertig … los!

- Neue Bücher
- Radiergummi
- Schuhpolitur
- Frisch gebackenes Brot
- Eine Autowerkstatt
- Eine Bibliothek
- Frisch gemähtes Gras
- Nasser Boden
- In der Sonne trocknende Laken

Riechübungen

Eine Möglichkeit, den Geruchssinn lebendig und wach zu halten, besteht darin, ihn täglich zu trainieren. Wie das geht?

Tägliches Geruchstraining

Bewahre verschlossene Gläser mit Zimt, gemahlenem Kaffee, Minze, Lavendel und Ingwer auf. Öffne jeden Morgen ein Glas nach dem anderen und atme ein paar Mal kurz ein (wenn du müde wirst, schnupper zwischendurch an deinem Handrücken, um deine Nase »zurückzusetzen«). Auf diese Weise trainierst du deine Nase und hältst diesen Sinn wach und lebendig. Anregung und Vitalität leben von der Vielfalt.

Teilnahme an einem Sommelier-Kurs

Unter fachkundiger Anleitung kannst du deine Nase schulen, um die Eigenschaften, das Bouquet, die Nuancen und die Beschaffenheit verschiedener Getränke und Zubereitungen zu erkennen: Tees, Kaffee, Öle, Essige, Weine, Liköre. Du kannst sogar professioneller Wasserverkoster werden! Auf diese Weise kannst du dein Wissen erweitern und gleichzeitig deine innigliche Verbindung mit der Welt verfeinern und vertiefen.

Natürliche Düfte neu bewerten

Ist es möglich zu lernen, die natürlichen Aromen, die uns umgeben, wieder wertzuschätzen, auch wenn sie nicht aus der Flasche kommen? Es gibt Möglichkeiten, dein Haus zu parfümieren, ohne chemische Mittel zu verwenden, zum Beispiel das Anzünden von Bienenwachskerzen, das Kochen von Eukalyptusblättern und -samen auf dem Küchenherd, das Verbrennen von Naturharzen wie Myrrhe oder das Herstellen von Weihrauch. Du kannst auch saisonale Elemente in deiner Wohnung/deinem Haus verteilen: Jasmin- und Lindenblüten im Frühling, Holunderblüten und Geißblatt im Sommer, Kampfersamen im Herbst (sie haben ein leichtes Aroma von Zitrusfrüchten und Muskatnuss), Kiefern- oder Tannennadeln oder Eukalyptus im Winter.

BERÜHRUNG

Der Tastsinn ist der erste Sinn, der sich bei einem Fötus in der Gebärmutter entwickelt, und derjenige, den ein Neugeborenes am intensivsten erkundet, wenn es auf die Welt kommt. Genau wie der Geruchssinn (aber im Gegensatz zum Sehsinn) erfasst der Tastsinn nur die unmittelbare Nähe: Er lädt uns ein, uns Gegenständen, Tieren und Menschen zu nähern und mit ihnen vertraut zu werden.

Das Organ für Berührung ist die Haut, diese empfindliche Umhüllung, die uns vor Krankheiten schützt, uns vor Sonnenstrahlen bewahrt und alle Arten von Eindringlingen abwehrt. Sie ist der wichtigste Teil des Körpers, der mit der Außenwelt in Kontakt kommt, aber sie erfüllt eine paradoxe Rolle: Sie trennt uns von unserer Umwelt und verbindet uns gleichzeitig mit ihr. Doch damit nicht genug: Die Haut ist lebendig! Sie atmet, scheidet aus, regeneriert und wandelt um.

Die Haut ist unser größtes Organ, und ihre Topographie registriert unterschiedliche Empfindungsebenen. Die Zunge und die Fingerspitzen haben die feinste Wahrnehmung. Aber die gesamte Haut reagiert auf Berührung, und wenn es ihr an Berührung mangelt, sehnt sie sich nach ihr. Wir müssen berühren und berührt werden, so wie wir Luft zum Atmen brauchen.

Schon vor Jahrzehnten wurde nachgewiesen, dass Neugeborene, die gestreichelt werden, doppelt so schnell an Gewicht zunehmen und wachsen wie solche, die nicht gestreichelt werden. In vielen Kulturen wird dies instinktiv verstanden, und die Babys werden in ständigem Hautkontakt aufgezogen. In den Dörfern der Mambuti (fälschlicherweise als »Pygmäen« bezeichnet) in Zentralafrika zum Beispiel beteiligen sich alle Erwachsenen am Großziehen der Kinder. Die Babys verbringen einen Großteil ihrer Zeit in den Armen einer Person (nicht unbedingt der Eltern), wo sie gestreichelt und stimuliert werden. Die Kung tragen ihre Kinder in einem über die Brust gebundenen Tuch in einer aufrechten Position. Auf diese Weise kann das Kind ständigen Blickkontakt mit seiner Mutter haben, mit ihrer Perlenkette spielen und die Welt aus ihrer Perspektive sehen. Vor allem aber kann es 24 Stunden am Tag die Wärme, den Duft und die Liebe seiner Mutter genießen. Es ist nicht verwunderlich, dass man in diesen Kulturen nie von Koliken oder Schlafproblemen bei Kindern hört.

Das Erwachsenenalter mag das Zeitalter der Autonomie sein, aber es befreit uns nicht im geringsten von unserem Grundbedürfnis, von einem anderen Menschen gestreichelt zu werden; dieses Bedürfnis besteht vom ersten bis zum letzten Tag unseres Lebens. Es ist so lebenswichtig, dass wir uns selbst berühren, wenn niemand da ist, der uns berühren will. Wie oft am Tag streicheln wir unser Haar (Frauen) oder unseren Bart (Männer)? Wie oft halten wir unsere Hände an unser Gesicht, besonders wenn wir uns traurig oder verletzlich fühlen? Und wer hat sich in Situationen großer Angst nicht schon einmal wie ein Baby im Arm gehalten, sich rhythmisch geschaukelt und sogar beruhigende Laute von sich gegeben? Diese Liebkosungen und Stimulationen, die an das Leben in der Gebärmutter erinnern, haben eine körperliche Wirkung: Sie senken den Blutdruck und die Herzfrequenz und lindern gleichzeitig das Gefühl der Leere, genauso, wie das Trinken einer Tasse Tee oder das Halten einer Wärmflasche in den Händen das Gefühl der Einsamkeit verringert. Wir sind Gemeinschaftswesen: Alles, was uns an die Anwesenheit von anderen erinnert, beruhigt uns.

In einem Labor wurde festgestellt, dass sich von ihren Müttern getrennte Affenbabys lieber an eine mit weichem Fell überzogene Puppe klammerten, die keine Milch gab, als an eine Maschine aus kaltem Metall, die ihnen Nahrung gab.

In der Humanforschung wurde nachgewiesen, dass wenn eine Bibliothekarin leicht die Hand eines Kindes berührt, wenn sie ihm ein Buch überreicht, das Kind (ohne sich dessen bewusst zu sein) zufriedener mit der Bibliothek und der Haltung der Bibliothekarin ist, als dies sonst der Fall wäre. Eine andere Umfrage, die mit Kellnerinnen durchgeführt wurde, ergab etwas Ähnliches: Wenn sie subtilen und freundlichen Kontakt mit ihren Kunden aufnahmen (indem sie sie am Rücken oder an der Schulter berührten, wenn sie ihnen den Tisch zeigten), bekamen sie mehr Trinkgeld, als wenn sie dies nicht taten.

Der Forscher Dacher Keltner von der Universität Berkeley (Kalifornien) konnte den Erfolg einer Fußballmannschaft in der kommenden

Saison vorhersagen, indem er den Grad der körperlichen Interaktion zwischen den Spielern (wie sehr sie sich umarmten und tätschelten) beobachtete, wenn sie einen Torerfolg feierten. Das Beste an dieser einfachen und uralten Form des menschlichen Verhaltens ist, dass das Berühren, Streicheln oder Massieren einer anderen Person ebenso vorteilhaft für den Gebenden ist wie für den Empfangenden.

Aktivitäten zur Anregung von Berührung

Taktile Wanderung

Am besten ist es, dies in einem Raum zu tun, der dir vertraut ist. Schließe die Augen oder lege dir für eine bessere Wirkung eine Augenbinde an. Gehe blind durch den Raum, prüfe jede Oberfläche mit deinen Händen und orientiere dich nur an dem, was deine Hände und Füße wahrnehmen. Es ist wirklich erstaunlich, wie anders sich ein Raum anfühlen kann, wenn man ihn auf diese Weise durchwandert. Wie fühlt sich der Raum am Ende der Erfahrung an? Konkreter? Realer? Lebendiger?

Sich erden: sich selbst neu verwurzeln

Diese einfache Übung wird auch »Erdung« genannt und besteht darin, barfuß auf dem Boden (Gras, Erde, Sand) zu gehen. Wir sind bioelektrische Wesen, die auf einem elektrischen Planeten leben, und wir sind (mit Ausnahme der Menschen, die in Städten leben) direkt mit der Energie des elektrischen Systems der Erde verbunden. In den industrialisierten Gesellschaften gehen wir selten barfuß über die Erde, und der Gummi in unseren Schuhsohlen isoliert uns von der Energie der Erde.

Wissenschaftlichen Studien zufolge stärkt diese Praxis das Immunsystem, verbessert den Schlaf, lindert Schmerzen, unterstützt die Wundheilung und lindert Entzündungen.

Unsere gesamte Haut ist ein guter Leiter, aber es gibt einen Teil, der besonders gut dafür geeignet ist, elektrisch aufgeladen zu werden: der Akupunkturpunkt Niere 1 (auch bekannt als »sprudelnde Quelle«), der sich in der Mitte des Fußballens befindet. Deshalb ist ein Spaziergang oder Aufenthalt auf der Erde die gesündeste und organischste Medizin von allen.

Auswahl von natürlichen Stoffen und Materialien

Wenn du dich einkleidest oder deine Wohnung einrichtest, solltest du nach Möglichkeit natürliche Materialien wie Baumwolle, Leinen oder Wolle wählen. Achte auch darauf, dass deine Stühle und Sessel es dem Körper ermöglichen, sich nach Belieben zu entfalten und zu entspannen. Um die Berührungsreize zu erhöhen, kannst du verschiedene Texturen kombinieren: die Weichheit von Kord mit der Rauheit von Jute; die weiche Textur eines Kissens mit den stilisierten Linien von Holz oder einem Einbaumöbelstück. Idealerweise sollten die Gegenstände in deiner Wohnung nicht nur schön für das Auge, sondern auch interessant und vor allem einladend für den Tastsinn sein.

Gute Fragen

Gunilla Norris stellt in ihrem Buch *Simple Ways: Towards the Sacred* (Die Weisheit der Wäscheklammer) die folgenden »Fragen für das Herz«:

- Könnte ich heute wenigstens einmal ohne Zweck oder Bedürfnis etwas berühren?
- Könnte ich täglich etwas oder jemanden in dem Bewusstsein streicheln, dass ich eine innewohnende Heiligkeit berühre?
- Könnte dieser Tag einer sein, an dem ich mir erlaube, in der Gegenwart eines anderen einen Moment lang wehrlos zu sein?

SEHEN

In ihrer Abhandlung über die Sinne sagt Diane Ackerman, dass die ersten Lebewesen, die sehen konnten, Meeresorganismen waren mit kleinen Hautfragmenten, die auf Licht reagierten. Als sich die Fähigkeit, zwischen Licht und Dunkelheit zu unterscheiden, als nützlich erwies, wurde diese Funktion geschärft, bis sie auch Zeichen von Bewegung, dann Formen und schließlich Details und Farben erkennen konnte. Dieser Ursprung des Sehsinns wird durch die Tatsache belegt, dass unsere Augen ständig in Kochsalzlösung gebadet werden müssen.

Das Sehen findet jedoch nicht nur in den Augen statt, sondern auch im Gehirn. Sonst wären wir nicht in der Lage, ganze Szenen (wie Träume oder Wachphantasien) mit geschlossenen Augen zu visualisieren.

Mehr als 70 Prozent unserer sensorischen Informationen nehmen wir über das Sehen auf; mit den Augen nehmen wir die Welt wahr, obwohl jeder von uns das, was er sieht, entsprechend seiner eigenen Weltsicht interpretiert. Daher der Ausdruck: »Sehen heißt glauben« und die biblische Aufforderung: »Es werde Licht!«

Eine kuriose Tatsache: Das Auge liebt das Neue. Wir neigen dazu, das, was uns zu vertraut ist, nicht zu sehen. Ist das der Grund, warum wir uns so sehr zum Reisen hingezogen fühlen, das uns eine Flut neuer Eindrücke bietet? Können wir dazu zurückkehren, das, was jeden Tag an uns vorbeizieht, bewusst zu sehen; sogar die Gesichter unserer Lieben mit »offenen Augen« zu sehen, wie der Dichter E. E. Cummings es ausdrückt?

Wenn sogar Farbe nicht in der äußeren Welt, sondern im Kopf entsteht, warum sollten wir dann nicht das, was wir sehen, neu erfinden und jeden Tag mit einer neuen Facette unserer Existenz aufwachen?

Wir werden vom Licht angezogen, ohne das wir nicht sehen können. Wir werden vom Himmel angezogen. Diane Ackerman weist auf eine ebenso merkwürdige wie unwiderlegbare Tatsache hin: Der Himmel beginnt nicht, wie Zeichnungen in Kinderbüchern immer suggerieren, in einer bestimmten Schicht über unseren Köpfen, irgendwo um die Sonne und die Wolken herum. Der Himmel beginnt direkt am Boden!

Wir leben, gehen, essen und lieben in jedem Augenblick unseres Lebens im Himmel, und dieser Himmel ist nicht nur leerer Raum, wie unsere Augen es uns glauben lassen wollen: Er ist voller Leben! Er wimmelt fortwährend von Gasen, Sporen, Erdteilchen, Viren, Pilzen und Tieren, die wie Drachen im Wind fliegen. In diesem ätherischen Mantel tummeln sich sowohl aktive Flieger (Insekten, Vögel, Schmetterlinge, Fledermäuse) als auch unfreiwillige Passagiere (Blätter, Pollen, Samen).

Und was ist mit dem Gefühl der Leichtigkeit, das die Luft hervorruft? Reine Illusion! Tatsache ist, dass unsere Atmosphäre etwa 5.000 Billionen Tonnen wiegt und nur die Schwerkraft sie an der Erde festhält. Ohne diese Kraft würde die Atmosphäre langsam und unaufhaltsam ins Weltall entschweben und uns mit sich reißen.

Ein letztes Geschenk der brillanten Ackerman: Wie wäre es, wenn wir uns die Nacht nicht als »Abwesenheit des Tages«, sondern als einen Moment der Offenbarung vorstellen könnten? Schließlich ist es die Zeit des Tages, an der der blendende Vorhang der Sonne entfernt wird und wir die uns umgebende Wirklichkeit sehen können: ein Universum aus Sternen, Planeten und erstaunlichen astralen Phänomenen. So gesehen ist die Nacht eine einzigartige Gelegenheit.

Schließlich gibt es einen Unterschied zwischen dem Schauen und dem Sehen. Wenn wir schauen, übertragen wir in der Regel unsere eigenen Vorstellungen und Vorurteile auf die Szene, so dass wir nicht so sehr sehen, was vor uns liegt, sondern das, was wir sehen können oder wollen. In *Simple Ways: Towards the Sacred* (Die Weisheit der Wäscheklammer) sagt Gunilla Norris:

Es ist eine große Herausforderung, die Welt zu betrachten und zu versuchen, sie so zu sehen, wie sie ist, ohne die Schichten, mit denen unsere Erwartungen sie zudecken, und ohne die Art, wie unsere Urteile die Ganzheit des Gesehenen aufspalten. Wahrhaftig, wir können uns selbst nicht entkommen, denn selbst in den klarsten Kammern des Herzens werden wir feststellen, dass unser Blick verschleiert ist. Wir können dieser Tatsache nicht entgehen – aber wir können dennoch mutig unser Gesicht der Welt zuwenden und versuchen, sie mit einem liebevollen Blick zu sehen.

Augen schulende Übungen

Üben des peripheren Sehens

Schaue mit festem Blick auf etwas, ohne deinen Kopf oder deine Augen zu bewegen. Atme ruhig. Versuche nun zu sehen, was sich in deinem peripheren Blickfeld befindet (nach oben und unten und zu beiden Seiten). Diese Übung erscheint auch später im Buch, im Kapitel »Der Leuchtturm«, weil sie unmittelbar zu Ruhe und Gelassenheit führt.

Training der Augenmuskeln

Bringe einen Bleistift (oder einen anderen Gegenstand) nahe an deine Augen, bis er unscharf wird. Bewege ihn dann langsam weg, bis du ihn wieder klarsiehst. Wiederhole die Bewegung zehnmal und atme dabei langsam und bewusst.

Optische Täuschungen betrachten

Es macht nicht nur Spaß, das eine und das andere Bild spielerisch anzusehen, sondern es ist auch eine Möglichkeit, sich daran zu erinnern, dass man nicht nur mit den Augen sieht, sondern auch mit dem Geist. Wenn man eine optische Täuschung zum ersten Mal betrachtet, sieht man das, was man zu sehen erwartet (aufgrund von Erinnerungen, Kontexten oder Vorurteilen), aber je mehr man sich erlaubt, auf verschiedene Arten zu schauen, desto mehr erweitert man die Bandbreite möglicher Interpretationen, und wie von Zauberhand erscheint eine verborgene Figur aus dem Bild heraus.

So wenig künstliches Licht wie möglich

Ein Mangel an natürlichem Licht kann zu Depressionen und Lethargie sowie zu einem Verlangen nach Süßigkeiten und Kohlenhydraten führen. Ideal ist es, die Räume der Wohnung entsprechend dem Lauf der Sonne von einem Zimmer zum anderen zu bewohnen und den Zeitpunkt des Einschaltens des Lichts so lange wie möglich hinauszuzögern.

Gute Fragen
(vorgeschlagen von *Gunilla Norris*)

- Könnte ich heute nur eine Sache unvoreingenommen betrachten, ohne sie zu begreifen, zu beurteilen oder zu leugnen?
- Könnte ich heute meinen Blick einladen, so unschuldig und einfach zu sein, dass er wie eine Lampe in der Dunkelheit leuchtet?

GESCHMACK

Unsere erste Nahrung ist die Milch unserer Mutter und später die Babynahrung, ebenfalls aus ihrer Hand. Es ist also nicht verwunderlich, dass die Verbindung zwischen Essen und Emotionen unauflöslich ist. Auch im Erwachsenenalter nutzen wir Essen und Trinken, um unsere Beziehungen zu anderen Menschen zu stärken und unseren emotionalen Hunger zu stillen: Wir treffen uns zum Tee, wir machen gemeinsam Kaffeepause im Büro, wir backen Kuchen für Geburtstage, wir kochen uns gegenseitig leckere Sachen, kurzum, wir füttern einander.

Das Essen und die damit verbundenen Riten sind seit jeher ein wesentlicher Bestandteil des Lebens aller Kulturen. In der Vergangenheit war die Verbindung zu den Lebensmitteln, die wir aßen, direkt und ursprünglich: Obst und Gemüse kamen aus unseren eigenen Gärten oder aus den Obstgärten von Freunden und Nachbarn auf den Tisch. Viele Menschen versuchen heute, diese Erfahrung wiederzugewinnen, indem sie ihre Lebensmittel auf Biomärkten kaufen, ihr eigenes Brot backen oder Kräuter auf ihrem Balkon anbauen.

Der Geschmackssinn ist die Fähigkeit, den Geschmack und die Reaktion löslicher chemischer Stoffe in Lebensmitteln zu erkennen, wenn diese mit den über die ganze Zunge verteilten Geschmacksknospen in Berührung kommen. Der Geschmackssinn ist jedoch ein komplexeres Phänomen, das eine Reihe von Reizen wie Textur, Temperatur, Farbe, Geruch und sogar – im Fall von scharfen Gewürzen – Schmerz umfasst.

Es gibt fünf grundlegende Geschmacksrichtungen: süß, salzig, sauer, bitter und *umami* (ein schmackhafter, an Fleisch erinnernder Geschmack, der durch Mononatriumglutamat aktiviert wird). Aber mehr als diesen Konsens werden wir nie erreichen.

Wenn es um den guten oder schlechten Geschmack von Lebensmitteln geht, ist alles subjektiv. Genetik, Kultur und persönliche Eigenheiten bestimmen unsere Vorlieben. Wir sind auch anfällig für bestimmte Geschmacksknospen-Tricks, wie zum Beispiel den einer afrikanischen Frucht, die als Wunderfrucht bekannt ist und Zitronen süß schmecken lässt, indem sie unsere Wahrnehmung der Säure kurzzeitig außer Kraft setzt. Ähnlich kann Zahnpasta Orangensaft bitter schmecken lassen, und das Kauen der Blätter der mexikanischen Quirlblättrigen Seidenpflanze unterdrückt für eine Weile die Fähigkeit, etwas Süßes zu schmecken.

Es gibt Lebensmittel, deren Geschmack und Beschaffenheit geradezu hypnotisierend sind. Xocoatl zum Beispiel, die Urform der Schokolade, ist ein köstliches, sinnliches Elixier aus der Frucht des Kakaobaums; die Azteken verehrten es als Geschenk des Gottes Quetzalcoatl und tranken es im Rahmen ihrer Riten und Zeremonien. Heute weiß man, dass der Verzehr von Zartbitterschokolade den Spiegel der Neurotransmitter Serotonin und Dopamin erhöht, die mit Ruhe und Freude in Verbindung gebracht werden. Dies könnte der Grund für unsere Vorliebe für Schokolade sein – auch wenn einige von uns die Erklärung der Azteken bevorzugen, dass sie göttlichen Ursprungs ist.

Wenn Lebensmittel unsere Gefühle und Triebe beeinflussen, dann haben Gewürze einen überragenden Einfluss auf sie. Nicht umsonst inspirierten sie zu transatlantischen Reisen und Odysseen aus Tausendundeiner Nacht. Die Puritaner des 17. Jahrhunderts waren sich dessen bewusst und prangerten Gewürze an, weil sie zur Lüsternheit anregten.

Eines der beliebtesten Gewürze ist seit Jahrhunderten die Vanille. Sie findet ihren Weg in Kuchen und Kekse, Cremes und Salben, Badesalz, Duftkerzen und Öldiffusoren. Wie der Kakao stammt auch dieser unverwechselbare Geschmack und dieses Aroma aus Mexiko, genauer gesagt aus den Samen der Orchidee *Vanilla planifolia* (der Name stammt von den feinen Schoten, mit denen sie sich fortpflanzt: der spanische Begriff *vainilla* bedeutet »kleine Schote«, was wiederum vom lateinischen Wort *vagina*, wörtlich »Scheide«, stammt).

Die Azteken aromatisierten ihre Xocoatl mit zerstoßenen Schoten, die sie *tlilxochitl* (schwarze Blume) nannten. Sie wurden so hochgeschätzt, dass der Kaiser Montezuma sie als Tribut von seinen Untertanen einforderte. Heute ist Vanille nach Safran das zweitteuerste Gewürz, aber nicht mehr nur in Mexiko: Sie wird auf Tahiti, in Uganda, Polynesien, Madagaskar, Tongo und auf den Seychellen angebaut. Es gibt nur ein einziges Insekt, die Melipona-Biene, die die Vanillepflanzen bestäubt, aber um das Jahr 1800 lernten die Franzosen, dies von Hand zu tun, und legten in ihren Kolonien im Indischen Ozean Plantagen an.

Es mag im Zeitalter von Robotern und Nanotechnologie unglaublich klingen: Diese Aromen wecken noch immer uralte Gefühle und Erinnerungen an Urwald, Reisen und Götter.

Übungen zur Stimulierung des Geschmacks

Schmecken lernen

Wir kauen etwa hundert Mal pro Minute, aber Kauen ist nicht dasselbe wie Fühlen, Schmecken und Genießen. Wenn du ganz in deine Aufmerksamkeit gehst (wir werden im Kapitel »Der Leuchtturm« näher darauf eingehen), kannst du die Kunst des Genießens mit einer Rosine (oder einem anderen Lebensmittel, das du zur Hand hast) lernen. Wie das?

- Schau dir die Rosine genau an, drehe sie, um sie von allen Seiten zu betrachten, und tue so, als hättest du noch nie eine Rosine gesehen.
- Rieche daran und achte darauf, ob dir vor lauter Vorfreude der Speichel im Mund zusammenläuft oder ob du sie essen willst.
- Nimm sie in den Mund. Halte inne und genieße den ersten Eindruck ihrer besonderen Kombination aus Süße und Säure.
- Lasse deine Zunge, die raue und zugleich glatte Textur erfassen.
- Kaue sie und merke, wie sich der Geschmack intensiviert. Bewege sie von einer Seite deines Mundes zur anderen und schenke ihr dabei deine volle Aufmerksamkeit.
- Nimm den Wunsch und vielleicht auch den Drang wahr, sie zu schlucken. Schlucke sie herunter und spüre, wie sie die Kehle hinab in die Speiseröhre und schließlich in den Magen rutscht.
- Beglückwünsche dich, dass du dir die Zeit genommen hast, diese Rosine mit vollem Bewusstsein zu kosten. Sich Zeit zum Genießen zu nehmen, bedeutet, sich Zeit zum Leben zu nehmen.

Kombiniere Kräuter und Gewürze in Tees

Es gibt nichts Schöneres, als Hexe oder Zauberer zu spielen und seine eigenen Rezepte für schmackhafte und medizinische Aufgüsse zu kreieren. Hier sind einige Kombinationen, mit denen du experimentieren kannst:

- Chai (indischer Tee): eine Zimtstange, zehn Kardamomsamen, zehn Nelken, drei Esslöffel geriebener Ingwer, ein Teelöffel schwarzer Pfeffer, vier Esslöffel schwarzer Tee, Honig und Milch nach Geschmack. Brühe zunächst die harten Zutaten (Zimt, Kardamom, Pfeffer) mehrere Minuten lang in Wasser auf. Füge den Tee erst hinzu, wenn du den Herd ausstellst, damit er nicht bitter wird.
- Blütentee (zur Verdauung): aus einigen Esslöffeln Zitronenmelisse- und Rosenblütenblättern und Lavendelblüten zubereitet.
- Russischer Tee: Saft einer Zitrone, Saft von zwei Orangen, schwarzer Tee, eine Zimtstange, vier Nelken, Honig nach Geschmack.

Vanilleextrakt selbst herstellen

Eine Vanilleschote längs aufschneiden und in ein Glasgefäß geben. Mit einer dreiviertel Tasse Wodka auffüllen, abdecken und sechs Wochen lang ziehen lassen. Nach und nach Alkohol nachfüllen; die Vanilleschote gibt währenddessen weiterhin ihr Aroma und ihren Geschmack ab. Vanilleextrakt ist eine wichtige Geschmackszutat für Kuchen und Gebäck.

Eine andere Möglichkeit: Zucker mit Vanillegeschmack herstellen! Schneide eine Schote in kleine Stücke, mische sie mit zwei Tassen Zucker, decke sie ab und lasse sie zwei Wochen lang stehen. Verwende ihn zum Aromatisieren und Parfümieren von Desserts und für süße Träume.

Herstellung von Sauerteigbrot

Bei diesem Rezept handelt es sich um ein altmodisches Brot, das nach dem Verfahren der natürlichen Gärung hergestellt wird, anstatt künstliche Hefe zu verwenden. Zuerst musst du eine Starterkultur herstellen. Der Gärungsprozess wird in Gang gesetzt, indem man die gleiche Menge Wasser und Mehl zusammenbringt (es kann zur Hälfte Weißmehl und zur Hälfte Vollkornmehl sein), die Mischung leicht abdeckt (so dass etwas Luft hineinkommt) und mehrere Tage lang an einem dunklen Ort stehen lässt, bis sich Blasen bilden. Der Moment, in dem die Gärung zum Leben erwacht, ist ein Wunder, und das daraus entstehende Brot noch viel mehr: knusprige Kruste, weiches Inneres, mild-säuerlicher Geschmack – wie die Brote von früher.

Wenn du einmal einen Sauerteigstarter hast, kannst du immer wieder Brot daraus backen, solange du den Starter täglich fütterst (indem du etwas davon abgießt und mit gleichen Mengen Mehl und Wasser auffüllst).

Dieses Rezept stellt zwei Herausforderungen dar: Du brauchst einen abgedeckten Edelstahltopf, in dem du das Brot backen kannst, und du musst eine große Portion Geduld aufbringen. Das Verfahren ist einfach, aber man muss dafür mehrere Stunden Zeit haben.

SAUERTEIGBROT

900 Gramm Weißmehl
100 Gramm Vollkornmehl
600 Milliliter Wasser
25 Gramm Salz

- Für den Grundteig: 200 Gramm Mehl, 200 Milliliter Wasser und drei oder vier Esslöffel des Sauerteigstarters. Lasse ihn die ganze Nacht ruhen.
- Morgens den Grundteig in eine große Schüssel geben und mit 600 Millilitern warmem Wasser vermischen.
- Die beiden Mehle nach und nach hinzufügen und mit den Händen mischen, bis alles gut durchfeuchtet ist. Den Teig zehn Minuten ruhen lassen und das Salz hinzufügen.
- Knete wie folgt: Falte den Teig mit feuchten Händen, indem du die Schüssel umdrehst und viermal faltest. Alle 10 bis 15 Minuten weiterfalten (das ist das einzige »Kneten«, das erforderlich ist), mindestens eine Stunde lang.
- Den Teig in zwei Hälften teilen und zu zwei Laiben formen. Diese mit der Oberseite nach unten in eine Backform oder, falls vorhanden, in ein Banneton (Brotkorb) legen und mit bemehlten Geschirrtüchern abdecken. Etwa 30 Minuten ruhen lassen.
- Den Backofen mit der abgedeckten Backform etwa 15 Minuten lang auf die höchste Temperatur vorheizen. Die Form herausnehmen, ein wenig Mehl hineinstreuen und eines der Laibe vorsichtig hineinlegen. Oben ein paar Einschnitte machen, damit die Luft entweichen kann und das Brot eine bessere Form bekommt.

Die Backform wieder zudecken und in den Ofen stellen. Etwa 25 Minuten mit Deckel (oder bis der Teig aufgegangen ist) und weitere 10 Minuten ohne Deckel backen, bis das Brot die gewünschte Farbe angenommen hat. Den Topf vorsichtig auswischen und die zweite Teigkugel hineinlegen, während der Ofen heiß bleibt, und auf dieselbe Weise backen.

HÖREN

Klang verbindet uns mit der Welt, und die Welt spricht durch Klang zu uns. Selbst wenn du allein bist in deinen vier Wänden, wird immer irgendein Gerät in der Nähe brummen; ein Flugzeug, das die Atmosphäre in der Ferne erschüttert; ein Auto, das bremst und dir seine Schallwellen sendet. Im Weltraum gibt es keinen Ton; auf der Erde gibt es keine (absolute) Stille.

Das ist so wahr, dass der Akustikökologe Gordon Hempton im Olympic National Park im Bundesstaat Washington in den USA eine lärmfreie Zone geschaffen hat. Dieser Raum ist weit entfernt von Straßen und Flugrouten und ermöglicht es, den Klängen der Natur ungestört zu lauschen. In seinem Buch *One Square Inch of Silence: One Man's Search for Natural Silence in a Noisy World* (Ein Quadratzentimeter Stille: Die Suche eines Mannes nach natürlicher Stille in einer lauten Welt, gemeinsam mit John Grossmann verfasst) erzählt Hempton, wie er durch die Vereinigten Staaten reiste und Naturgeräusche aller Art aufnahm, bis er diesen ruhigsten Winkel des Landes fand und es schaffte, ihn gesetzlich schützen zu lassen. »Die natürliche Stille ist die am schnellsten dahinschwindende Ressource unseres Landes«, warnt er.

Aber vielleicht gibt es mehr als eine Möglichkeit, das Konzept der Stille zu verstehen. Für die Designerin Ilse Crawford, Autorin des großartigen Bildbandes *The Sensual Home* (Wohngefühl), bedeutet »Stille« in Wirklichkeit »Ruhe oder die Abwesenheit von störenden Geräuschen«. Und das ist es, was sie ihren Kunden empfiehlt: dass sie darauf achten, die akustische Verschmutzung in ihren Wohnräumen zu reduzieren, so wie sie es auch mit jeder anderen Art von Verschmutzung tun würden. Die Qualität unserer Erholung und unseres Seelenfriedens hängt davon ab.

Wir kommen umgeben von Geräuschen auf die Welt. Am Anfang, in diesem ersten wässrigen Nest, hört man den Herzschlag der Mutter und das Flüstern ihres Atems. Dieser Hörkontakt läutet ein Leben voller Klangverbindungen ein, die so allgegenwärtig sind, dass wir

sie kaum wahrnehmen. So schrieb Helen Keller aus ihrem undurch-
dringlichen Schweigen:

> Ich bin ebenso taub wie blind. Die Probleme der Gehörlosigkeit sind
> tiefer und komplexer, wenn nicht sogar wichtiger als die der Blindheit.
> Taubheit ist ein viel schlimmeres Unglück. Denn sie bedeutet den
> Verlust des wichtigsten Stimulus – der Klang der Stimme mit ihrer
> Sprache, die Gedanken anregt und uns in der intellektuellen Gesell-
> schaft der Menschen hält.

Geräusche verbinden uns nicht nur mit den Stimmen unserer Lieben, sondern auch mit den Elementen – dem Pfeifen des Windes,
dem Glucksen des Wassers, dem Knistern des Feuers, aber auch mit
dem hektischen Treiben des Stadtlebens mit seinen vielen künstlichen
Geräuschen.

Natürlich fühlen sich nicht alle Geräusche gleich an. Es gibt Geräusche, nach denen wir uns fast alle sehnen – die Wellen des Meeres,
die sich am Strand brechen – und andere, die uns stören: das Hupen
von Autos, das Heulen des Bohrers beim Zahnarzt, das Kreischen von
Nägeln auf einer Tafel. Einigen Neurologen zufolge erklärt sich die
fast universelle Schockreaktion auf das letztgenannte Geräusch durch
seine Assoziation mit einem Schreckensschrei.

Zweifellos ist der Soundtrack, den wir Menschen am meisten genießen, das, was wir »Musik« nennen, in Anspielung auf »das, was
von den Musen kommt«. Für die Menschen in der Antike war Musik
ein alltäglicher Bestandteil des Lebens. Sie sangen und tanzten, um
eine Vielzahl von Ereignissen zu feiern, und schufen so Gemeinschaft,
formten und bewahrten ihre jeweilige Kultur. Sie nutzten Musik auch
zur Heilung ihrer Krankheiten. Ägyptische Papyrusschriften von vor
2600 Jahren berichten von musikalischen »Zaubersprüchen«, die von
Unfruchtbarkeit bis hin zu Zahnschmerzen heilten.

Die Poesie ist ein weiteres Mittel, um unsere Musikalität auszudrücken, und zwar durch den Rhythmus und die Melodie, die durch
die Kombination von Worten entstehen. Deshalb erwacht die Poesie
zum Leben, wenn sie laut gelesen wird. Man braucht nur die Haltung

der Zuhörer zu beobachten (geschlossene Augen oder ein weiter Blick, ein ruhiger Körper, volle Aufmerksamkeit), um die intime, emotionale und viszerale Wirkung dieser gesprochenen Musik in ihrem ganz eigenen Rhythmus wertzuschätzen.

Rhythmus ist besonders wirkungsvoll, weil er uns an die Klänge im Mutterleib erinnert. Ackerman zufolge sind wiederholte Silben, die Kindern leichterfallen als Wörter, wenn sie zu sprechen beginnen (da-da, ma-ma), wahrscheinlich Erinnerungen an den ersten »Soundtrack« im Mutterleib.

Unsere Klangwelten mögen sich im Laufe des Lebens verändern, aber die Liebe zu wohlklingenden Harmonien begleitet uns bis zu unserem letzten Tag. Wir sind sowohl musikalische als auch denkende Tiere, und wir müssen Platz schaffen für die Melodien, die unsere Seelen in den Schlaf wiegen, und für die Stille, die unsere Herzen berührt und beruhigt und uns Frieden bringt.

Übungen zur Stimulierung des Ohrs

Wähle die Klangwelt für dein Zuhause

Wähle Haushaltsgeräte, die die geringste Lärmbelästigung verursachen. Dämme akustisch deinen Wohnraum mit Vorhängen, Teppichen und Kissen, um die Geräusche zu reduzieren, die von der Straße kommen und die du selbst verursachst.

Singen zum Vergnügen

Man muss kein professioneller Sänger sein, um Spaß daran zu haben, mit der eigenen Stimme Musik zu machen. Diese Form des Ausdrucks ist für jeden zugänglich, unabhängig von Talent oder Stimmlage. Vielleicht hast du Freude daran, unter der Dusche oder beim Kochen zu singen. Kehren wir zu der Gewohnheit zurück, gemeinsam zu singen, um zu feiern, zu lobpreisen und unsere Gefühle auszudrücken.

Vorlesen von Gedichten

Entdecke neue Dichter. Lies ihre Werke laut und achte auf die darin enthaltene Musik, die ebenso wichtig ist wie die Bedeutung der Worte, der Gebrauch der Sprache und die Konzepte und Bilder, die sie wecken. Das laute Lesen von Gedichten, ob allein oder mit anderen, kann leicht zu einer Form des Gebets werden.

Gedichte schreiben

Wenn du dich noch nie getraut hast, Gedichte zu schreiben, gibt es eine Übung, die dir helfen kann, den ersten Schritt zu tun, vor allem, wenn du es spielerisch angehst. Die Technik heißt »Blackout« und wurde von dem Autor und Cartoonisten Austin Kleon entwickelt, um sich von einer schweren Schreibblockade zu befreien.

Man nimmt einen beliebigen Text, den man zur Verfügung hat (er hat Zeitungsartikel verwendet), wählt ein Thema, über das man schreiben möchte, und streicht mit einem schwarzen Stift alles durch, was nicht zutrifft. Übrig bleiben ein paar Worte, die man in Form eines Gedichts auf ein Blatt schreibt. Wenn du es laut vorliest, siehst du, was nicht gebraucht wird und was fehlt. Du arbeitest so lange an deinem Gedicht, bis es dir gefällt. Es ist wichtig, dies mit einem spielerischen und forschenden Geist zu tun und den Prozess zu genießen.

Die Wahl der Musik zur Modulation der Energie

Jede Kultur der Welt kennt die therapeutische und energetische Wirkung von Musik und Klang. Du kannst Lieder und Musikstücke auswählen, um dein Haus energetisch zu »reinigen«, so dass du deinen Tag mit Schwung beginnst und ihn ruhig beendest.

Ebenso kann Musik bestimmte Stimmungen begleiten, wie zum Beispiel Traurigkeit (nichts hilft so sehr, Tränen fließen oder versiegen zu lassen, wie ein gut gewähltes Lied) und Freude (die mit musikalischer Hilfe leicht zur Ekstase wird).

Es ist wichtig, seine Soundtracks regelmäßig zu erneuern und den Stücken und Liedern, die einen auf geheimnisvolle Weise berühren, treu zu bleiben, egal, wie oft man sie hört.

Wähle deine Worte bewusst

In ihrem Buch *Simple Ways: Towards the Sacred* (Die Weisheit der Wäscheklammer) fragt Gunilla Norris:

- Könnte ich heute einen kurzen Moment innehalten, bevor ich etwas sage? Könnte ich darüber nachdenken, ob ein voreiliges Wort mich oder jemand anderes wehtun könnte?
- Könnten meine Worte an diesem Tag sanft und mein Ton voll sein, wie von einem, dem viel gegeben wurde? Könnte ich gut über andere sprechen?

Hygge, *der feine sinnliche Charme des Alltags*

Draußen weht ein kalter Wind, aber drinnen knistern die Holzscheite im Kamin. Wir trinken gemeinsam Tee, wir plaudern, wir beichten einander mit dem entspannten Vertrauen derer, die sich gut kennen. Es fehlt an nichts, nichts ist zu viel. Jeder Luxus und jede weitere Zutat wären überflüssig. Die Gefühle, die in einer solchen Situation herrschen, könnte man aufzählen: Verbundenheit, Behaglichkeit, Wärme, Einfachheit, Authentizität, Intimität, Gemeinschaft, Zufriedenheit.

Die Dänen beweisen eine beneidenswerte Synthesefähigkeit und sind in der Lage, all diese Qualitäten in einem einzigen Wort (und noch dazu in einem kurzen) zusammenzufassen: *hygge*. Unmöglich, es in nur einem deutschen Wort zu sagen, ist *hygge* dank des hervorragenden Platzes, den die nordischen Länder unter den glücklichsten Ländern der Welt einnehmen, berühmt geworden. Man könnte meinen, dass dieses Glück auch auf der politischen Stabilität und einer fortschrittlichen Sozialpolitik beruht, aber die Dänen bestehen darauf, dass Hygge – die Fähigkeit, sich an den kleinen Dingen des Lebens zu erfreuen – das ist, was ihren Tagen Sinn verleiht und ihr Wohlbefinden fördert.

Der Begriff Hygge kann an unendlich viele Erlebnisse erinnern – die Hände am Feuer wärmen, die Schuhe ausziehen, wenn man nach Hause kommt, im Gras liegen und in den Himmel schauen, sich in den Seiten eines Buches verlieren, sich bei Kerzenschein im Bad einweichen lassen –, denn er steht nicht für eine bestimmte Situation, sondern für eine Art des Erlebens. Das sagt Louisa Thomsen Brits in *The Book of Hygge* (Hygge: Die dänische Art):

> Es ist eine Art, im Profanen das Heilige zu sehen, etwas Gewöhnlichem einen besonderen Kontext, Geist und Wärme zu verleihen und sich die Zeit zu nehmen, es außergewöhnlich zu machen.

Obwohl Hygge letztlich ein immaterielles Konzept ist, ist es untrennbar mit den Sinnen verbunden. Wie Thomsen Brits es ausdrückt: »Hygge hat einen Geschmack, einen Klang, ein Aroma, eine Textur... Möchtest du deinen Tee *hyggeliger* machen? Gib etwas Honig hinein. Einen Kuchen? Überziehe ihn mit einer Glasur. Den Eintopf? Gib einen Schuss Wein hinein.«

Was wären *hyggelige* Geräusche? Das Klopfen der Regentropfen auf dem Dach, das Knistern des Feuers, das Flüstern des Windes, der Gesang der Vögel, der Donner (wenn du unter einem Dach bist), das zufriedene Seufzen einer Person, die malt, webt, kocht... Mit anderen Worten, der Klang einer sicheren und vertrauten Umgebung.

Hyggelige Düfte? Diejenigen, die schöne Erinnerungen bei dir wekken. Der Rauch einer Pfeife; Butter, die in einer Pfanne schmilzt; der Geruch von frisch geputzten Schuhen; alte Bücher; Sägemehl; karamellisierter Zucker...

Hyggelige Texturen? Holz, Wolle, Keramiken, Leder. Rostige Oberflächen: organisch und mit einer Geschichte. Aber nicht Metall oder Glas, es sei denn, sie sind alt.

Hyggelige Formen? Kurven, weil sie die organischen Formen der Natur nachahmen. Viele Studien zeigen, dass Menschen Kurven geraden Linien vorziehen. Kurven stimulieren einen Teil des Gehirns, den so genannten *anterioren cingulären* Kortex, der mit der emotionalen Reaktion in Verbindung steht; im Gegensatz dazu aktiviert der Blick auf scharfe Objekte die Amygdala, den Bereich des Gehirns, der Angst verarbeitet.

Farben? Dunkel oder hell, aber natürlich.

Licht? Warmes, weiches, intimes Licht, das Schatten in einem Raum erzeugt und ihm Tiefe verleiht.

Hygge zeichnet sich durch das Vertraute, das Vorhersehbare, das Geliebte aus: ein altes Sofa, das die Form des eigenen Körpers angenommen hat; der Stapel Bücher neben dem Bett; Großmutters Rezepte in einem mit Mehl bestäubten Notizbuch.

Thomas Moore drückt es in seinem Buch *Care of the Soul* so aus:

In unserer komplizierten Welt ist es nicht leicht, die Freuden des gewöhnlichen Lebens zu genießen – Kinder, Familie, Nachbarschaft, Natur, Spaziergänge, Nachbarschaftstreffen, gemeinsames Essen. Ich stelle mir das Leben nicht als eine ehrgeizige Suche vor, sondern als eine Anti-Quest, eine Suche nach dem Gewöhnlichen und eine Kultivierung des Außergewöhnlichen.

Das Wort »einfach« ist der Schlüssel. Die *Hygge*-Qualität verträgt sich nicht mit Übertreibungen. Es bedarf keines Kerzenständers wie aus einem Hollywoodfilm, sondern nur einer einzigen Kerze, die im richtigen Moment angezündet wird. Es verlangt keine Tischdekoration, die eines Einrichtungsmagazins würdig wäre, sondern ein paar Gläser auf einem karierten Tischtuch neben einer Vase mit Löwenzahnblüten.

Diese sensorischen, ästhetischen und emotionalen Qualitäten sind von demselben Ziel durchdrungen: dem Wunsch, sich selbst und andere gut zu behandeln; ein natürliches Leben zu genießen, allein oder in Gemeinschaft, nicht mehr zu brauchen als das, was da ist. Der *hyggelige* Lebensstil ehrt den geheimen Garten: indem er den Körper pflegt, nährt er die Seele.

Dritte Etappe

DER FLUSS

Lasse deiner Vorstellungskraft
freien Lauf

»Das kann ich nicht glauben!« sagte Alice.

»Kannst du nicht?«, sagte die Königin in einem mitleidigen Ton. »Versuch es noch einmal: Atme tief ein und schließe die Augen.«

Alice lachte. »Es ist sinnlos, es zu versuchen«, sagte sie, »man kann nicht an Unmögliches glauben.«

»Ich wage zu behaupten, dass du noch nicht viel Übung darin hast«, sagte die Königin. »Als ich so alt war wie du, habe ich das immer eine halbe Stunde am Tag gemacht. Manchmal habe ich vor dem Frühstück an bis zu sechs unmögliche Dinge geglaubt.«

Lewis Carroll, *Alice im Wunderland*

Unsere spirituelle Hungersnot ist beendet – wir beginnen gerade, die Würde der Vorstellungskraft wiederherzustellen.

Lauren Artress, *Walking a Sacred Path*

Der Garten führt zu einer Wiese. Wir gehen durch hohe Gräser, deren Spitzen in der Mittagssonne golden leuchten. In der Ferne hören wir ein leises Murmeln und erkennen das Geräusch von fließendem Wasser. Wir gehen dorthin. Als wir uns nähern, spüren wir eine Frische, die die Haut anregt und die Sinne belebt. Und dann sehen wir ihn: einen sprudelnden, kristallklaren Bach, der in gleichmäßigem Tempo dahinfließt. Bunte Enten paddeln auf der Oberfläche, während sich am Ufer eine Schildkröte in der Sonne wärmt. Plötzlich teilt sich das Wasser in einem vollkommenen Oval für einen springenden Fisch. Wir machen uns das Gesicht und die Haare nass. Schließlich geben wir der Versuchung nach und lassen uns ins Wasser gleiten. Wir legen uns auf den Rücken, schauen in den blauen Himmel und lassen uns vom fließenden Bach davontragen.

Wie oft hast du dich schon so gefühlt, als wärest du auf einem Fliegenden Teppich zu einem anderen Ort getragen worden, ohne je dort gewesen zu sein? Dieser Teppich, der uns an ungeahnte Orte bringt, heißt »Vorstellungskraft« und ist eine der Gaben, die die Evolution (oder die Gnade) dem Menschen vermacht hat.

Diese vielschichtige und kostbare Fähigkeit öffnet die Türen zur Vergangenheit und zur Zukunft, zu unserer Kreativität, zu einem Leben, das von Magie und Bedeutung durchdrungen ist, und zu Welten, die auf andere Weise nicht zugänglich sind.

Schauen wir uns einige der erstaunlichen Eigenschaften dieses Geschenks an. Dank der Imagination kannst du

- dir Objekte und Situationen vorstellen, die jenseits deiner Sinne liegen: Stelle dir zum Beispiel den Eiffelturm vor. Du kannst diesem Bild weitere imaginäre Sinneseindrücke hinzufügen: Höreindrücke (der Klang eines Saxophon spielenden Mannes am Fuße des Turms), Geruchseindrücke (der Duft, der von einer nahegelegenen Bäckerei zu dir herüberweht), Geschmackseindrücke (der Geschmack eines frisch gebackenen Baguettes, das du nach dem Besuch des Turms isst) und taktile Eindrücke (die knusprige Kruste des Baguettes).

- dich an Objekte und Situationen erinnern, die in der physischen Realität nicht existieren. Ohne große Anstrengung kannst du dir Drachen, Einhörner, Meerjungfrauen, Unterwasserstädte und alle möglichen weiteren wunderlichen Sachen vorstellen, die von diesen hervorgerufen werden.
- in die Vergangenheit reisen, indem du dich an Ereignisse erinnerst, die einmal stattgefunden haben, und in die Zukunft, indem du Ereignisse planst, voraussiehst oder erträumst, die eintreten können oder auch nicht.
- spielerisch Phantasiewelten erschaffen, ausgehend von Prämissen wie: »Was würde passieren, wenn …?« oder »Stellen wir uns vor, dass…«. Spielen ist nicht nur etwas für Kinder; auch wir Erwachsenen brauchen dieses Lebenselixier, um unseren Körper jung und unser Herz glücklich zu erhalten.
- etwas erschaffen, das heißt, die Vorstellungskraft in jedem Lebensbereich einzusetzen. Kunst ist das, was passiert, wenn der Geist mit einer ästhetischen oder expressiven Absicht spielt; aber Kreativität kann auf jede Tätigkeit angewandt werden: von der Art, wie man sich kleidet, bis zu der Art und Weise, wie man ein Rezept, das man erhalten hat, für sich verändert. Schöpferisch zu sein, ist mehr als ein Menschenrecht, es ist ein menschliches Bedürfnis: Wir können nicht anders, ob wir wollen oder nicht.
- innere Welten erforschen: das Universum der Träume, Tagträume und deine tiefsten Intuitionen.
- das Innenleben deines Körpers visualisieren und organische Prozesse beeinflussen, indem du deinen Geist einsetzt, um mit Heilungsprozessen zusammenzuwirken.
- außergewöhnliche, den Sinnen unzugängliche Wirklichkeiten besuchen, wie sie von schamanischen Kulturen seit Anbeginn der Zeit beschrieben wurden. Diese Phänomene sind nicht »imaginär« im Sinne von illusorisch, sondern gehören zur »bildhaften Welt«, zu einer Dimension der Existenz, die den Mystikern und den Menschen alter Kulturen bekannt war, die in der Realität von Visionen, Mythen und Archetypen

lebten. Die australischen Aborigines nennen dieses Reich die »Traumzeit«; obwohl es mehr ein Raum als eine Zeit ist, halten sie es für wirklicher als jede andere empirische Realität. Für den französischen islamischen Philosophen Henry Corbin war die wahre Vorstellungskraft (*imaginatio vera*) diejenige, die Zugang zu dieser bildhaften Welt hat, einem Reich zwischen Materie und Geist, in dem Geister Körper annehmen und Körper vergeistigt werden: die Welt der Seele.

Viele Menschen betrachten die Vorstellungskraft mit Misstrauen, als etwas, das im Erwachsenenleben keinen Platz hat. Das tun sie aber nur deshalb, weil sie nicht in der Lage sind, die Bedeutungen dieses Wortes zu verstehen. Im Gegensatz dazu lehren die Weisheitstraditionen, dass die Vorstellungskraft einer der wichtigsten und direktesten Kanäle zum Göttlichen ist, und wahrscheinlich auch einer der ältesten. In *The Evolution of Imagination (Die Evolution der Imagination)* beschreibt Stephen T. Asma, ein Kenner der Philosophie der Naturwissenschaften, die Vorstellungskraft als »das Auge des Urmenschen« und betrachtet sie als eine menschliche Fähigkeit, die vor der Sprache erworben wurde. Thomas Moore meint in seinem Buch *Care of the Soul* aus spiritueller Perspektive: »Der Schlüssel, um die Seele der Welt zu sehen und dabei unsere eigene zu erwecken, liegt darin, die Verwirrung zu überwinden, durch die wir denken, dass Tatsachen real und Vorstellungen Illusionen sind.«

Ein anderer Wissenschaftler, der niemals mittelmäßige Albert Einstein widersetzt sich den Konventionen, wenn er behauptet: »Vorstellungskraft ist wichtiger als Wissen. Denn das Wissen beschränkt sich auf das, was wir jetzt wissen und verstehen, während die Vorstellungskraft die ganze Welt umfasst, und alles, was es jemals zu wissen und zu verstehen geben wird.«

Schauen wir uns einige der vielen Möglichkeiten an, wie wir diesen phantastischen Fluss erkunden können, um zu sehen, welche Überraschungen er uns zu bieten hat.

SPIEL, TRÄUME, GEHEIMNISSE

Spielen und Gestalten

Kein Kind, das eine Schachtel Buntstifte geschenkt bekommt, sagt: »Wozu soll das gut sein? Ich kann nicht malen.« Es weist auch einen Kasten mit Knetmasse nicht zurück, weil Skulpturen zu modellieren zu kompliziert sei. Wenn man ihm eine Gitarre gibt, entlockt es ihr ohne Aufhebens Töne. Wenn man es bittet zu singen, sagt es nicht nein, weil es den Text nicht kennt oder weil es keine perfekte Stimme hat: Es holt einfach Luft, macht den Mund auf und singt los!

Kreativität ist nicht nur unser Geburtsrecht: Sie ist der wichtigste Ausdruck unserer Natur. Aber etwas passiert, wenn wir mit der formalen Bildung beginnen. Plötzlich darf man beim Zeichnen eines Baumes nur noch Grün und Braun verwenden; die Sonne muss rund sein und lächeln und in einer bestimmten Ecke des Himmels stehen; und wenn man es nicht richtig hinbekommt, wird einem gesagt: »Schau, wie dein Freund es gemacht hat.«

Heute stellen neue Lehrmethoden solche wertenden Ansätze in Frage, aber für die große Mehrheit der Erwachsenen haben sich die Künstler, die wir einst waren, ins Winterquartier zurückgezogen. Wir leben in einem seltsamen Paradoxon: Als Kinder werden wir durch soziale und pädagogische Regeln davon abgehalten, unsere Kreativität frei zu entfalten, und als Erwachsene zahlen wir ein Vermögen, um uns von unseren Blockaden zu befreien und zu lernen… wie Kinder zu spielen!

Mehrere Künstler kommen uns zu Hilfe. Eine von ihnen ist Julia Cameron, die ein Rehabilitationsprogramm für uns blockierte Künstler entwickelt hat, das in ihrem Buch *The Artist's Way* (Der Weg des Künstlers) dargelegt ist. Cameron wendet sich nicht nur an Maler und Tänzer, sondern an jeden lebenden Menschen, denn es gibt niemanden, der ohne Kreativität und den Wunsch und das Bedürfnis, sie auszuleben, geboren wird. Camerons Hauptthese ist, dass die moderne Gesellschaft uns davon überzeugt hat, dass Kreativität das Privileg einiger weniger ist, es aber nicht immer so war.

Die Tewa-Indianer zum Beispiel haben kein Wort für »Kunst«, weil sie sie nicht als eine von anderen Aktivitäten getrennte Tätigkeit betrachten. Ihr nächstliegender Begriff ist *po-wa-ha* (wörtlich: Wasser-Wind-Atem), was »die schöpferische Kraft, die alle Dinge durchdringt« bedeutet.

Selbst wenn wir akzeptieren, dass die schöpferische Kraft in jedem von uns vorhanden ist, gibt es einige fast universelle Ängste, die uns daran hindern, sie zum Ausdruck zu bringen. Zu den Ängsten, von denen Menschen Cameron erzählen, wenn sie ihnen vorschlägt, ihren künstlerischen Impulsen freien Lauf zu lassen oder gar das Leben eines Künstlers zu wählen, gehören: »Ich werde allein enden und von anderen Menschen abgelehnt«, »Ich werde verrückt«, »Ich werde verhungern« und »Ich werde schreckliche Dinge über mich und andere Menschen entdecken.« Die Liste lässt sich fortsetzen.

Wenn wir zurückgewinnen wollen, was wir verloren haben, müssen wir lernen, den inneren Kritiker aufzuspüren und (sanft) zum Schweigen zu bringen, und uns selbst ermutigen, die Kontrolle loszulassen, im Vertrauen darauf, dass eine höhere Kraft (wie auch immer man sie sich vorstellt, vielleicht als unser eigenes Unterbewusstsein) unsere Bemühungen unterstützen und uns den Weg zeigen wird. Wenn das Universum von Natur aus und zutiefst kreativ ist, wie könnten wir – die ein wesentlicher Teil davon sind – es nicht sein?

Julia Camerons
ÜBUNGEN ZUR WIEDERERLANGUNG DER EIGENEN STIMME

Schreibe deine Morgenseiten

Eigentlich kannst du sie zu jeder Tageszeit schreiben, aber der Morgen ist am besten, weil du dann die Energie deiner Träume kanalisieren kannst und weil die Wirkung auch für den Rest des Tages anhält. Ziel ist es, drei Seiten mit der Hand zu schreiben, ohne anzuhalten, um sich zu korrigieren oder es zu bearbeiten, und ohne das Geschriebene zu lesen (bis du das Buch zu Ende durchgearbeitet hast).

Dieses Schreiben im Strom des Bewusstseins befreit dich von dem mentalen Lärm, der sich zwischen dich und deine Intuition und Kreativität drängt. Auf den Seiten wirst du sehen, wie du denkst, träumst und einen Dialog mit dir selbst führst. Im Laufe des Schreibens können viele Perlen auftauchen (interessante Bilder, Einsichten, die dir nicht bewusst waren, mögliche Projekte), aber es geht nicht darum, auf diesen Seiten nach Dingen zu fischen, die du an anderer Stelle verwenden kannst, sondern darum, deinen Geist sich frei ausdrücken zu lassen. Es geht nicht darum, den Fluss zu kanalisieren, sondern zu lernen, ihn fließen zu lassen.

Eine Verabredung mit dem Künstler

Nimm dir zwei Stunden pro Woche Zeit für ein »Date« mit deinem inneren Künstler. Das kann ein Museums- oder Theaterbesuch sein, ein Spaziergang im Park, ein Besuch in einem Antiquitätengeschäft oder einfach nur ein »Treffen« in deinem Lieblingscafé, um zu lesen oder zu schreiben. Die einzigen zwei Bedingungen sind: Geh allein, um dich auf deinen Ehrengast – den inneren Künstler, der aus Mangel an Aufmerksamkeit schmachtet – zu konzentrieren, und verwende diese Zeit nicht, um etwas zu tun, wozu du verpflichtet bist. Notiere am Ende des Treffens, wie es war.

Schreibe drei parallele Leben (die du gerne gelebt hättest)

Hier geht es darum, grenzenlos zu denken. Schreibe über dich als Pilot, als arabische Tänzerin, als Mönch, Schreiner oder Seifenopern-Schauspielerin. Wenn du das getan hast, achte darauf, welche »Autobiographie« dir schon beim Lesen ein Lächeln auf die Lippen oder ein Glitzern in die Augen zaubert. Überlege dir eine Geste oder Handlung, die du in deinen Tag einbauen kannst, um deiner Sehnsucht näherzukommen. Sie kann rein symbolisch sein.

Strebe nach Ausgewogenheit

Zeichne einen Kreis und unterteile ihn in sechs »Portionen«, so als wäre er ein Kuchen. Beschrifte jeden Bereich mit den folgenden Begriffen: Arbeit, Bewegung, Spaß, Freunde, Romantik/Abenteuer und Spiritualität.

Zeichne auf jeden Bereich einen Punkt, um anzugeben, wie zufrieden du in diesem Bereich bist: je näher am äußeren Rand, desto größer die Zufriedenheit. Verbinde die Punkte. Diese Zeichnung wird dir zeigen, wo du das Gefühl hast, dass dir etwas fehlt.

Gibt es einfache Möglichkeiten, wie du die vernachlässigten Bereiche nähren kannst? Mache diese Übung ab und zu und schau, ob die Zeichnung harmonischer und ausgeglichener wird.

Die eigenen Träume erforschen

Das gleiche rationalistische Urteil, das die Vorstellungskraft negiert, hält auch Träume für unwichtig. Viele Menschen sind davon überzeugt, dass sie nicht träumen. Die Wahrheit ist, dass wir alle in einer achtstündigen Nacht vier bis sechs Träume haben, die etwa zwei Stunden dauern. Andere Menschen erinnern sich an ihre Träume, machen aber wenig oder gar nichts daraus, weil ihnen die Mittel und die Motivation fehlen. Denn was nützen diese verblassenden nächtlichen Filme, wenn sie sich wie Seifenblasen verflüchtigen, sobald man aufwacht?

Die ersten Aufzeichnungen über Träume stammen aus der Zeit vor 5.000 Jahren, als sie im alten Mesopotamien auf Tontafeln festgehalten wurden. Die Griechen und Römer lasen in ihren Träumen Botschaften von ihren Göttern, und in vielen Kulturen wird Träumen eine prophetische Bedeutung zugeschrieben.

Was sind Träume? Nach der einfachsten Definition sind sie eine Abfolge von Bildern, Ideen, Emotionen und Empfindungen, die wir im Schlaf erleben. Die Wissenschaft betrachtet sie hauptsächlich als einen Mechanismus innerer Verarbeitung, der dem Geist hilft, seine Überzeugungen, Erinnerungen und Perspektiven zu aktualisieren. Aus einem anderen Blickwinkel betrachtet, sind sie ein fruchtbares Terrain für den Ausdruck des Unbewussten und ein Spiegel, der uns helfen kann, unsere tiefen Motivationen, Ängste und Sehnsüchte zu verstehen, die wir nicht in unser Bewusstsein lassen. In der schamanischen Weltanschauung sind sie (wie wir gleich sehen werden) Kanäle zu Bereichen der nicht-alltäglichen Wirklichkeit, an die du dich für Informationen, Heilung oder Führung wenden kannst.

Die Sprache der Träume ist nicht leicht zu verstehen, denn sie ist metaphorisch und funktioniert auf dieselbe Weise wie die Phantasie und die Poesie. Ihre Logik kennt weder Zeit noch Raum. In einem Traum kann man gleichzeitig lebendig und tot sein; man kann ein Kind und ein alter Mensch sein; man kann das Geschlecht wechseln, man kann fliegen oder in einem Augenblick Welten durchqueren.

Muss man wissen, wie man Träume deutet, um mit ihnen in Beziehung treten zu können? Nein: Man kann ihre Geschenke auch mit der Seele und dem Herzen empfangen, ohne ein klares intellektuelles Verständnis. Genau das schlägt die Jungsche Psychoanalytikerin Jill Mellick in ihrem Buch *The Art of Dreaming: Tools for Creative Dream Work* (Die Kunst des Träumens: Werkzeuge für kreative Traumarbeit) vor. Mellick lädt dich ein, eine kreative Verbindung zu deinen Träumen herzustellen und zuzulassen, dass ihre Bilder deinen bewussten Verstand informieren und inspirieren. Schließlich, sagt sie, hinterlassen auch gute Bücher und Filme Bilder, die wir nicht verstehen und die uns dennoch bewegen: »Selbst ein Film in einer unbekannten Sprache kann etwas Universelles in den Tiefen des Herzens anrühren.«

Die Herausforderung besteht darin, sich den Träumen wie einer fremden Sprache zu nähern, der man mit Respekt, Feingefühl und viel Neugierde begegnen muss. Diese Art, mit Träumen zu arbeiten, unterscheidet sich in mehrfacher Hinsicht von den traditionellen Methoden: statt zu interpretieren, erkunde; statt zu identifizieren, stelle dir vor; statt zu kategorisieren, verbinde; statt zu denken, erlaube dir, dich über das Mysterium zu wundern; statt zu vereinfachen, lass dich von der Erfahrung bereichern; statt zu versuchen zu verstehen, würdige das Dargebotene.

Das griechische Wort *psyche* bedeutet »Schmetterling« und auch »Seele«. Träume verleihen der Seele Flügel, sagt Mellick, aber nur, wenn man sie wie einen Schmetterling hält: mit offener Hand und in Stille. Wenn du versuchst, sie durch kategorische Interpretationen festzulegen, hast du vielleicht ein besseres Gefühl der Kontrolle, aber deine Träume werden nicht mehr fliegen.

Träume nicht-analytisch erforschen

Um deine Träume erforschen zu können, musst du dich an sie erinnern! Lege ein Notizbuch und einen Stift (oder ein Handy für Aufnahmen) neben dein Bett und schreibe auf, woran du dich erinnerst – das kann ein Wort, eine Farbe oder ein Bild sein –, bevor du aufstehst.

Wecke einen Traum: Sage dir vor dem Einschlafen: »Morgen werde ich aufwachen und mich klar an das erinnern, was ich geträumt habe«, ohne Druck und in dem Wissen, dass es mehrere Tage dauern kann, bis die Suggestion Wirkung zeigt.

Lass dich inspirieren, indem du mit anderen Menschen über Träume sprichst oder dich über das Thema informierst.

Wähle drei Wörter zur Verstärkung

Die Jungsche Methode der »Amplifikation« unterscheidet sich von der Freudschen »freien Assoziation«, bei der man von einer Idee zur nächsten galoppiert und sich allmählich vom ursprünglichen Bild entfernt. Bei der Amplifikation entfernt sich der Träumende kaum von dem Konzept und kehrt schnell zu ihm zurück, indem er ein Netz aus Bedeutungen um es herum webt. Wie man das macht? Schreibe ein Wort (oder ein Bild oder eine Idee) auf, das in deinem Traum vorkommt, und beginne, Pfeile in alle Richtungen zu den verschiedenen Wörtern oder Bildern zu zeichnen, die das ursprüngliche Konzept auslöst. Zeichne dann weitere Pfeile, die die neuen Wörter miteinander verbinden, so dass eine Art Spinnennetz aus Bildern entsteht. Das Beobachten der Komplexität dieses wachsenden Netzes bringt dich dem Reichtum und der Tiefe deiner Traumbilder näher.

Eine energetische Zeichnung anfertigen

Halte ein leeres Blatt Papier und Buntstifte, Bleistifte oder Filzstifte in der Nähe deines Bettes bereit. Wenn du aufstehst, schließe die Augen, nachdem du die Essenz des Traums aufgeschrieben hast, und durchlebe den

Traum noch einmal im Geiste, wobei du den emotionalen Ton und die Gefühle in deinem Körper erweckst. Öffne die Augen halb, wähle eine Farbe und stelle dir mit deiner nicht dominanten Hand vor, dass du die Energie, die du spürst, durch deinen Arm in die Hand atmest, die den Bleistift oder die Kreide hält, und drücke die Empfindungen aus, die durch dich auf das Papier gelangen. Du kannst auch beide Hände gleichzeitig benutzen. Der Fokus muss darauf liegen, die Bilder oder die Energie des Traumes wachzurufen und sie auf das Papier auszuatmen. Schaue nicht auf das Bild, das entsteht. Wenn nötig, drehe das Blatt um oder fahre auf einem anderen Blatt fort, wenn deine Energie fließt. Schreibe am Ende das Datum und einen Titel auf dein Blatt Papier. Meditiere kurz über die Zeichnung, ohne sie zu beurteilen oder zu analysieren.

Absorbiere den energetischen Sog zurück in deinen Körper
Eine Möglichkeit, über die fertige Zeichnung zu meditieren, besteht darin, sie durch Bewegung, Klang und Gefühl in die Sprache des Körpers zu »übersetzen«. Lege deine Hand auf die Zeichnung und stelle dir vor, dass deine Finger, als ob du Blindenschrift lesen würdest, die Farben und Linien in Klang übersetzen können. Lasse die Vibration der Formen durch deine Arme bis in die Kehle aufsteigen und als Klang ertönen. Du hast vielleicht Lust, laute, schrille Töne zu erzeugen, um hohe oder dünne Linien zu kennzeichnen, oder tiefe, gutturale Töne für dicke Linien oder solche am unteren Rand des Blattes. Die Instrumente, die die Linien in Töne übersetzen, sind nicht deine Augen, sondern deine Finger. Auf diese Weise kannst du die Energie des Traums zurückgewinnen, ihn wiedererleben und verwandeln.

Lass Teile des Traums weg, als ob du Teile
aus einem Puzzle entfernen würdest
Wenn du einen Traum aufgeschrieben hast, kannst du versuchen, Bilder oder Fragmente daraus zu entfernen, wobei du dich fragst: »Welche Qualität würde dem Traum fehlen, wenn dieser Teil nicht da wäre?« Zeichne zwei Spalten auf einem Blatt Papier, eine mit den Bildern, die du entfernt hast, die andere mit der Qualität, die infolgedessen fehlen würde. Nehmen wir an, du träumst, dass du mit einer alten indianischen Frau auf dem Rücksitz eines Autos auf dem Weg zu einer Zeremonie bist. Wenn du das

Bild der alten Indianerin wegnimmst, würde die weibliche Weisheit fehlen; wenn du die Tatsache, dass du zu einer Zeremonie fährst, wegnimmst, würde der heilige Zweck fehlen; wenn du die Fahrt auf dem Rücksitz eines Autos wegnimmst, fehlt die Vorstellung des Getragenwerdens und des Schicksalhaften.

Einen Traum in Poesie verwandeln

Schreibe deinen Traum in Form einer Erzählung auf. Unterteile ihn in Strophen. Entferne alle unnötigen Wörter. Füge Interpunktionszeichen hinzu. Füge neue Bilder ein, die dir dabei in den Sinn kommen. Gib ihm einen Titel. Lies den Text wie aus einem Gedichtband vor und schaue, welche Emotionen dabei entstehen.

Häng deinen Traum in einer Galerie auf

Wenn du im Traum ein Bild siehst, das deine Aufmerksamkeit erregt und dich fasziniert, kannst du dir vorstellen, dass es auf ein riesiges Format vergrößert und dann in einer Galerie an die Wand gehängt wird. Stelle dir vor, wie du vor dem Bild stehst und es betrachtest. Welche Gedanken und Gefühle löst es aus?

Auf die gleiche Weise kannst du einen Traum in ein Haiku (eine Form japanischer Poesie), eine Maske, eine Skulptur, einen Mythos, eine Landkarte, ein Mandala, einen Tanz, eine Performance, ein Märchen, eine Collage oder… alles andere verwandeln, was deine Phantasie hervorbringen mag. Wenn es etwas gibt, das beim Erlernen einer neuen Sprache hilft, dann ist es, sich etwas zu trauen!

Aktive Vorstellungskraft

Aber wir träumen nicht nur, wenn wir schlafen. Der Geist spinnt ständig positive und negative Szenarien in Form von Phantasien und Sorgen, in die unbewusste Bilder und Inhalte eindringen. Wie wäre es, wenn du diese Träume nach Belieben selber schaffen könntest, indem du einen fruchtbaren, transformativen Dialog mit deinem Unbewussten aufnimmst? Im Folgenden findest du einige Übungen, die dir dabei helfen.

Die aktive Imagination ist eine Technik, die von einem der Väter der Tiefenpsychologie, Carl Gustav Jung, entwickelt wurde, um das Selbst in direkten Kontakt mit dem Unbewussten zu bringen, wobei man sich stets bewusst ist, was man erlebt. »Die aktive Imagination muss als ein Weg oder eine Methode verstanden werden, die Persönlichkeit zu heilen, zu erheben und zu transformieren«, erklärte Jung.

Der Schlüssel zu dieser Übung liegt darin, nicht zu versuchen, das, was auftaucht, zu manipulieren oder sich zurechtzulegen, sondern es lediglich zu beobachten und ihm zu erlauben, sich von selbst in andere Bilder oder Formen zu verwandeln. Diese Übung kann in stiller Meditation oder durch Schreiben, Malen oder jede andere Technik der Selbsterforschung praktiziert werden.

Der Jungsche Psychologe Robert A. Johnson entwickelte die folgende Technik in seinem Buch *Inner Work: Using Dreams and Active Imagination for Personal Growth (Innere Arbeit: Nutze Träume und die aktive Vorstellungskraft für persönliches Wachstum)*. Er erzählt Geschichten von Patienten, die sich auf diese Technik einließen und psychologische Probleme lösen, Wunden heilen, zuvor unerfüllbare Wünsche erfüllen und sogar ein reiches Leben führen konnten, indem sie den Energien, die nach Ausdruck suchten, eine symbolische Form gaben. Die therapeutische Kraft der aktiven Imagination liegt in der Beteiligung des Egos, das als intentionale und unabhängige Kraft mit dem Unbewussten in Dialog tritt.

Woher wissen wir, dass die Bilder, die auftauchen, Geschenke des Unbewussten sind und keine Schöpfungen des Egos? Weil unbewusstes Material uns oft überrascht, archetypische und transpersonale Motive zum Ausdruck bringt (siehe »Der Berggipfel« weiter hinten in diesem Buch) und uns manchmal sogar erschreckt oder verunsichert. Man hat das Gefühl, einen Film zu sehen, den man nicht selbst gedreht hat.

Hinweis: Diese Übung ist nicht für Menschen geeignet, die Schwierigkeiten haben, zwischen Realität und Phantasie oder zwischen der Realität dieser inneren Welt und der Realität der äußeren Welt zu unterscheiden. Es handelt sich um eine kraftvolle Technik, die auf manche Menschen destabilisierend wirken kann.

Noch eine Warnung, bevor wir beginnen. Es ist wichtig, bei der Arbeit mit der Imagination die persönlichen ethischen Grundsätze und Werte zu respektieren – deine eigenen, wenn du allein arbeitest, und die der anderen Beteiligten, wenn du diese Arbeit mit anderen machst. Innere Erfahrungen sind für den Geist real und haben Auswirkungen auf die Psyche. Außerdem ist es notwendig, sich weiter um die Beziehungen und Verpflichtungen im realen Leben zu kümmern. Die aktive Imagination ist ein faszinierendes Werkzeug, aber sie kann und darf unsere Erfahrungen in der realen Welt nicht ersetzen.

Einübung der aktiven Imagination

Das Unbewusste einladen

Tue dies im Liegen an einem ruhigen Ort, wo du nicht gestört wirst. Es kann hilfreich sein, leise Musik im Hintergrund laufen zu lassen. »Die aktive Imagination erfordert einen Traumzustand, der auf halbem Weg zwischen Schlaf und Wachsein liegt«, schrieb Jung. Atme einige Male tief durch und entspanne deinen Körper allmählich. Beginne zum Beispiel mit folgenden Fragen: »Worüber mache ich mir im Moment Sorgen oder was beschäftigt mich?«, »Woher kommt dieses Gefühl?«, »Welches Bild repräsentiert es?« Bleibe still, schließe die Augen und warte darauf, dass ein Bild vor deinem geistigen Auge erscheint. Manchmal gelingt es nicht gleich beim ersten Versuch. Es kommt darauf an, geduldig zu warten, bis es erscheint, und dann nicht zu versuchen, es zu verändern oder zu manipulieren: Beobachte es einfach und sieh, wie es sich von selbst verändert.

In einen Dialog mit dem Bild treten

Du kannst dies in einem meditativen Zustand tun, ohne die Augen zu öffnen, oder du kannst den Dialog auf Papier (oder auf einem Computer) festhalten. Stelle eine Frage, warte die Antwort ab und schreibe sie auf, ohne sie zu hinterfragen. Dann stelle eine weitere Frage. Es kommt darauf an, den normalerweise nicht fassbaren Inhalt des Unbewussten eine symbolische Form zu geben und so die Kluft zwischen ihm und deinem Bewusstsein zu überbrücken.

Nimm an, was in einem Ritual geschieht (siehe »Das Feuer«)
Eine symbolische Handlung ausführen, die die Erfahrung in der Welt verankert, die empfangene Information einprägt und das Unbewusste wissen lässt, dass man zuhört. Wenn die Botschaft des Bildes zum Beispiel lautet, dass du zu streng mit dir bist, kannst du eine Geste der Offenheit und Nachgiebigkeit machen.

Reisen zwischen den Welten

Vor Zehntausenden von Jahren stellten sich die Menschen die Welt als einen Ort vor, der von spirituellen Wesen bewohnt wird: Naturgeistern, die von den Kelten Feen, von den *dagaras* in Westafrika *kontomble* und von den Inkas *apus* genannt werden, sowie von Stammesvorfahren und aufgestiegenen Meistern. Sie kommunizierten mit diesen Intelligenzen durch eine Reihe von Praktiken, die allgemein als »schamanisch« bekannt sind. Der Name scheint sich von dem Begriff šamán in der Tungú-Sprache, die in Sibirien gesprochen wird, abzuleiten. Er bedeutet Hexe oder wörtlich »diejenige, die weiß«. Es gibt jedoch eine alternative Erklärung, die den Ursprung in einem Sanskrit-Wort für Bettelmönche in Indien, *śramana*, sieht.

Seit den Anfängen der menschlichen Zivilisation haben fast alle Völker der Erde irgendeine Variante der Praktiken angewandt, die der rumänische Anthropologe Mircea Eliade »Ekstasetechniken« getauft hat und die dazu dienten, sich selbst zu heilen, mit spirituellen Kräften zu kommunizieren und die Götter um Hilfe zu bitten.

Neu ist heute, dass Menschen, die in industrialisierten städtischen Kulturen aufgewachsen sind, diese Praktiken mit Hilfe erfahrener Führer selbst erforschen. Sie versuchen, sich wieder mit den Kräften der Vorfahren zu verbinden, Krankheiten zu heilen, die die Schulmedizin nicht behandeln kann, Wirklichkeiten zu sehen, die mit den Sinnen nicht wahrnehmbar sind, und Empfindungen und Intuitionen zu bestätigen, für die sie keine Erklärung finden können.

Einer der großen Förderer dieses Ansatzes war der amerikanische Anthropologe Michael Harner, der 1980 in seinem Buch *Der Weg des Schamanen* die gemeinsamen Elemente der schamanischen Praktiken der Welt zusammenfasste und detailliert darlegte. Unter diesen gemeinsamen Elementen hob Harner drei besonders hervor. Das erste ist der Zustand des schamanischen Bewusstseins: eine Art Trance, in der der Praktizierende jedoch nicht das Bewusstsein oder die Kontrolle verliert. Das zweite Element ist die schamanische Reise, die in der Regel von den rhythmischen Klängen einer Trommel oder von Rasseln begleitet wird. Drittens beruht der Schamanismus auf dem Glauben an eine nicht-alltägliche Welt, die sich in drei Bereiche unterteilen lässt:

- Die Untere Welt, bewohnt von Ahnen, Krafttieren und Naturgewalten;
- die Obere Welt, die von Wesen des Lichts und Geistern der Weisheit und des Mitgefühls bewohnt wird (obwohl diese auch in der Unteren Welt zu finden sind);
- die Mittlere Welt, bewohnt von Menschen und körperlosen (entkörperten) Geistern. Alle Realitäten der menschlichen Welt gehören zu dieser Dimension des Daseins.

In traditionellen schamanischen Kulturen »reist« nur der Schamane irgendwohin. Moderne neoschamanische Praktiken machen solche Reisen für alle zugänglich, die bereit sind, diese Techniken zu erlernen, aber der Prozess muss immer von jemandem angeleitet werden, der in den schamanischen Künsten ausgebildet und mit der Weltanschauung vertraut ist, die diese Künste trägt. Ich werde hier keine neoschamanischen Übungen vorschlagen, aus Respekt vor der Tradition, das Wissen der Ahnen immer nur persönlich weiterzugeben.

Dennoch stellt sich die Frage: Ist es legitim, dass Menschen, die diesen Traditionen nicht angehören, sich ihrer Techniken bedienen? Harner sagt:

...diese neuen Praktizierenden »spielen« nicht »Indianer«, sondern gehen zu denselben spirituellen Offenbarungsquellen, zu denen

Stammesschamanen seit jeher gereist sind. Sie geben nicht vor, Schamanen zu sein; wenn sie bei dieser Arbeit schamanische Ergebnisse für sich und andere erzielen, sind sie tatsächlich echt. Ihre Erfahrungen sind echt und, wenn sie sie beschreiben, stimmen sie im wesentlichen mit den Berichten von Schamanen aus oralen Stammeskulturen überein. Die schamanische Arbeit ist ein und dieselbe, der menschliche Geist, das Herz und der Körper sind dieselben; nur die Kulturen sind verschieden.

Aber, so mahnt er, Schamanismus erfordert eine Verpflichtung zum Lernen:

Im Schamanismus ist die Aufrechterhaltung der eigenen Kraft grundlegend für das Wohlbefinden. Die Techniken sind einfach und kraftvoll. Ihre Anwendung erfordert weder »Glauben« noch eine Änderung der Annahmen, die du in deinem gewöhnlichen Bewusstseinszustand von der Wirklichkeit hast... Doch auch wenn die Grundtechniken des Schamanismus einfach und relativ leicht zu erlernen sind, erfordert die tatsächliche Ausübung des Schamanismus Selbstdisziplin und Hingabe.

Zu den Praktiken, die mit der Erforschung dieser Weltanschauung verbunden sind, gehören: schamanisches Reisen, Singen, Tanzen, Beten, die Einnahme psychoaktiver Pflanzen (von den Gemeinschaften, die sie verwenden, »entheogen« genannt, was so viel wie »Gott im Inneren« bedeutet), Schwitzhütten und Visionssuchen, bei denen man Zeit allein in der Natur verbringt, fastet und mit den Geistern des Ortes kommuniziert.

Tiefe Vorstellungskraft

Bill Plotkin, Gründer des Anima-Instituts, kommt einer Beschreibung des Schamanismus sehr nahe, wenn er »tiefe Vorstellungskraft« für den Weg hält, die Stimme des fließenden Wassers ebenso zu verstehen wie das Prasseln des Feuers, den Gesang einer Landschaft und die Sprache aller Reiche, die die Erde bewohnen. Plotkin erklärt:

Die tiefe Vorstellungskraft ist ein Übersetzer. Sie beherrscht die Sprachen der Tiere und Pflanzen, der Schluchten und Sterne, des Windes und Gesteins ebenso fließend, wie die Sprachen unserer eigenen Tiefen – die Ausdrucksformen der Natur und der Seele sind im wesentlichen dieselben. Um es klar zu sagen: Das ist keine Einbahnstraße, denn die Vorstellungskraft erlaubt uns nicht nur zu empfangen, sondern auch zu senden. Wir sind auf die Vorstellungskraft angewiesen, um uns auszudrücken und über diese Grenzen hinweg zu kommunizieren. Die Vorstellungskraft ist von zentraler Bedeutung für unsere Fähigkeit, mit der übrigen Schöpfung sinnvoll an der Fortentwicklung der Welt mitzuwirken. Und die übrige Schöpfung sehnt sich danach, dass wir an diesem großen Tanz auf unsere einzigartige Weise teilnehmen – durch das verkörperte Leben unserer Seelen.

Der aktive Traum

Nach einer Reihe ihn verwandelnder mystischer Erfahrungen schuf der australische Autor Robert Moss seine eigene Synthese aus schamanischen Praktiken und der Jungschen aktiven Imagination. Seine Methoden bieten die Möglichkeit, die nicht-alltägliche Realität in einer Gruppe im Geiste des Spiels und des Abenteuers zu erforschen. Zu seinen Vorschlägen gehört der »Wiedereintritt« der Gruppe in einen bestimmten Traum, um nach Informationen, Heilung oder einer Lösung zu suchen oder einfach die Traumwelt besser kennenzulernen. Andere Gruppenaktivitäten umfassen bewusste Traumreisen zu vorher festgelegten Orten, begleitet von einer Trommel, und »Navigation durch Synchronizität«.

Synchronizität ist ein von Jung geprägter Begriff, der das Auftreten von zwei Ereignissen beschreibt, die durch ihre Bedeutung und nicht durch ihre Kausalität miteinander verbunden sind. Beispiele dafür sind ein Buch, das einem in die Hände fällt und genau die Informationen enthält, die man gesucht hat, oder das dreimalige Hören desselben fremdsprachigen Wortes an einem einzigen Tag, das für den augenblicklichen Zeitpunkt von Bedeutung ist. Obwohl dieses Phänomen spontan auftritt, möchte Moss es gezielt fördern. Eine Möglichkeit ist, die Welt spielerisch zu lesen, als wäre sie ein Orakel.

Aktive Traumpraxis

Das Straßenorakel

Bevor du das Haus verlässt, formulierst du eine Anfrage, zu der du gerne einen Hinweis oder Orientierung hättest. Die ersten drei Dinge, die in einem bestimmten Zeitraum deine Aufmerksamkeit auf sich ziehen (dein Weg zur Arbeit, ein Spaziergang um den Block, eine Fahrt mit öffentlichen Verkehrsmitteln), werden dir die Antwort geben. Vielleicht wirst du von einer fesselnden Schlagzeile angezogen, vernimmst einen Gesprächsfetzen, bemerkst einen Satz auf einer Plakatwand oder bist von einer Wolkenformation am Himmel fasziniert. Das Orakel wird dir sagen, was die versteckte Botschaft in dieser Abfolge von »zufälligen« Bildern ist.

Das Gruppenorakel

Jeder Teilnehmer der Gruppe schreibt einen Satz, der ihm in den Sinn kommt, auf ein Blatt Papier. Alternativ kannst du auch ein Buch aufschlagen und den ersten Satz auf der Seite auswählen. Lege die Zettel übereinander mit der Vorderseite nach unten in der Mitte der Gruppe. Nacheinander stellt jede Teilnehmerin eine Frage und nimmt nach dem Zufallsprinzip einen der Zettel. Der Satz, den sie darauf liest, ist die Antwort auf ihre Frage. In manchen Fällen ist die Antwort klar und treffend; mitunter ist sie so erstaunlich, dass sie ein Gefühl für das Geheimnisvolle weckt. In anderen Fällen ist es notwendig, die Vorstellungskraft zu nutzen, um die Beziehung zwischen der Frage und dem Antwortsatz zu verstehen. Letztendlich profitiert jeder davon, seine Frage aus verschiedenen Blickwinkeln zu betrachten und so von unseren üblichen, linearen Denkgewohnheiten abzuweichen.

Traumübertragung zu Heilzwecken

Für diese Übung braucht man zwei Personen. Sie kann mit Gruppen durchgeführt werden, die in Paare aufgeteilt wird. Die beiden Rollen sollten abwechselnd besetzt werden, damit jeder beide Seiten erlebt.

Person A beschreibt einen Aspekt ihrer körperlichen oder emotionalen Gesundheit, der Heilung erfordert. Person B schließt die Augen und bittet ihr Unterbewusstsein um einen Traum (ein Bild), der als Schwelle für die Heilung von A's Zustand dienen wird. B erzählt A von dem Bild. A nimmt das Bild und »betritt« es mit Hilfe der Trommel, um es selbst zu erforschen.

Visualisierung

Diese Technik ist so einfach wie wirkungsvoll. Sie wird seit vielen Jahrzehnten zu verschiedenen Zwecken eingesetzt: zur Linderung von Schmerzen, zur Bekämpfung von Ängsten, Phobien und anderen psychischen Leiden, zur Bekämpfung von Süchten, zur Verbesserung der geistigen und körperlichen Leistungsfähigkeit und zur Vorbereitung auf möglicherweise stressige Situationen. Der Name ist etwas irreführend, denn Visualisierung bezieht alle Sinne mit ein, nicht nur das Sehen, und wird mit dem ganzen Körper erlebt, nicht nur mit dem Geist. Tatsächlich fällt es nur 55 Prozent der Menschen leicht, mit geschlossenen Augen Bilder zu sehen. Ein anderer Name für diese Technik ist »geführte Meditation«.

Worin besteht sie? Es handelt sich um eine selbst herbeigeführte Trance, ähnlich wie bei der Selbsthypnose, und kann auf verschiedene Weise praktiziert werden: nach Anweisungen einer anderen Person (live oder auf Band), nach einem auswendig gelernten Skript oder improvisiert.

Die Wirksamkeit der Visualisierung beruht auf der komplizierten Verbindung zwischen Körper und Geist und der Tatsache, dass der Geist nicht zwischen Szenen, die man sich vorstellt, und denen, die man auf der physischen Ebene erlebt, unterscheiden kann. Eine gute Visualisierung kann deinem Unterbewusstsein durch Bilder, Empfindungen und Symbole positive, heilende oder motivierende Botschaften vermitteln. Die Mobilisierung unbewusster Prozesse für bewusste Ziele, und zwar in einem Zustand der Entspannung, verbessert die Chancen auf ein erfolgreiches Ergebnis. Manche Studien zeigen, dass geführte Meditationen auch im Schlaf eine Wirkung zeigen können.

Diese Technik bietet potenziell viele gesundheitliche Vorteile. Weniger als zehn Minuten geführte Meditation können den Blutdruck, den Cholesterinspiegel und den Blutzuckerspiegel senken. Weitere beobachtete Effekte sind eine Steigerung der Aktivität des Immunsystems, eine schnellere Heilung von Knochenbrüchen, eine bessere Heilung von Verbrennungen, ein Rückgang von Blutungen und eine Verringerung des Bedarfs an postoperativen Schmerzmitteln. Über die physiologischen Reaktionen hinaus kann die geführte Meditation den Geisteszustand, die Lebensqualität, die emotionale Gesundheit, die Intuition, das abstrakte Denken, die Kreativität und das Einfühlungsvermögen verbessern.

Laut der Psychiaterin Belleruth Naparstek, einer Pionierin in der Entwicklung und Anwendung dieser Technik, gibt es drei Prinzipien, die dazu beitragen, die Wirkung der Visualisierung zu verstärken.

- **Biete detaillierte sensorische Informationen und starke emotionale Reize.** Sinnlich empfundene Bilder sind die Sprache des Körpers, und der Körper versteht sie perfekt. Eine Schwimmerin, die sich verbessern möchte, stellt sich am besten nicht nur vor, wie sie das Rennen gewinnt, sondern macht sich auch bewusst, wie sich ihr Körper anfühlt, wenn sie mit Schwung ins Wasser springt, wie der Druck bei den Zügen ist, wie die Luft in ihre Lungen ein- und ausströmt, wenn sie den Kopf aus dem Wasser streckt, und wie der Applaus am Ende des Rennens klingt. Um die Emotionen zu steigern, könnte sie auch das Lächeln ihres Vaters und den Tonfall seiner Stimme heraufbeschwören, wenn er ihr zu ihrem ersten Triumph gratuliert.
- **Erzeuge einen veränderten Bewusstseinszustand.** Der durch eine Visualisierung herbeigeführte halbhypnotische Zustand verändert die Gehirnströme, die Stimmung und das Bewusstsein für Zeit und Wahrnehmung. Dies vervielfacht die Chancen, das gewünschte Ergebnis zu erreichen.
- **Baue ein Gefühl der Kontrolle auf.** Aus der medizinischen Fachliteratur geht hervor, dass das Gefühl der Beherrschung und Kontrolle über das Erlebte an sich schon therapeutisch

wirkt und dazu beiträgt, dass du dich gut fühlst und dies deinen Optimismus ebenso stärkt wie dein Selbstwertgefühl und deine Fähigkeit, Stress und Schmerzen zu ertragen. Eine Visualisierung gibt dir das Gefühl, die Kontrolle zu haben, weil sie das Ergebnis einer positiven Handlung ist, die du für dich tust.

Geführte Visualisierungsübungen

In seinem Buch *Imagery for Healing, Knowledge and Power (Bilderwelten für Heilung, Wissen und Macht)* schlägt William Fezler vor, sich zunächst in einen hypnagogischen Zustand zu versetzen, also in eine tiefe Entspannung, um die anschließende Visualisierung zu unterstützen. Im Folgenden findest du eine vereinfachte Version seiner Entspannungsübungen.

Einfache Entspannungsübung

Setze dich bequem hin und beginne, von eins bis zehn zu zählen, wobei du dir bei jeder Zahl sagst, dass deine Augenlider schwerer werden und deine Augen sehr, sehr müde sind. Sage dir: »Je schwerer sich meine Augenlider anfühlen, desto entspannter bin ich und desto besser kann ich den Suggestionen folgen, die ich mir selbst gebe.« Dann zähle zuerst bis drei, schließe deine Augenlider und lasse deine Augen einige Sekunden lang nach hinten rollen. Dann denke: »Meine Augenlider sind jetzt so schwer, dass ich nicht weiß, ob ich meine Augen wieder aufbekommen kann.« Du wirst nun eine Welle angenehmer Entspannung in deinen Füßen spüren, die langsam durch deinen Körper aufsteigt. Mit dem Fortschreiten der Welle werden alle Teile von dir in den Schlaf fallen. Zähle weiter bis zehn, während die Entspannung zum oberen Teil deines Körpers aufsteigt. Wiederhole von Zeit zu Zeit die Suggestion über deine Augenlider bis zur Zehn. Schließlich, wenn dein ganzer Körper schläfrig ist, sagst du: »Wenn ich nun noch einmal bis drei gezählt habe, wird mein ganzer Körper völlig entspannt sein und sich in einem Zustand der Ruhe befinden. Eins ... zwei ... drei ...«

Du kannst dann eine beliebige Visualisierung durchführen oder einfach den Zustand tiefer Ruhe und Gelassenheit genießen, den du erreicht hast.

Die Waldszene

Nachfolgend eine Visualisierung, die das gesamte Spektrum der möglichen Wahrnehmungen der fünf Sinne enthält. Neben der Schaffung eines Zustandes der Entspannung, führt diese sensorische Aktivierung zu Frohsinn und Vitalität. Sie erhöht deine Fähigkeit, Freude zu empfinden, und macht dich empfänglicher für positive Emotionen. Dies ist das vorgeschlagene Skript:

Du wanderst an einem schönen Sommertag durch einen Kiefernwald. Sieh, dass der Himmel über dir strahlend blau ist. Spüre die Wärme der Sonne auf deinem Gesicht. Höre das leise Rauschen des Windes in den Kiefernzweigen. Eichelhäher fliegen von Ast zu Ast und schreien laut und schrill. Greife nach oben und nimm eine Kiefernnadel. Brich sie in zwei Hälften. Ein Tropfen der Flüssigkeit fällt von der Nadel auf deine Hand. Rieche an dem Tropfen. Er riecht bitter nach Kiefer. Lecke den Tropfen ab. Schmecke den bitteren Geschmack der Kiefer. Jetzt kommst du an den Rand des Waldes. Du kommst an einer Obstplantage mit Äpfeln vorbei, die im Sonnenlicht leuchtend rot vor tiefgrünem Laub glänzen. Pflücke einen Apfel. Nimm ein Klappmesser aus deiner Tasche und schneide den Apfel in zwei Hälften. Apfelsaftperlen glitzern auf dem Metall der Messerklinge. Rieche den süßen Duft des Apfels. Lecke vorsichtig den Saft ab. Oh, süßer Geschmack des Apfels! Als nächstes gehst du in einen Hain von Zitronenbäumen, gelbe Früchte zwischen graublauen Blättern, die in der Sommersonne glänzen. Pflücke eine Zitrone. Schäle sie. Rieche den sauren Geschmack der Schale. Beiße in die Zitrone. Der saure Saft spritzt in deinen Mund. Deine Wangen ziehen sich zusammen, dein Speichel fließt, während du den Zitronensaft auflutschst. Und du gehst weiter.

Wenn du aus dem Zitronenhain herauskommst, gelangst du an einen Sandstrand am Meer. Türkisfarbenes Wasser, so weit das Auge reicht. Rieche das Salz in der Luft. Lecke dir die Lippen. Du kannst das Salz der Gischt schmecken.

Geh hinaus auf den heißen, trockenen Sand. Gehe näher an das schimmernde Meer heran und stelle dich auf den nassen Sand. Ziehe deine

Schuhe und Socken aus. Spüre den kalten, nassen Sand unter deinen nackten Füßen.

Gehe zurück an den Strand. Ziehe dich bis auf die Badehose aus. Lege dich in den warmen Sand. Eine sanfte Brise fängt an, dich mit Sand zuzudecken. Spüre, wie leicht und trocken er ist und deinen Körper bedeckt. Spüre den immer stärker werdenden Druck, wenn der trockene, schwere Sand dich weiter zudeckt: sicher, geborgen, geschützt, in einem warmen Kokon aus Sand.

Jetzt geht die Sonne über dem Meer unter. Der Himmel leuchtet orange und färbt sich am Horizont feuerrot. Wenn die Sonne im Wasser versinkt, wirst du von einer tiefvioletten Dämmerung eingehüllt. Schaue hinauf in den Nachthimmel. Es ist eine funkelnde Sternennacht. Das Rauschen der Wellen, der Geschmack und der Geruch des Salzes, des Meeres, des Himmels und von dir, und du fühlst dich nach oben und in den Raum emporgetragen, eins mit dem Universum.

Imaginäre Welten. Erträumte Königreiche. Träumende Reisen. Aktive Träumerei. Wir wissen so wenig über die geheimnisvollen Erfahrungen, die wie ein Feuerwerk explodieren, wenn wir unsere Augen schließen. Vielleicht ist das einzige, was zählt, das, was die Dichterin Mary Oliver mit ihrer verzauberten Feder so ausdrückt:

> Wer immer du bist, wie einsam du auch sein magst,
> die Welt bietet sich deiner Vorstellungsgabe an.

Wir gehen zum Fluss aus Vergnügen und Neugier, es treibt uns ein Bedürfnis und die Entdeckerfreude, und verändert kehren wir zurück. Bevor wir aufbrechen, sollten wir auf den Rat des Mädchens aus dem Wunderland hören, Alice mit den blonden Locken und dem weißen Kleid. Sie ruft uns zu, bevor sie sich auf die Jagd nach einer unmöglichen Kreatur macht: »Das hätte ich fast vergessen«, sagt sie. »Ihr müsst eure Augen schließen, sonst seht ihr nichts.«

DER BERGGIPFEL

Eine neue Geschichte erzählen

Die Mythologie hilft euch,
die Geheimnisse der Energien zu erkennen,
die euch durchströmen. Darin liegt eure Ewigkeit.
Joseph Campbell

Was du planen kannst, ist zu klein für dein Leben.
Was du aus vollem Herzen leben kannst, wird der Pläne genug sein.
David Whyte

Der Aufstieg ist anstrengend. Es ist kein Schatten und kein Platz zum Ausruhen in Sicht, und der Weg ist steil. So steil, dass das einzige, was wir sehen, die Felswand ist, die wir durch pure Ausdauer bezwingen. Wir gehen weiter bergan, die ganze Aufmerksamkeit auf den nächsten Schritt gerichtet. Nach einer langen Zeit, bevor wir begreifen, was passiert, haben wir den Gipfel erreicht! Der Himmel ist zum Greifen nah, die Luft ist klar und durchsichtig, und wir haben einen Blick aus der Vogelperspektive auf die Welt, die sich wie ein fließendes, buntes Kleid in alle Richtungen ausbreitet. Weite, Höhe, Freiheit… Wie anders alles aus diesem Blickwinkel aussieht!

Es ist leicht, diese Weitsicht zu haben, wenn man hoch oben ist, aber was wir wirklich brauchen, ist die Fähigkeit, einen solchen Weitblick und Klarheit zu haben, wenn wir unten in der Ebene sind. Vor allem brauchen wir diese Perspektive, um die steinigen Abschnitte unserer Reise zu meistern, wenn wir an Felsvorsprüngen, Kratern und Abgründen vorbeikommen. Was könnte uns den nötigen Abstand verschaffen, um das Leben mit klarem Blick zu sehen? Was könnte der metaphorische Gipfel sein, auf dem wir stehen können, um nach unten zu schauen? Hier ist eine Antwort: Lerne die Sprache und die poetische Weisheit des Mythos.

Fangen wir ganz von vorne an.

WAS IST EIN MYTHOS?

Ein Mythos ist eine Geschichte, die sich Menschen erzählen, um zu erklären, was die Welt ist und wie sie funktioniert, was das Leben ist, was der Tod ist, was unsere Pflichten sind, wie wir einander behandeln sollten und wie wir die Dinge einordnen, die uns widerfahren.

Das Leben unserer Vorfahren war durchdrungen von Mythen. Sie wurden am Feuer erzählt, von Generation zu Generation weitergegeben und waren nicht nur fesselnde Geschichten: Sie enthielten wichtige Informationen über die Entstehung der Welt, schenkten Orientierung und halfen, Entscheidungen zu treffen.

Niemand hat so viel für die Vermittlung der Bedeutung von Mythen getan wie Joseph Campbell, Autor von *Der Heros in tausend Gestalten,* der vier Bände »Die Masken Gottes« und vieler anderer wunderbarer Bücher. Campbells Schriften liefern der westlichen Gesellschaft, die der Illusion einer unbegrenzten wirtschaftlichen und technologischen Entwicklung erlegen ist, eine Reihe tieferer Einsichten. Seine Erkundungen reichten von Literatur und Psychologie bis hin zu Anthropologie und Sprache; sein Schwerpunkt lag jedoch stets auf seinen geliebten Mythen. Mit unvergleichlicher Klarheit vermittelt er seinen Lesern, wie diese ursprünglichen Geschichten auf metaphorische Weise zu interpretieren seien, und ermöglichte so der jungen Generation, von dieser uralten Weisheit genährt zu werden – die trotz der etwas archaischen Sprache ungebrochen ist.

Nach Campbell haben Mythen vier grundlegende Funktionen:

- Die erste Funktion des Mythos ist mystisch: Er soll uns lehren, das Leben sowohl in seinen wunderbaren Aspekten – Freude, Schönheit, Glück – als auch in seinen schrecklichen Aspekten anzunehmen – Leiden, Krankheit, Tod, die Notwendigkeit zu töten, um zu essen. Der Mythos zeigt uns, wie wir auf das, was auf uns zukommt, reagieren können, nicht widerwillig oder mit Resignation, sondern in Ehrfurcht und Dankbarkeit.
- Die zweite Funktion des Mythos ist kosmologischer Natur: Er soll die Gesetze des Universums auf eine Weise erklären, die uns ihren tiefen Sinn offenbart.
- Die dritte Funktion ist soziologischer Natur: Es geht darum, eine bestimmte soziale Ordnung zu schaffen und ihr Gültigkeit zu verleihen, so dass sie jedem Menschen das Gefühl der Zugehörigkeit zu einem bestimmten Stamm vermittelt.
- Die vierte Funktion des Mythos ist erzieherisch: Er lehrt uns, wie wir die verschiedenen Lebensabschnitte durchlaufen – Kind, Heranwachsender, Erwachsener, Vater oder Mutter, Großvater oder Großmutter zu sein – und schließlich wie man alt wird und wie man stirbt. Für Campbell war dies die wichtigste der vier Funktionen, da sie uns zeigt, was es bedeutet, ein gutes Leben zu führen.

Von den Schöpfungsmythen der Ureinwohner der Erde über griechische, ägyptische und babylonische Mythen, die Zehn Gebote, die Thora der Juden, die *Bhagavad Gita* der Hindus und den Edlen Achtfachen Pfad des Buddhismus – alle Weisheitstraditionen bieten Geschichten, die den Menschen vom ersten bis zum letzten Tag an die Hand nehmen.

Diese Art, das Leben zu verstehen und zu leben, hat so sehr an Glaubwürdigkeit verloren, dass der Begriff »Mythos« heute als Synonym für »Lüge« verwendet wird. Es ist, als ob ein Bericht, der nicht den Tatsachen entspricht, eine Unwahrheit sein muss. Menschen, die diese Meinung über Mythen vertreten, verstehen nicht, dass sie in Wirklichkeit Metaphern sind; sie sind Wahrheiten, die aus der Seele geboren und in symbolischer Sprache erzählt werden. Wie der lateinische Schreiber Sallustius im vierten Jahrhundert bemerkte: »Nun sind diese Dinge nie geschehen, aber sie sind immer.«

Heute lernen wir das Leben nicht mehr durch Mythen kennen, sondern durch die Wissenschaft, die sich nicht direkt mit Sinnfragen beschäftigt. Bis zu einem gewissen Grad wird diese Funktion von Dichtern, Musikern, Filmemachern und Künstlern aller Art wahrgenommen. Wie Campbell es ausdrückt: »Es wäre nicht übertrieben zu sagen, dass der Mythos die geheime Öffnung ist, durch die die unerschöpflichen Energien des Kosmos in die menschliche Kultur strömen.«

Es gibt einen Grund, warum alle möglichen künstlerischen und kulturellen Kreationen – darunter die Star Wars-Saga – von Campbells Interpretationen der Mythen inspiriert wurden.

Aber diese Werke erreichen nicht alle Menschen gleichermaßen, und es gelingt ihnen auch nicht, das gesamte Spektrum der Bedürfnisse unserer Psyche abzudecken. In Ermangelung wirksamer gemeinschaftlicher Mythen müssen wir persönliche Mythen konstruieren, um unseren eigenen Weg auszuleuchten.

Da unser Leben in hohem Maße von der Kraft und der Qualität der Geschichten beeinflusst wird, die wir uns erzählen, ist es wichtig, regelmäßig den Gipfel zu erklimmen und unsere Probleme, Wege und Entscheidungen mit den »Augen der Berge« zu betrachten.

PERSÖNLICHE MYTHOLOGIE

Mit diesem Bekenntnis begann Jung 1963 seine Biographie *Erinnerungen, Träume, Gedanken*:

So habe ich es nun, in meinem 83. Lebensjahr, unternommen, meinen persönlichen Mythos zu erzählen. Ich kann nur direkte Aussagen machen, nur »Geschichten erzählen«.
Ob die Geschichten »wahr« sind oder nicht, ist nicht das Problem. Die einzige Frage ist, ob das, was ich erzähle, meine Fabel, meine Wahrheit ist.

Was also ist ein persönlicher Mythos? Es ist die besondere Kombination von Geschichten, Überzeugungen, Bildern und Symbolen, die deine Sicht auf die Welt ausmachen.

Unsere Vorfahren hatten nicht die Möglichkeit, die Mythen, von denen sie sich leiten ließen, zu überprüfen. Sie konnten nicht über sie hinausblicken, geschweige denn, sie in Frage stellen. Die moderne Zivilisation stellt den Logos (die Vernunft) über den Mythos (das Muster der Bilder und Überzeugungen einer Kultur); sie gibt dem linearen Verstand gegenüber der Erzählung den Vorzug und verschafft uns so den nötigen Abstand zu unseren Vorstellungen, um sie als solche zu erkennen. Es geht nicht darum, unsere Geschichten jedes Mal zu verwerfen oder zu ändern, wenn das Leben schwierig wird. Es geht vielmehr darum, die Geschichte anzupassen: starre und dysfunktionale Mythen durch solche zu ersetzen, die flexibler und lebensfördernd sind.

»Eine Überzeugung hält uns gefangen oder befreit uns«, sagt die Ärztin und Therapeutin Rachel Naomi Remen. Die Überzeugung, dass die Mehrheit der Menschen unzuverlässig sei, führt beispielsweise zu einem Leben mit hohem Adrenalinspiegel und bietet nur wenig sozialen Halt. Eine Weltanschauung, die das Gegenteil behauptet – dass die Mehrheit der Menschen immer zu 100 Prozent vertrauenswürdig sei – ist gefährlich.

Ein ausgewogener und realistischerer Glaube – dass die meisten Menschen aufrichtig sind und gute Absichten haben, dass es aber auch verwirrte Menschen gibt, die Schaden anrichten können – ermöglicht es dir, dich zu entfalten: mit einem offenen Herzen zu leben, ohne jedoch deine Fähigkeit zur Beurteilung und Unterscheidung zu verleugnen.

Unsere persönlichen Mythen entwickeln sich im Laufe unseres Lebens weiter. Einige der Mythen, die uns in der Vergangenheit beherrscht haben, mögen ihre Daseinsberechtigung gehabt haben, aber jetzt sind sie vielleicht dysfunktional und überholt.

In dem Buch *Personal Mythology: Using Ritual, Dreams and Imagination to Discover Your Inner Story (Persönliche Mythologie: Entdecke mit Hilfe von Ritualen, Träumen und Imagination deine eigene Geschichte)* von Stanley Krippner und David Feinstein geben sie zwei Beispiele: In dem einen lernt ein Mädchen, die Liebe ihrer Eltern durch akademischen Erfolg zu gewinnen. Als Erwachsene führt sie dieselbe Strategie fort und strebt obsessiv nach beruflichen Erfolgen. Aber die Liebe, nach der sie sich sehnt, kommt nie.

In der anderen entwickelt ein Teenager eine rebellische Persönlichkeit, um sich gegenüber seinen autoritären Eltern zu behaupten. Sein Mythos verurteilt ihn im Erwachsenenalter dazu, rücksichtslos zu sein und immer wieder seinen Arbeitsplatz zu verlieren, weil er in jeder Autoritätsperson eine Bedrohung sieht.

In beiden Fällen wird ein Muster, das in einem bestimmten Moment des Lebens funktional war, zu einem Hindernis für das persönliche Wachstum.

Ein großer Teil unseres emotionalen Leidens hat seinen Ursprung darin, dass wir mit Mythen leben, die nicht mit unseren Bedürfnissen, Möglichkeiten und Umständen in der Gegenwart übereinstimmen. Wir müssen uns dieser unbewussten Überzeugungen bewusstwerden, um jene abzulegen, die uns nicht mehr dienen oder uns nicht mehr gemäß sind.

Sam Keen, Autor von *Your Mythic Journey: Finding Meaning in Your Life Through Writing and Storytelling (Deine mythische Reise:*

Finde den Sinn deines Lebens durch Schreiben und Geschichtenerzählen), schlägt vor: »Schreibe deine Autobiographie alle zehn Jahre neu. Unsere Geschichten zu erzählen, ist vielleicht das Menschlichste, was wir tun. Indem wir Geschichten erzählen, erinnern wir uns an unsere Vergangenheit, erfinden unsere Gegenwart und entwerfen unsere Zukunft.«

Übungen, um eine größere Geschichte zu erzählen

Um einen Mythos zu verändern, muss man ihn zunächst einmal erkennen. Hier sind einige Vorschläge, die von den Schriften von Krippner, Feinstein und anderen inspiriert sind:

- Untersuche die Mythen, die in deiner Herkunftsfamilie vorherrschen. Schreibe in wenigen Worten auf, was in deinem Elternhaus über Erfolg, Verpflichtungen, Geld, Beziehungen, Körperbild und über Recht und Unrecht gedacht oder gesagt wurde. Lies, was du aufgeschrieben hast, als wenn es der Text eines anderen Menschen wäre. Stimmst du mit diesen Vorstellungen überein? Inwieweit beeinflussen diese Überzeugungen die Entscheidungen, die du heute in deinem Leben triffst? Welche davon übernimmst du ganz bewusst? Welche solltest du vollständig ablegen? Welche sind immer noch gültig, müssen aber aktualisiert werden?
- Schaue dir die Vorbilder an, die du in deiner Kindheit bewundert hast (Figuren aus Büchern, Filmen, Zeichentrickfilmen oder Menschen, die du im wirklichen Leben kanntest). Gibt es in diesen Vorbildern irgendwelche Hinweise auf die Art von Mythen, die du verkörpern möchtest? Gibt es irgendeine Spur dieser Bestrebungen in deinem Leben? Würdest du dich immer noch für dieselben Vorbilder entscheiden?

- Erzähle die Geschichte deines Lebens in der dritten Person, beginnend mit dem klassischen »Es war einmal «. Benenne den Protagonisten – du kannst einen allgemeinen Titel wie »der Prinz«, »die Prinzessin«, »das Waisenmädchen«, »der junge Held« oder einen erfundenen Namen wählen. Wonach sucht die Protagonistin? Welche ist ihre größte Sehnsucht? Welche Hindernisse stellen sich ihr in den Weg und wie helfen sie ihr, ihre Stärken zu finden? Welchem Genre gehört die Geschichte an (Tragödie, Komödie, Krimi, Romanze…)? Was ist das nächste Kapitel? Wenn es ein Roman, ein Theaterstück oder ein Film wäre, wie würde er heißen?

Wenn du den Mythos, nach dem du bisher gelebt hast, verstanden hast, kannst du eine neue mythische Vision schaffen, indem du deinen Mythos neu erfindest. Befolge dazu die folgenden Schritte:

- Stelle fest, welcher Mythos geboren werden will. Nehmen wir das Beispiel von Peter, der seine Position in dem Unternehmen, in dem er sein ganzes Erwachsenenleben lang gearbeitet hat, aufgeben und sein Glück als Unternehmer versuchen möchte. Er hat es satt, die Regeln anderer zu befolgen, er hat es satt, Tag für Tag die gleiche Arbeit zu tun, und er hat es vor allem satt, sein Leben nicht ändern zu können. Der neue Mythos muss von einer Vision von Mut, Freiheit und Selbstbestimmung inspiriert sein.
- Ermittle den Konflikt zwischen dem alten und dem neuen Mythos. In Peters Fall ist dies der Wunsch nach Abenteuer und Aufregung (neuer Mythos) gegenüber Sicherheit und Komfort (alter Mythos). Verstehe beide Visionen, ohne zu urteilen.
- Schaffe eine neue Vision, die die Teile des alten Mythos, die noch aktiv sind, mit dem entstehenden Mythos verbindet. Der Weg der Evolution erfordert nicht die Abschaffung früherer Glaubenssätze, sondern ihre Einbeziehung in die neue Weltsicht bei gleichzeitiger Überwindung. Man wirft das Wissen, das man in der Grundschule gelernt hat, nicht weg, wenn man auf die weiterführende Schule wechselt; man baut darauf auf. In unserem Beispiel könnte Peter

versuchen, die Stabilität, die der alte Mythos bietet, zu würdigen, indem er nach einer bescheidenen Form des Einkommens sucht, so dass er den Sprung zum neuen Mythos ohne große Ängste schaffen kann. Es könnte sein, dass dieser Pluspunkt des alten Mythos – die Bewahrung eines gewissen Ordnungssinns – Teil des neuen Mythos wird.

· Arbeite die neue mythische Vision weiter aus. Tue alles, was möglich ist, um sie zu leben.

Je stärker dein Leitmythos ist, desto besser bist du für die Herausforderungen des Lebens gerüstet. Den eigenen Mythos zu ändern ist jedoch nicht nur eine Frage des Verständnisses, sondern auch des Mutes und der Tapferkeit: jene Art von Mut und Tapferkeit, die das Kennzeichen einer Heldenreise ist.

DIE HELDENREISE: DIE GROSSE GESCHICHTE

Joseph Campbell, der bereits erwähnte große Mythologe, widmete fünf Jahre seines Lebens dem Studium und Vergleich der Mythen der Welt. Nach einer langen und erschöpfenden Untersuchung kam er zu einer Schlussfolgerung, die ihn faszinierte: Unabhängig von den Schauplätzen der Geschichten, den handelnden Personen und sogar den Sprachen, in denen sie erzählt wurden, hatten alle Mythen dieselbe Grundstruktur. Er fand dasselbe Muster bei den sibirischen Ona und bei den Yanomami, in den nordischen und aztekischen Mythen, aber auch in anderen Gattungen wie Fabeln, Legenden, Märchen, heiligen Texten, Filmhandlungen und Werken der Literatur. Campbell nannte diesen *einen* Mythos oder diese universelle Geschichte »die Heldenreise«.

Warum ist dieses Skript so allgegenwärtig? Weil es den Weg des Wachstums und der Entwicklung beschreibt, den jeder von uns im Leben beschreitet. Wir gehen diesen Weg nicht nur einmal, sondern viele Male: Jedes Mal müssen wir einen Evolutionssprung machen. Die Reise ist ein Stück in drei Akten: der Ruf, die Einweihung und die Rückkehr.

Der Ruf

Der Held lebt sein normales Leben in seiner Stadt oder seinem Dorf, als etwas passiert, das ihn zwingt, die bekannte Welt hinter sich zu lassen. Es kann sein, dass der König krank wird und der Held sich auf die Suche nach einem heilenden Elixier machen muss; oder jemand verschwindet; oder es gibt eine Hungersnot, die das Dorf zu dezimieren droht. Eine andere Form des »Rufs zum Abenteuer« ist, wenn ein Tier durch das Dorf läuft und der Protagonist nicht anders kann, als ihm zu folgen, nur um sich im tiefen Wald zu verirren. Es gibt auch einige Helden, die sich auf eigene Faust auf den Weg machen, angetrieben von purer Abenteuerlust. (Ich spreche hier von »Helden« und nicht von »Heldinnen«, aus Gründen, die ich gleich erläutern werde.)

Die Herausforderung in dieser Phase besteht darin, dem Ruf zu folgen. Wenn der Protagonist den Ruf ignoriert, hat das katastrophale Folgen. Psychologisch gesehen ist der Ruf ein Impuls der Psyche, zu wachsen; und wenn sich das Ich aus Angst oder aus Unwillen, aus seiner Komfortzone herauszutreten, widersetzt, hat es einen Preis zu zahlen, nämlich den Verlust von Vitalität, Richtung und Sinn. Es kommt zu einer Art »lebendigem Tod«, der nur aufgelöst werden kann, wenn der Widerstand überwunden und die Reise angetreten wird.

Die Einweihung

Die Reise macht es immer nötig, dass der Protagonist seine vertraute Umgebung verlässt und sich an ungewissen und gefährlichen Orten auf die Suche begibt: ein Schatz, der auf dem Meeresgrund verborgen ist; ein Tempel auf dem Gipfel eines Berges; ein Geheimnis, das im Herzen des dunklen Waldes gehütet wird. Diese Szenarien stellen den Schwellen- oder Übergangspunkt dar, der allen Heldenreisen gemeinsam ist: Der Held hat die bekannte Welt hinter sich gelassen, aber noch kein neues Ziel erreicht. Dieser Zustand der Ungewissheit tritt im Leben immer wieder auf, vor allem, wenn etwas in unserem

Umfeld zusammenbricht (eine Beziehung, ein Arbeitsplatz, der Tod eines geliebten Menschen) und einen Zustand der Angst, der Verwirrung, der Trauer oder der Beklemmung mit sich bringt.

Der Held steht vor Prüfungen und Herausforderungen, aber er trifft auch auf Verbündete. In Märchen kann der Verbündete ein Kobold, eine Fee oder ein alter Weiser sein, der ihm einen Talisman, einen Zaubertrank oder ein paar magische Worte mitgibt, die ihm bei einer bestimmten Herausforderung im weiteren Verlauf des Weges als Rettungsanker dienen. In Campbells Worten stellt dieser Verbündete »die wohlwollende, schützende Macht des Schicksals« dar. Mit anderen Worten: Der Verbündete ist deine Intuition, die dir versichert, dass, wenn du den Mut aufbringst und dem Ruf folgst, das Leben dir Hinweise geben wird, die dir bestätigen, dass du auf dem richtigen Weg bist. Dann kann die letzte Schlacht geschlagen werden, und der Held erringt seinen Sieg: Er bekommt den Schatz, tötet den Drachen, entdeckt die Wahrheit, die er gesucht hat. Verwandelt macht er sich auf den Weg zurück nach Hause.

Die Rückkehr

Die Rückkehr ist nicht ohne Herausforderungen. Der Held möchte vielleicht gar nicht zu seinem Ausgangsort zurück. Manchmal ist das, was er findet, so wunderbar, dass er versucht ist, nicht zurückzukehren, und lieber für immer in dieser magischen Welt bleiben möchte. Im Leben kann das passieren, wenn man sich verliebt. Wenn man den »magischen Anderen« gefunden hat, verliert man das Interesse an allem anderen, außer dem Zusammensein mit diesem Menschen, und es kann verlockend sein, seinem alten Leben und seinen Verpflichtungen den Rücken zu kehren. Das kann auch dem Künstler passieren, der sich vor Ablehnung fürchtet und seine Kunst – den Schatz, den er gefunden hat – zum Schutz für sich behält. Dies ist ein negativer Umweg, denn die Reise ruft dazu auf, zurückzukehren, die gefundenen Schätze mitzubringen und sie der Gemeinschaft darzubringen.

DIE HELDINNENREISE

Für Frauen kann die Reise einen anderen Weg nehmen, wie die Jungsche Psychologin Maureen Murdock in ihrem Buch *The Heroine's Journey* (Der Weg der Heldin) darlegt. In ihrer klinischen Arbeit, so erklärte sie mir, wie auch in den Erfahrungen ihrer Freundinnen und ihren eigenen, stößt sie immer wieder auf eine andere Geschichte als die des Helden. Darin erkennt sie das, was sie »eine Wunde im Weiblichen« nennt.

Was ist diese Wunde? Es ist die Trennung von weiblichen Qualitäten, die Mädchen widerfährt, wenn sie versuchen, einem Ideal zu entsprechen, das die männliche Kultur und die Werte, die in den meisten heutigen Gesellschaften vorherrschen, von ihnen erwarten. Von Frauen wird heute verlangt, dass sie denselben Weg der äußeren Eroberung beschreiten, der von Männern schon immer erwartet wurde, wenn sie sich auf dem beruflichen Markt behaupten wollten. Frauen, die unbedingt erfolgreich sein wollen, opfern schon in jungen Jahren Eigenschaften wie Empfänglichkeit, Sensibilität, Einfühlungsvermögen, Intuition, Mitgefühl und Kreativität. Irgendwann wachen viele von ihnen auf, schauen sich um und fragen sich, ob all das, was sie erreicht haben (Status, Anerkennung, Reichtum), nicht zu einem zu hohen Preis erkauft wurde. Sie bedauern vielleicht nicht, was sie erreicht haben, aber sie verspüren einen ganz anderen Hunger: den Wunsch, still zu sein, zu atmen, ihren Leidenschaften nachzugehen und schließlich einen Weg zu finden, die Sehnsüchte ihrer Seele zu befriedigen. Nach der Beantwortung der Frage: »Was kann ich tun?« erscheint nun eine weitere Frage als eindringliches Flüstern: »Was *will* ich tun?«

Angesichts dieses Unbehagens begeben sich viele Frauen auf eine zweite Reise. Wenn die Reise des Helden voran und hinauf geht, geht die Reise der Heldin nach innen und hinab. Murdock sagt:

> Die Reise des Helden dreht sich um das Abenteuer: den Drachen zu töten, Anerkennung zu finden, die Göttin zu treffen. Für die Heldin

ist der erste Teil der Reise die Trennung vom Weiblichen, da in unserer Kultur der Schwerpunkt auf der Idealisierung des Männlichen liegt. In einer patriarchalischen Kultur wird das Individuum dazu angehalten, Kontrolle und Macht über sich und andere zu erlangen; immer noch die Drachen zu erschlagen, innerlich und äußerlich, und Anerkennung zu finden, eher äußerlich. Aber für uns Frauen ist das nicht die Antwort auf unsere Natur. Wir fragen uns: »Was ist aus meinem Wunsch geworden, zu schreiben, zu malen, zu tanzen?« Und dann erleben wir den Abstieg. Es entsteht also ein Bruch, wenn wir uns mehr darauf ausrichten, in der Welt erfolgreich zu sein, als auf unser tiefes Selbst zu hören.

Wenn diese zweite, spätere Lebensreise stattfindet, manifestiert sie sich oft als Berufung zur »universellen Mutterschaft«: eine Hingabe an Heilung, Pflege oder Beschirmung eines Teils der Welt, der der Fürsorge bedarf. Der Abschluss dieser zweiten Reise ist das Zusammenführen des Weiblichen mit dem Männlichen in einer Synthese der Kräfte, die die archetypische Psychologie »die heilige Ehe« nennt.

Auf dieser Suche sind die Frauen nicht allein: Auch die Männer sind auf der Suche nach dem Weiblichen, das ein Teil von ihnen ist. Diese Reintegration der beiden Bestandteile des Menschen ist eines der dringendsten Bedürfnisse der heutigen Gesellschaft. So formuliert es der Sufi-Mystiker Llewellyn Vaughan-Lee, Autor von *The Return of the Feminine and the World Soul* (Die Matrix des Lebens):

Wenn wir aus der Unterdrückung durch das Patriarchat erwachen, müssen wir das heilige Weibliche zurückgewinnen, sowohl für unsere individuelle Spiritualität als auch für das Wohlergehen des Planeten. Unsere ökologische Verwüstung deutet auf eine Kultur hin, die die Heiligkeit der Erde und der göttlichen Mutter vergessen hat und das tiefe Verständnis des Weiblichen für die Ganzheitlichkeit und Verbundenheit allen Lebens verleugnet.

Im persönlichen Leben der Männer gibt es auch einen Durst nach der Seele; und die Seele hat immer eine weibliche Qualität gehabt. Wie

Vaughan-Lee es ausdrückt: »Die uralte weibliche Gestalt der Welt-
seele, die geistige Präsenz in der Schöpfung, verbindet den eigenen
individuellen Weg mit dem der Welt.«

Auch wenn wir auf unterschiedlichen Wegen ankommen, ist die
Integration von Gegensätzen der Lohn für unsere Reise. Die wahre
Sehnsucht der Seele steht nie im Widerspruch zu den Wünschen und
Bedürfnissen der Gemeinschaft. Unsere Bestimmung zu entdecken
und den Mut zu haben, ihr zu folgen, ist die Aufgabe von Helden und
Heldinnen gleichermaßen.

WAS IST EIN ARCHETYP?

Aber worüber sprechen wir, wenn wir von »Helden« und »Heldinnen« sprechen? Sicherlich nicht von Comic-Helden oder Menschen,
die hauptberuflich Heldentaten vollbringen. Wir sprechen hier vom
»Archetyp« des Helden oder der Heldin. Platon, der griechische Philosoph aus dem fünften Jahrhundert, war der erste, der dieses Wort
verwendete, um die vollkommenen Formen zu bezeichnen, die hinter
den vielen Erscheinungsformen der physischen Welt liegen. Tausende
von Jahren später erweiterte Carl Gustav Jung den Begriff auf eine
Idee, ein Bild oder ein Verhaltensmuster, das im kollektiven Unbewussten vorhanden ist.

Das heißt, obwohl uns niemand erklärt hat, dass diese Kräfte oder
Muster existieren, erkennen wir sie, wenn wir sie sehen, und spüren ihre
Kraft, wenn sie in uns lebendig werden. Diese Energien werden in der
Literatur durch eine unendliche Anzahl von Gestalten repräsentiert,
und wir begegnen ihnen jeden Tag auf der Straße, im Büro und in un-
seren inneren Erfahrungen. Oder, wie Campbell es auf den ersten Seiten
von *Der Held in tausend Gestalten* stilsicher ausdrückt: »Die jüngste
Inkarnation von Ödipus, die Fortsetzung der Romanze von der Schö-
nen und dem Biest, steht heute Nachmittag an der Ecke 42nd Street und
Fifth Avenue und wartet darauf, dass die Ampel auf Grün schaltet.«

Wir können zum Beispiel die zwölf wesentlichen Archetypen
anführen, die die Jungianische Autorin Carol Pearson in *Awakening*

the Heroes Within (Die 12 seelischen Archetypen) erforscht. Diese sind: Der Unschuldige, der Waise, der Krieger, der Versorger, der Suchende, der Zerstörer, der Liebende, der Schöpfer, der Herrscher, der Magier, der Weise und der Narr. Jeder von ihnen verkörpert eine bestimmte Konstellation von Eigenschaften und eine Art, in der Welt zu sein.

Wir müssen in der Lage sein, in verschiedenen Lebensabschnitten und sogar zu verschiedenen Tageszeiten auf dieses Spektrum an Möglichkeiten zurückzugreifen. Es ist wichtig, ein guter Chef zu sein, wenn man bei der Arbeit ist und ein Team zu führen hat, aber man muss auch wissen, wie man den »Anzug« ablegt, wenn man sich mit einer Freundin auf einen Kaffee trifft. Wenn du nach Hause zu deinen wartenden Kindern kommst, möchtest du vielleicht mit der Fähigkeit des Versorgers in Kontakt treten, um für sie zu sorgen, oder mit der Gabe des Narren, launisch und albern zu sein. Ähnlich verhält es sich, wenn jemand deine Kinder oder jemand anderen, der dir wichtig ist, bedroht. Dann kommt wahrscheinlich die Wildheit des Kriegers zum Vorschein – auch wenn es dir normalerweise schwerfällt, selbst einem Pudel einen strengen Befehl zu erteilen.

Es ist wichtig, klarzustellen, dass diese Rollen nicht unbedingt mit dem Geschlecht korrelieren. Pearson sagt:

> Manche Frauen neigen von Natur aus dazu, Krieger und Suchende zu sein, und manche Männer sind trotz ihrer kulturellen Prägung eher Versorger und Liebende. Es geht darum, dass beide ihre Reise so antreten und ihren eigenen Weg finden, männlich oder weiblich zu sein, und schließlich zu einer positiven Art von Androgynität gelangen, bei der es keineswegs um eingeschlechtliches, kastriertes Verhalten geht, sondern darum, die Gaben zu gewinnen, die beide Geschlechtsenergien und -erfahrungen uns zu bieten haben.

Was musst du also über diese Charaktere wissen, die du in dir trägst? Wie wäre es, wenn du sie in Aktion betrachten könntest, in dir selbst und in anderen, und wenn du eine bewusste Verbindung zu ihnen

herstellen könntest, um das Beste, was sie dir bieten können, heraus-
zuholen, wenn du es brauchst, indem du ihre Rollen effektiv ausfüllst?
Wenn du umgekehrt ihr Dasein ignorierst, ist es sehr gut möglich,
dass sie durch dich handeln. Es ist etwas ganz anderes, sich zu entscheiden, für eine gute Sache zu kämpfen, oder zu wissen, wie man
seinen inneren Krieger ausdrückt, wenn es angebracht ist, als von
einem Gewaltausbruch überrascht zu werden, von dem man nicht
einmal wusste, dass man dazu in der Lage ist. Es ist nicht dasselbe,
seine liebevolle Energie bewusst einzusetzen und den Liebhaber im
Inneren auszuleben als ein Serienverführer zu werden.

Es ist gut zu wissen, dass wir alle Helden sein können, dass wir alle
weise sein können, dass wir alle zu jeder Zeit Schöpfer sein können;
dass aber niemand der Held, der Weise, der Schöpfer ist.
   Je mehr Rollen und Energien du zur Verfügung hast, desto reicher
wird dein Leben sein. Wenn du bisher zum Beispiel als Waisenkind,
als Unschuldiger oder als Versorger agiert hast, ist es wichtig zu wissen, dass dir, weil du ein Mensch bist, eine viel größere Bandbreite an
Möglichkeiten zur Verfügung steht.

Eine schöne Frage

Eine der wirksamsten Methoden, das eigene Leben zu reflektie-
ren und in einem größeren Zusammenhang zu betrachten, ist die
Selbsterforschung. Der bereits erwähnte Sam Keen, der zusammen
mit Campbell persönliche Mythologie-Workshops gegeben hat, sagt
gerne, dass seine wichtigste spirituelle Praxis darin besteht, Fragen zu
stellen. Natürlich nicht irgendeine Frage, sondern »die großen mythischen Fragen, auf die es niemals endgültige Antworten geben kann«.
   »Die schönste Antwort ist immer die, die eine noch schönere Frage
stellt«, schrieb der Dichter E. E. Cummings. Hier sind einige schöne
Fragen, die Keen vorschlägt:

Fragen, die wir auf unserer Reise stellen sollten

- Wohin gehe ich?
- Worum geht es in meinem Leben?
- Was ist mir wichtig?
- Was gibt mir ein Gefühl der Sinnhaftigkeit?
- Was ist mir heilig, von höchster Bedeutung und sinnvoll für mich?
- Was sind meine tiefsten Sehnsüchte?
- Wo stehe ich jetzt auf meiner Lebensreise?
- Wer hat mir die Landkarte gegeben, der ich bis jetzt gefolgt bin?
- Wer hat Erfolg und Glück für mich definiert?
- Habe ich das Abenteuer vergessen, das ich mir eins vorgenommen hatte, die Träume, die mich geleitet haben?
- Wenn ich mich verzettele, engstirnig werde, mich in den Kleinigkeiten des Alltags verliere, wie finde ich dann den Weg aus dem Wald heraus?

Die Mythologin Dawna Markova stellt auch Fragen, die darauf abzielen, Lebensbereiche zu beleuchten, in denen neue Mythen auftauchen könnten.

Fragen, die man stellen kann, um herauszufinden, welcher neue Mythos geboren werden soll

- Wofür setzt du dich in deinem jetzigen Leben ein?
- Wem oder was dienst du?
- Wofür ist es zu früh, zu spät oder genau der richtige Zeitpunkt?

- Was bringt gerade jetzt Schönheit in dein Leben?
- Worauf legst du wert?
- Wovon fühlst du dich bei anderen angezogen?
- Wie hättest du diese Fragen in der Vergangenheit beantwortet?
- Wie würdest du diese Fragen in Zukunft gerne beantworten?
- In welchen Bereichen deiner gegenwärtigen Realität findest du Sicherheit?
- In welchen Bereichen gehst du Risiken ein?
- Welche Aspekte von dir sind versteckt oder schlummern?
- Was erkundest du?
- Was bringst du anderen bei?
- Was kultivierst du?
- Was erweitert sich gerade in deinem Leben?
- Was baut sich ab?
- Was würdest du gerne sein?
- Was hält derzeit dein Leben zusammen?
- Wenn dein Herz in diesem Moment sprechen könnte, was würde es dir zuflüstern?

Die Einladung des Berggipfels besteht darin, mit neuen Augen zu sehen, aber auch entsprechend zu handeln. Wenn wir wissen, dass ein größeres Leben auf uns wartet, müssen wir entschlossen in die Richtung dieser Herausforderung gehen.

Campbell unterrichtete jahrzehntelang am Sarah Lawrence College in den USA, als es noch ausschließlich Frauen vorbehalten war. Als er zu lehren begann, hatten die meisten seiner Studentinnen keine anderen Ambitionen, als gute Ehemänner zu finden und gute Ehefrauen zu werden. Mit seinen Worten inspirierte er sie, von Größerem zu träumen, und im Gegenzug halfen sie ihm – durch ihre aufrichtigen Fragen –, seine hochfliegenden Ideen in Weisheiten für das tägliche Leben zu verwandeln. Ihnen und allen anderen, die seinen Appell vernahmen, aber nicht den Mut hatten, ihm zu folgen, widmete er diese Worte der Ermutigung:

Wir müssen das Abenteuer nicht allein wagen, denn die Helden aller Zeiten sind uns vorausgegangen. Das Labyrinth ist hinlänglich bekannt [...] wir müssen nur dem Faden des Heldenweges folgen. Und wo wir eine Abscheulichkeit zu finden glaubten, werden wir einen Gott finden. Und wo wir vermeinten, einen anderen erschlagen zu müssen, werden wir uns selbst erschlagen. Wo wir vermeinten, in die Ferne zu reisen, werden wir in das Zentrum unserer eigenen Existenz gelangen. Und wo wir vermeinten, allein zu sein, werden wir mit der ganzen Welt sein.

DER SUMPF

Nimm deinen Schatten an

Wenn du hervorbringst, was in dir steckt, wird das,
was du hervorbringst, dich retten.
Wenn du nicht hervorbringst, was in dir steckt, wird das,
was du nicht hervorbringst, dich zerstören.
Thomas-Evangelium

Wer hat schon einmal einen Schatten gesehen,
der von seinem Licht getrennt war?
Rumi

Der smaragdgrüne Teppich, der die Stämme der Eichen und Pappeln umschmiegt, lädt uns ein. Vertrauensvoll setzen wir einen Fuß darauf, doch er sinkt ein. Bevor wir nachdenken können, tun wir einen weiteren Schritt, und es geschieht erneut. Plötzlich begreifen wir: Der Boden war gar kein Boden, sondern Wasser, bedeckt mit Schwimmpflanzen und Moosen. Ehe wir uns versehen, stehen wir knietief im Sumpf, und je mehr wir uns abmühen, herauszukommen, desto tiefer sinken wir ein. Alles deutet darauf hin, dass wir hier noch eine ganze Weile bleiben werden. Wo haben wir den falschen Weg eingeschlagen, dass wir jetzt hier feststecken?

Die Antwort lautet: nirgends. Der Sumpf ist nicht aufgetaucht, weil wir den falschen Weg eingeschlagen haben; er ist ein Teil der Landschaft, die wir auf unserem Lebensweg immer wieder durchqueren müssen. Seine Tiefen sind nicht bösartig, sie überraschen uns nur. Das ist die Natur dieses Teils unserer Psyche, den C. G. Jung »den Schatten« nannte.

Während Sigmund Freud bereits begonnen hatte, das Konzept des Schattens zu erforschen, fügte Jung (der sein Schüler war, bevor er aus der Reihe tanzte) ihm weitere Schichten und Tiefen hinzu. Er schrieb ihm auch positive und kreative Aspekte zu und verlieh ihm einen anderen Status, indem er ihn als einen der wichtigsten Archetypen des kollektiven Unbewussten betrachtete.

WAS IST DER SCHATTEN?

Er ist die Gesamtheit von psychischen Inhalten, die wir nicht in unser Bewusstsein lassen wollen oder können. Wie kommt es zu diesem Phänomen? Schauen wir mal.

Wir alle kommen als Ganzes auf diese Welt. Als Babys kann unser psychischer Apparat noch nicht zwischen Objekten, Formen, Menschen, dem Selbst und der Welt unterscheiden. Aber es dauert nicht lange, bis wir diese Fähigkeit entwickeln, und so werden wir in eine Welt voller Widersprüche geworfen.

Der Prozess der kulturellen Anpassung zementiert diese Widersprüche und trennt für immer das Gute vom Bösen, das Wertvolle vom Wertlosen, das Schöne vom Schrecklichen. Wir lernen bald, dass wir Dinge tun oder sagen können, die bei unseren Eltern Liebe auslösen und ihre Anerkennung finden, und Dinge, die ihren Zorn und ihre Missbilligung hervorrufen.

Der Dichter und Essayist Robert Bly schreibt in seinem Buch *A Little Book on the Human Shadow* (Der Schatten), dass die abgelehnten Teile von uns, wenn wir erwachsen werden, in einen Sack geworfen werden, den wir hinter uns herziehen. Wenn wir als Kinder Ermahnungen hören wie: »Tu das nicht«, »Sag das nicht«, »Fühl das nicht« und Grundsätze wie »Mädchen schreien nicht« und »Jungen weinen nicht«, dann landen Emotionen wie Wut, Frustration und Trauer sowie eine Vielzahl von Impulsen, Wünschen und Gefühlen aller Art in diesem schweren Rucksack.

Bly erinnert sich, dass er und sein Zwillingsbruder, als sie zwölf Jahre alt waren, in ihrer Heimatstadt Madison, Minnesota, unter dem Spitznamen »die netten Bly-Jungs« bekannt waren. »Unsere Säcke waren schon eine Meile lang«, sagt der Autor. Hinzu kommt, dass die Verbote und Anweisungen, die den Schatten erzeugen, nicht nur von Erwachsenen kommen, sondern auch von Gleichaltrigen und mit der Zeit von uns selbst.

Die Emotionen, die sich im Schatten befinden, sind in der Regel die kränkenden oder schmerzhaften, aber auch Qualitäten, die einer Person einfach nicht »zur Verfügung« standen, weil sie einem anderen Familienmitglied vorbehalten waren (zum Beispiel »meine Schwester ist die Begabte«), sowie solche, die ein Familiengeheimnis enthüllen oder ein empfindliches soziales Gleichgewicht stören könnten (wie Neugier oder Rebellion), gehören in diesen Sack. Ebenso können Männer (vor sich selbst und anderen) ihre weiblichen und Frauen ihre männlichen Aspekte verbergen.

Daher enthält der Sack auch den »goldenen Schatten«, wie Jung die positiven Eigenschaften oder Gaben nannte, die wir nicht entwickeln durften oder die wir nicht einmal als unsere eigenen erkannt haben. Jemand konnte zum Beispiel seiner musikalischen Berufung nicht nachgehen, weil er in einer Familie aufgewachsen war, die sportliche oder intellektuelle Leistungen über alles andere gestellt hatte. Jemand anderes ist vielleicht nicht in der Lage, als Erwachsene Zärtlichkeit zu empfinden oder auszudrücken, weil in ihrer Familie Härte bewundert und anerkannt wurde; oder ihre Fähigkeit, Freude zu empfinden, wurde vielleicht durch ein Umfeld unterdrückt, das Ernsthaftigkeit oder sogar Melancholie bevorzugte.

Dennoch sind unsere Rucksäcke meist voll mit schwierigen Emotionen (die manchmal fälschlicherweise als »negativ« bezeichnet werden), etwa Angst, Wut, Traurigkeit, Schuld, Scham, Eifersucht, Neid und Verbitterung. Wie der argentinische Psychologe Norberto Levy in seinem bahnbrechenden Buch *La sabiduría de las emociones* (Die Weisheit der Emotionen) erklärt, haben diese Emotionen nichts mit Negativität zu tun. Sie sind hochfunktionale Warnmechanismen, die uns auf das hinweisen , was uns fehlt, was uns beeinträchtigt oder beunruhigt, und sie geben uns die Möglichkeit, dies zu korrigieren. So überbringt etwa der Ärger die Nachricht, dass etwas oder jemand eine wichtige Grenze überschritten hat. Angst warnt dich vor einer wahrgenommenen Bedrohung, von der du glaubst, nicht die Kraft zu haben, sie zu bewältigen. Traurigkeit spiegelt einen Verlust (in der Vergangenheit, Gegenwart oder Zukunft) wider, der deine Aufmerksamkeit erfordert. Neid ist die plötzliche und schmerzhafte Erinnerung an einen Mangel. Diese Emotionen sind uns unangenehm, und wenn wir sie zum Ausdruck bringen, setzen wir uns oft einem gewissen Maß an sozialer Missbilligung aus.

Je nach unserer Erziehung fällt es uns leichter, bestimmte Gefühle zu empfinden und auszudrücken als andere, und so verstecken wir diejenigen, die uns peinlich sind, hinter anderen, die eher akzeptabel sind. So kann sich Wut als Traurigkeit ausgeben; ein »unangebrachter« Wunsch kann als Angst getarnt werden; Groll darüber, dass man uns um etwas bittet, was wir nicht tun wollen, kann sich als Schuldgefühl manifestieren; Feindseligkeit kann in Angst verwandelt werden; und »Ich will (etwas) nicht tun« kann als »Ich kann nicht« erscheinen. In ähnlicher Weise kann unterdrückte Selbstbestätigung als passiv-aggressives Verhalten ans Licht kommen; gehemmte Sexualität kann sich als Puritanismus zeigen (oder im entgegengesetzten Extrem als gestörtes Sexualverhalten) und unterdrückte Zärtlichkeit kann zu Frauenfeindlichkeit mutieren (oder zur Ablehnung jeder Form von Empfindsamkeit oder Verletzlichkeit).

Gelegentlich können diese schattenhaften Emotionen und Qualitäten in heftiger Weise zum Ausdruck kommen. Es ist wichtig zu verstehen, dass dies nicht so sehr die eigentliche Verderbtheit der ursprünglichen Emotion widerspiegelt als vielmehr die Kraft der Verdrängung, die das Ego ausübt. »Der Schatten ist nur dann gefährlich, wenn man ihm nicht die gebührende Aufmerksamkeit schenkt«, so Jung. Und weiter: »Jeder Mensch trägt einen Schatten in sich, und er ist um so schwärzer und dichter, je weniger er im bewussten Leben des Einzelnen verkörpert ist.«

Was das Bewusstsein vermeidet, zeigt der Körper, und so zeigen sich unsere Schatten auch in Form von körperlichen Symptomen (Zähneknirschen, Magenschmerzen, Kopfschmerzen), psychischen Merkmalen (Schuldgefühlen, Phobien, Neurosen, Depressionen, Zwangsvorstellungen) und neurotischen Verhaltensweisen (selbstverschuldete Unfälle, schlechte Entscheidungen, Selbstsabotage).

PROJEKTION: EIN SCHLÜSSEL ZUM ERKENNEN DES SCHATTENS

Einer der wichtigsten Mechanismen, durch den sich der Schatten ausdrückt, ist die Projektion. Was bedeutet das? Es bedeutet, dass du einen Aspekt deiner eigenen Psyche oder Persönlichkeit, den du nicht sehen, erkennen oder akzeptieren kannst – mit anderen Worten, den du nicht wahrhaben willst –, auf einen anderen Menschen überträgst. Wenn du diese Eigenschaft bei anderen wahrnimmst, löst das in dir eine starke – positive oder negative – Reaktion aus, ohne dass du erkennst, dass sie von dir selbst ausgeht.

Wenn du zum Beispiel hart zu dir selbst bist und eine Frau siehst, die sich an einem Wochentag sonnt, würdest du dich ärgern und denken: »Wie kann sie nur so faul sein?« Wenn es dir schwerfällt, deine Wut auszudrücken, würdest du dich über Menschen empören, die kein Problem damit haben, ihre Grenzen zu setzen. Wenn du dein Licht unter den Scheffel stellst, würde es dich stören, wenn jemand seine eigenen Tugenden ohne Vorbehalt dartut. Wenn du deine weiblichen Qualitäten in deinen Schatten verbannt hast, hast du vielleicht eine unbewusste Abneigung gegen Frauen oder umgekehrt eine unangemessene Bewunderung für Frauen, die stereotyp weiblich sind (und das gleiche umgekehrt, wenn es deine männlichen Eigenschaften sind, die sich im Schatten befinden).

Dieser Mechanismus schafft falsche Feinde und stößt uns von den Menschen ab. Wir sehen den Einzelnen nicht als solchen (komplex, vielschichtig, einzigartig), sondern als Vertreter einer Gruppe: »die Angeber«, »die Leichtsinnigen«, »die Vulgären«, »die Autoritären« und so weiter. Diese Art der pauschalen Verurteilung kann auch ein Kollektiv treffen: Künstler, Hippies, Reiche, Angehörige einer bestimmten Ethnie, Abstammung oder Kultur.

Einige Anthropologen spekulieren sogar, dass das, was wir als »böse« betrachten, das Ergebnis unserer natürlichen Aggressivität sein könnte, die durch übermäßige Zivilisierung in den Untergrund gedrängt wurde; mit anderen Worten: durch die Unterdrückung unserer inneren Wildheit. Die Jungsche Psychoanalytikerin Marie-Louise von Franz weist jedoch darauf hin, dass indigene oder eingeborene Völker ihrerseits andere eigene Schattenseiten haben, wie Selbstbestimmung, Individualität und Gedankenfreiheit. Tatsache ist, dass alles, was Substanz hat, auch einen Schatten hat.

Ein Extremfall der Projektion ist die so genannte »Hexenjagd«. Diese beginnt, wenn ein Mensch oder ein Teil der Gesellschaft eine dunkle Eigenschaft ihrer Psyche ablehnt und verleugnet, die niemandem je ganz fehlt: zum Beispiel die Schadenfreude, das Vergnügen, das durch das Unglück eines Rivalen verursacht wird; ein unangemessenes sexuelles Verlangen; oder ein relativ unschuldiger, aber etwas verdrehter oder abwegiger Impuls oder Wunsch.

Ken Wilber, der Begründer der integralen Theorie, erklärt:

Wir alle haben eine dunkle Seite. Aber »dunkle Seite« bedeutet nicht »schlechte Seite«; es bedeutet nur, dass wir ein kleines schwarzes Herz haben (»Das ist ein kleines bisschen der Diebstahl in jedermanns Herz«), was, wenn wir uns dessen bewusst sind und es akzeptieren, dem Leben viel Würze verleiht.

Nach der hebräischen Tradition, so Wilber, hat Gott diese dunklen Launen in die Herzen der Menschen gelegt, damit sie nicht an Langeweile zugrunde gehen. Dem könnten wir hinzufügen, dass sie auch unseren Werturteilen und Entscheidungen einen Sinn geben. Welchen Wert hätte das Bemühen, gut zu sein, für uns, wenn das Gute unsere einzige Option wäre?

Eine Hexenjagd findet statt, wenn eine mächtige Gruppe von Menschen – oder eine ganze Gesellschaft – das dringende Bedürfnis verspürt, bestimmte Impulse zu leugnen. Sie können nicht zugeben, dass diese Impulse in ihnen selbst existieren und dass sie nach Ausdruck verlangen. Dann entsteht folgendes: Sie glauben, dass sie diese Triebe nicht haben, spüren aber, dass sie sich manifestieren, und schließen daraus, dass jemand anderes dafür verantwortlich sein muss. Es wird dringend notwendig, den Besitzer des »kleinen schwarzen Herzens« durch eine Hexenjagd zu finden und zu beseitigen. Ohne einen Schuldigen von außen müssten sie sich der Tatsache stellen, dass die störenden Gefühle ihre eigenen sind. Zugleich erinnern die Adressaten der Projektion (die Ziele der Hexenjagd) ständig an die verabscheute Eigenschaft oder den verabscheuten Impuls und werden dadurch noch abstoßender.

Die Gefahr, die von einem solchen Maß an Unterdrückung ausgeht, zeigt sich in den zahlreichen Verfolgungen, denen Menschengruppen im Laufe der Geschichte ausgesetzt waren: die römische Christenverfolgung, die Hexenprozesse, die Verfolgung von Afroamerikanern durch den Ku-Klux-Klan, die Vernichtung der Juden in Nazideutschland, die ständige Verfolgung von Minderheiten wie Homosexuellen und von traditionell benachteiligten Bevölkerungsgruppen wie Frauen.

Auf einer profaneren Ebene zeigt sich diese Neigung in der alltäglichen, »unschuldigen« Liebe zum Klatsch und Tratsch. Das »kleine schwarze Herz« schlägt entzückt, wenn geflüsterter Schmäh die Runde macht, und es wird dies so lange tun, bis wir bereit und fähig sind, es als das zu erkennen, was es ist. Wo es Hass, Vorurteile, Häme gibt oder Vergnügen durch die Beschimpfung oder Herabsetzung einer Person oder Gruppe auftritt, müssen wir vermuten, dass der anstößige Charakterzug in gewissem Maße zu demjenigen gehört, der ihn verurteilt.

Die ersten 20 Jahre unseres Lebens verbringen wir damit, zu entscheiden, welche Teile unserer Psyche wir in unseren Sack packen sollen, sagt Bly, und den Rest damit, zu versuchen, diese Last wieder loszuwerden. Die Wahrheit ist, dass dein Schatten immer auf der Suche nach dir ist: Er zeigt sich spontan in Träumen, in der Kunst, die du schaffst, in verbalen Entgleisungen, in unerklärlichen Verhaltensweisen. Jedes Mal, wenn solche Dinge passieren, bietet sich dir erneut eine Gelegenheit, deinen Schatten zu sehen, ihn wiederzuerkennen und seine negative Ladung zu neutralisieren.

Die ersten Kontakte mit deinem Schatten können zumindest beunruhigend sein. Wenn du auf eine der folgenden Übungen mit Angst reagierst, ist es von Vorteil, wenn du dich mit Unterstützung eines guten Therapeuten mit dem auseinandersetzt, was auftaucht. Du kannst den Inhalt des Schattens auch mit Hilfe eines vertrauenswürdigen Freundes erforschen oder mit einer Gruppe arbeiten. Wichtig ist, dass du den für dich besten Weg frei wählst. »Mein Gemüt ist ein Viertel, in das ich möglichst nicht allein gehe«, bekennt die Schriftstellerin Anne Lamott.

Ein Wort der Vorsicht: Bilde dir nicht ein, dass du deinen Sack ein für alle Mal leeren kannst; es liegt in der Natur der Psyche, im Laufe des Lebens Schatten zu erzeugen. Aber wenn du es wagst, jedes Mal ins Wasser hineinzuwaten, wenn dich etwas belastet, bedrängt oder bedrückt, dann betreibst du die bestmögliche emotionale Hygiene und kannst verhindern, dass du im Sumpf versinkst.

Und nicht nur das: Sich des Sumpfes bewusst zu sein, macht einen ganz, verlässlich, echt und frei. Jung sagte: »Man wird nicht erleuchtet, indem man sich Lichtgestalten vorstellt, sondern indem man sich die Dunkelheit bewusstmacht. Das letztere Verfahren ist aber unangenehm und daher nicht populär.« Diese unpopuläre Aufgabe kann das transformativste Abenteuer deines Lebens sein.

Übungen zur Rückgewinnung von Qualitäten aus dem Schatten

Ermahnungen

Die alten Griechen haben im Tempel des Apollo in Delphi zwei Maximen eingraviert: »Erkenne dich selbst« und »Nichts im Übermaß.« Beides sind Ermahnungen, den eigenen Schatten zu beobachten und zu erkennen. Eine Möglichkeit, Projektionen zu erkennen, besteht darin, nach den Exzessen zu suchen, zu denen du neigst: was dich besonders stört (was andere nicht unbedingt stört), und zwar in einer Weise, die du rational nicht erklären kannst. Oder, im entgegengesetzten Fall, was dich an Menschen, die du bewunderst, befangen oder neidisch macht (ein Zeichen des goldenen Schattens: positive Eigenschaften, die du an dir selbst noch nicht erkennen kannst).

Wenn du deine besondere »übermäßige« Emotion identifiziert hast, kannst du dich fragen, inwieweit diese Eigenschaften in dir vorhanden sind, wenn auch in einer abgeschwächten Form. In den zu Beginn dieses Abschnitts erwähnten Beispielen – von Faulheit bis Prahlerei – besteht die Aufgabe vielleicht nicht darin, ein Faulenzerleben zu führen oder ständig die Aufmerksamkeit auf sich lenken, sondern es sich auch einmal zu erlauben, sich auszuruhen oder seine Begabungen und den eigenen Wert ohne falsche Bescheidenheit einzugestehen.

Das 3-2-1-Verfahren

Dieses Verfahren, das von Ken Wilber und seinen Mitautoren in *Integral Life Practice* (Integrale Lebenspraxis) empfohlen wird, ist eine dreistufige Methode, um die Projektion rückgängig zu machen, mit der wir unbewusst unsere eigenen unerwünschten Eigenschaften auf eine andere Person übertragen.

Hier ein Beispiel, wie eine Projektion unangenehme psychische Inhalte aus dem Bewusstsein entfernen kann:

1 Eine Angestellte ist wütend auf ihren Chef. Sie kann nicht lange wütend sein, denn wenn sie ihre Wut aufstaut oder zum Ausdruck bringt, würde das ihren Arbeitsplatz gefährden.

2 Unbewusst projiziert sie ihre Wut auf ihren Chef, und nun denkt sie, dass es ihr Chef ist, der wütend ist.

3 Wenn sie weiter versucht, sich vor der störenden Emotion zu schützen, könnte sie diese als eine zweite, nicht authentische Emotion, etwa Traurigkeit, erleben, die an ihre Stelle tritt; in ihrer Vorstellung ist sie also nicht wütend, sondern deprimiert.

Die Projektion ist nun abgeschlossen: Der Ärger ging von ihr auf ihren Chef über, dann auf niemanden mehr. Die Projektion wurde »erfolgreich« aus ihrem Bewusstsein entfernt. Nur passierte das nicht wirklich, und ihre Projektion wird sie weiter in versteckter Form beeinflussen.

Dies ist das empfohlene Verfahren, um die Projektion rückgängig zu machen:

Schritt 1 Beschreibe die Situation. Zum Beispiel: X nervt mich, weil er neidisch und ein Konkurrent ist. Er zieht immer die Aufmerksamkeit auf sich, und das macht mich verrückt.

Schritt 2 Führe einen imaginären Schriftwechsel mit X. Zum Beispiel:
Ich: Warum gierst du immer nach Aufmerksamkeit?
X: Ich teile nur das mit, was ich zu sagen habe. Warum stört dich das?
Ich: Es ist nicht nötig, dass alle Welt weiß, was du tust…
X: Warum nicht? Wem tue ich weh?
Ich: Ich denke, wir müssen alle bescheidener sein…
X: Wer sagt, dass es unbescheiden ist, zu zeigen, was man tut? Und wer sagt, dass wir alle bescheiden sein müssen?

Und so weiter, bis sich die Wurzel des Konflikts offenbart.

Schritt 3 Verinnerliche die Eigenschaft, die den Konflikt verursacht: »Ich bin auch wettbewerbsorientiert und möchte meine Fähigkeiten und Qualitäten von Zeit zu Zeit herausstellen, damit andere Menschen sie anerkennen und bewundern können.«

Die erste Reaktion auf diesen letzten Schritt ist in der Regel Unbehagen (schließlich handelt es sich genau um die Qualität, die du vor deinem Bewusstsein zu verbergen versuchtest).

Wenn du jedoch dranbleibst und dich angesichts dieses Unbehagens entspannst, stellt sich normalerweise ein Gefühl der Erleichterung und Befreiung ein. Du hast gerade ein kleines Stück von dir selbst zurückgewonnen.

In einer verkürzten Version kannst du dich abends vor dem Einschlafen fragen: »Was hat mich heute zu einer unverhältnismäßigen Reaktion veranlasst? Was hat mich gestört? Oder was hat mich fasziniert?« Auf diese Weise kannst du das, was du an diesem Tag aus deinem Bewusstsein verdrängt hast, zurückholen.

Die Arbeit mit deinen Projektionen kann Widerstände auslösen, aber schließlich wirst du das Gefühl haben, etwas Schweres, das du mit dir herumträgst, abgelegt zu haben. Du wirst dich weniger steif und eingeengt, menschlicher und vollständiger fühlen. Und das Beste daran ist, dass du die freigewordene Energie nutzen kannst, um etwas Neues und Schöpferisches zu tun.

VOM MANDALA ZUR MANDORLA

Wir haben bereits gesagt, dass wir sehr früh in der Kindheit lernen, das Leben in »positive« und »negative« Ereignisse und Phänomene einzuteilen: hell – dunkel, Gesundheit – Krankheit, gut – schlecht, Leben – Tod. Die ersteren streben wir an, als ob wir unerwünschte Eigenschaften mit einem Schlag auslöschen könnten.

Erschwerend kommt hinzu, dass wir dazu neigen, diese Gegensätze als gegensätzlich (weiß – schwarz, oben – unten, rechts – links) und nicht als sich ergänzend anzusehen. Wenn sie tatsächlich widersprüchlich wären, müssten wir eine klare Trennlinie zwischen dem einen und dem anderen ziehen können. Doch wer kann den genauen Zeitpunkt nennen, an dem der Tag zur Nacht wird oder die Gesundheit zur Krankheit?

In seinem Buch *Owning Your Own Shadow: Understanding the Dark Side of the Psyche (Den eigenen Schatten anerkennen: Die dunkle Seite der Psyche verstehen)* weist der Jungianische Analytiker Robert A. Johnson darauf hin, dass die Menschen des Westens von zwei gegensätzlichen Wertesystemen in unterschiedliche Richtungen gezogen werden: säkulare und religiöse. Die erste Gruppe umfasst Werte wie Tun, Gewinnen, Empfangen, Entscheiden, Besitzen, Essen, Sexhaben. Die zweite umfasst die Komplementäre: Sein, Verzicht, Geben, Gehorsam, Mangel, Fasten, Enthaltsamkeit.

Wenn man sich für eine Werteordnung auf Kosten der anderen entscheidet, verletzt man seine Integrität. »Der Fehler«, sagt Johnson, »ist, dass wir die ursprüngliche Bedeutung des Begriffs ›Religion‹ vergessen haben: re (neu) ligare (vereinen).« In seinen Worten:

Die religiöse Fähigkeit ist die Kunst, die Gegensätze zu nehmen und sie wieder zusammenzubringen, die Spaltung zu überwinden, die so viel Leid verursacht hat. Sie hilft uns, vom Widerspruch – von jenem schmerzhaften Zustand, in dem die Dinge einander widersprechen – in den Bereich des Paradoxen zu gelangen, in dem wir in der Lage sind, zwei widersprüchliche Vorstellungen gleichzeitig zuzulassen und ihnen die gleiche Wertschätzung zuzubilligen. Dann, und nur dann, besteht die Möglichkeit der Gnade, der spirituellen Erfahrung von Widersprüchen, die in ein kohärentes Ganzes gebracht werden und uns eine Einheit geben, die größer ist als die Summe der Teile.

Durch das Paradoxon können wir den heiligen Wert des Gebens und auch die Notwendigkeit des Empfangens verstehen; das Bedürfnis zu tun, und das Bedürfnis, im Sein zu ruhen. Das Wissen, dass wir komplementäre Gegensätze brauchen, ermöglicht uns, zu verstehen, dass wir, wenn wir die Waage zu sehr in eine Richtung neigen, eine (wenn auch symbolische) Bewegung in die andere Richtung machen müssen, um das Gleichgewicht wiederherzustellen.

Wenn der Widerspruch uns Menschen zur Dissoziation verdammt, ist das Paradoxon ein Tanz, der Raum für Geheimnis und Lebendigkeit schafft.

In einem anderen Buch, *Living Your Unlived Life: Coping with Unrealized Dreams and Fulfilling your Purpose in the Second Half of Life (Lebe dein ungelebtes Leben: Unerfüllte Träume bewältigen und die eigene Bestimmung in der zweiten Lebenshälfte verwirklichen)* gibt Johnson uns ein perfektes Bild für die heilende Natur des Paradoxen.

Fast jeder von uns hat schon einmal vom Mandala gehört, einem aus Indien und Tibet stammenden Symbol, das mit seiner Kreisform und seinem klar abgegrenzten Zentrum die Ganzheit darstellt. Weniger vertraut ist uns ein verwandtes Symbol westlichen, insbesondere christlichen Ursprungs: die Mandorla.

Eine Mandorla ist ein ovaler Rahmen in Form einer *vesica piscis* (»Fischblase«), ein Symbol, das aus zwei sich überschneidenden Kreisen besteht, die die Vereinigung von Gegensätzen darstellen und oft die Figur Christi, der Jungfrau, eines Heiligen oder eines Propheten enthalten; sie wurden in der romanischen und byzantinischen Kunst häufig verwendet.

Eine Mandorla symbolisiert die Vereinigung von Himmel und Erde, von Gut und Böse; Leben und Tod kommen in ihr zusammen und bieten dem Betrachter die mystische Erfahrung der Einheit oder Integration. »Wenn die größten Anstrengungen und die beste Disziplin die schmerzhaften Widersprüche des Lebens nicht mehr in Schach halten, brauchen wir alle die Mandorla«, meint Johnson.

Sein Buch bietet Übungen, wie wir dieses Bild in unserem Leben nutzen können.

Übungen zur Integration

Polaritäten vereinen

- Wähle einen (scheinbar) unüberbrückbaren Gegensatz im Leben, an dem du arbeiten willst. Zum Beispiel: Arbeit und Freizeit, Liebe und Macht, Verpflichtung und Spontaneität.
- Nimm ein Blatt Papier und zeichne auf eine Seite ein Bild, das einen der beiden Pole des von dir gewählten Gegensatzes darstellt.
- Zeichne auf der anderen Seite des Blattes den Gegenpol. Wenn du merkst, dass du dich deines Kunstwerks nicht sicher bist, versuche, mit deiner nicht-dominanten Hand zu zeichnen. Das Wichtigste ist, loszulassen und nicht zu denken.
- Beachte, wie sich die beiden Polaritäten auf den gegenüberliegenden Seiten des Papiers gegenüberstehen. Stelle dir vor, wie diese Bilder miteinander verschmelzen oder kombiniert werden könnten.
- Zeichne auf einem anderen Blatt eine Form der Interaktion zwischen den Bildern auf den beiden Seiten. Es könnte ein Zusammenstoß, ein Dialog oder eine Art Kommunikation auf Distanz sein.
- Lasse auf einem dritten Blatt den Dialog sich weiterentwickeln. Wenn ein Bild der Synthese auftaucht, schau dir den Seelenzustand an, der es hervorgebracht hat. Überlege dann, wie sich dieses neue Bild in deinem Leben manifestieren könnte.

Ritualisierung von Konflikten

Man kann Qualitäten, die normalerweise unbeachtet bleiben, durch einen kleinen symbolischen Akt würdigen. Johnson erinnert sich an den Fall eines Paares, das er zu beraten pflegte und das an den Wochenenden nicht aufhören konnte, sich heftig zu streiten. Nach einer Analyse der Ursachen ihres ungelösten Streits verordnete Johnson die folgende Übung.

Sie sollten jeden Samstag mit einem Ritual beginnen: Sie trafen sich zu einer festgelegten Zeit im Wohnzimmer, begrüßten sich mit einer

Verbeugung und ließen dann zehn Minuten lang ihrer Feindseligkeit freien Lauf, indem sie sich gegenseitig mit Moosgummistöcken schlugen. Am Ende mussten sie sich noch einmal voreinander verbeugen, die Stöcke im Schrank verstauen und ihr Wochenende beginnen. Ein heiliges Mittel! Das Paar konnte endlich seine gemeinsame Zeit in Ruhe genießen. Welche war die Erklärung für diese Magie? Es hat zum einen mit der Macht des Rituals zu tun (siehe »Das Feuer«) und zum anderen damit, der Krieger-energie Raum zu verschaffen, die zwischen ihnen knisterte, sich jedoch auf schädliche Weise Bahn brach. Der Ritus war eine Art, Ares Tribut zu zollen, dem griechischen Kriegsgott und einer der vielen Inkarnationen des Krieger-Archetyps.

Wertschätzung des Verleugneten

Eine andere Möglichkeit, unsere Gegensätze zu integrieren, besteht darin, eine Eigenschaft aus der Liste der »unerwünschten« Emotionen oder Ver-haltensweisen auszuwählen und einen Weg zu finden, sie zum Ausdruck zu bringen, ohne der gegenteiligen Eigenschaft zu schaden oder sie zu stören. Und wie? Indem man sie tanzt, als Geschichte aufschreibt, sie ver-brennt oder vergräbt – wie auch immer man sie symbolisieren möchte. Für die Psyche kann eine symbolische Handlung das gleiche Gewicht und die gleiche Wirkung haben wie eine physische.

Auf lange Sicht müssen wir lernen, in einer Welt der Dualität zu leben und zu akzeptieren, dass wir uns immer wieder einmal in den schlam-migen Gewässern des Sumpfes wiederfinden werden – gerade dann, wenn wir glauben, festen Boden unter den Füßen zu haben. Verzwei-fele nicht! Jedes Mal, wenn dies geschieht, ist das eine neue Gelegen-heit, die Ärmel hochzukrempeln, die Arme in den Schlamm zu tau-chen und die Schätze zu heben, die dort verborgen liegen.

Wie ein weiser Großvater, der die Jahrtausende überdauert hat, flü-stert Rumi:

Was dich schmerzt, segnet dich.

Die Dunkelheit ist deine Kerze.

Deine Grenzen sind deine Herausforderung.

Du musst beides haben, einen Schatten und eine Lichtquelle.

Lausche und lege dein Haupt unter den Baum der Erinnerung.

Sechste Etappe
DAS DORF
Vertiefe deine Beziehungen

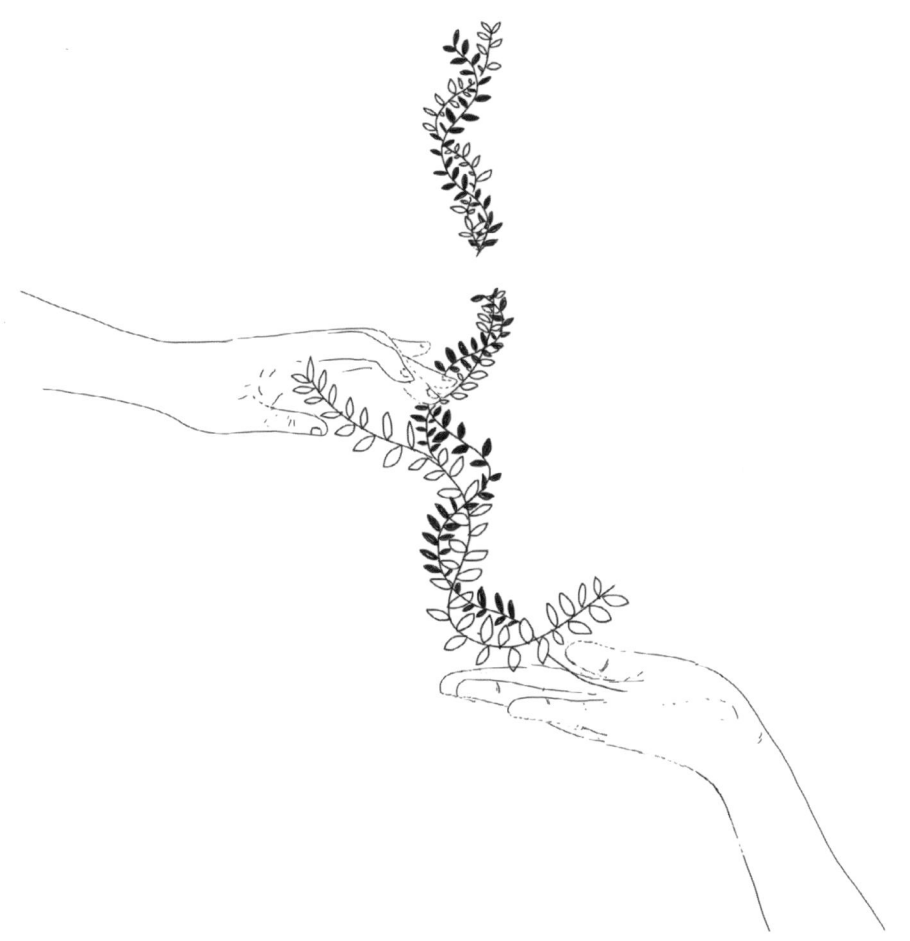

Die Liebe stirbt nie eines natürlichen Todes.
Sie stirbt, weil wir nicht wissen, wie wir ihre Quelle
wieder zum Sprudeln bringen können.
Anaïs Nin

Wenn etwas anderes als die Liebe es könnte,
hätte ich es schon getan
und ließe das Schwerste zum Schluss.
Stephen Levine

Vielleicht hast du den Aufstieg zum Berggipfel, den Schlamm des Sumpfes, den Wald oder den Fluss bezwungen. Doch jetzt kommst du in ein anderes Gebiet. Der Wind bringt Kinderlachen, Hundegebell, das Klirren von Gläsern, Streitgespräche und Liebeserklärungen. Wir gehen auf diese Geräusche zu und kommen an den Eingang des Dorfes. Wir trocknen uns den Schweiß von der Stirn, als wir die Schwelle mit festem Schritt überschreiten, unsere Herzen hungrig nach menschlichem Kontakt. Wir sind endlich zu Hause!

Hier, unter Freunden, Eltern, Kindern, Partnern, Chefs, Nachbarn, passiert alles. Die erhabensten Freuden und die mühseligsten Schmerzen und Enttäuschungen. Mehr als einmal werden wir weglaufen wollen, zurück zu dem Frieden der Berge, zu den Windungen des Flusses, an irgendeinen Ort, an dem wir uns vor diesen Schwierigkeiten sicher fühlen. Aber wir werden wiederkommen, immer und immer wieder; denn das Dorf ruft, wie das Leben ruft, und wir können nicht anders, als wiederzukommen.

Wie Hunde, Pferde oder Delfine sind auch Menschen vom ersten Atemzug an gesellige Tiere. Doch während andere Arten sich umwerben, paaren, ihre Jungen aufziehen und ihr Leben instinktiv teilen, sind die Bindungen, die wir als Menschen eingehen, von einer psychologischen und emotionalen Komplexität, die von den anderen Bewohnern des Planeten nicht erreicht wird. Wir sind in der Lage, Jahrzehnte unseres Lebens der Erziehung unserer Kinder zu widmen, erstaunliche Organisationen zu gründen, die sich um unsere Kranken, Alten und Bedürftigen kümmern, unser Leben zu riskieren, um völlig Fremde vor dem Tod zu bewahren – und uns auch zusammenzuschließen, um uns gegenseitig unvorstellbare Grausamkeiten zuzufügen.

Wenn die Liebe die Kraft ist, die das Universum in Schwung bringt, warum ist es dann so schwierig, einfach einander zu lieben?

DAZUGEHÖREN
UND MAN SELBST BLEIBEN

»Es gibt keine andere Kraft als die Liebe in der Welt«, schrieb Rainer Maria Rilke, und dann: »Einen anderen Menschen zu lieben – das ist die schwierigste Aufgabe von allen.« Hat sich der Dichter selbst widersprochen? Nicht ganz: Er sprach von zwei verschiedenen Ebenen der Wirklichkeit. Einerseits von der absoluten Liebe, die Mystiker, Dichter, Weisheitstraditionen und spirituell orientierte Bewusstseinsforscher als das ultimative Substrat der Existenz preisen. Und auf der anderen Seite das herausfordernde Szenario, in dem wir unsere Bindungen hier auf der Erde knüpfen (die Welt, in der wir uns selbst wahrnehmen, die im Hinduismus als *māyā* bezeichnet wird und als illusorisch gilt), in der jeder Ausdruck von Liebe von Natur aus partiell ist und nur gelegentlich die Herrlichkeit ihrer Quelle zeigt.

Wir sehnen uns nach einer vollkommenen Liebe, die unseren Körper und unsere Seele erfüllt, aber wir streiten uns wegen Kleinigkeiten, misstrauen einander und verhalten uns auf eine Weise, die jede Möglichkeit, unseren Durst zu stillen, sabotiert.

Ist es eine Ironie des Schicksals? In unseren düsteren Zeiten mag man das wohl denken. Aber so viel ist wahr: Wie im Märchen liegt das Gold in der dunklen Höhle verborgen. Wenn wir bewusst damit umgehen, sind es gerade unsere Beziehungen zu anderen Menschen – auch wenn sie scheitern, sich verändern oder uns herausfordern –, die unser persönliches Wachstum am effektivsten vorantreiben können. Das ist es, was John Welwood neben vielen anderen behauptet. Der brillante amerikanische Psychologe, Autor von Büchern wie *Love and Awakening* und *Perfect Love, Imperfect Relationships: Healing the Wound of the Heart*, (Vollkommene Liebe) wird uns bei unseren Erkundungen auf diesem Gebiet leiten. Als Welwoods erste Ehe geschieden wurde, konzentrierte er sich auf die Frage, wie es möglich ist, dass eine Beziehung zwischen zwei Menschen, die sich aufrichtig lieben, scheitern kann. Er wollte erforschen, wie man eine, wie er sagt, »erwachte, bewusste Beziehung« entwickelt.

Er fand keine Antworten in seiner meditativen Praxis oder in den Lehren des Buddhismus, dessen Adept er war, weil sie die absolute Ebene der Existenz beleuchten und sich wenig für die Welt der Gegensätze und Relativität interessieren. Auch in seinem Beruf (der westlichen Psychologie) fand er nicht, wonach er suchte, denn diese erforscht zwar die Beziehungen zwischen Menschen, ignoriert aber meist die Quelle der bedingungslosen Liebe – die spiritueller Natur ist –, aus der sich unsere gescheiterten und begrenzten Beziehungen speisen. Nach langer Suche erkannte er schließlich, dass ein tiefgreifender und intelligenter Dialog zwischen diesen beiden Wissensansätzen notwendig war. Wo sie sich treffen, so seine Überlegung, ist eine Praxis möglich, die die absolute Natur der Liebe ebenso würdigt wie ihre relative Ausprägung in unseren Beziehungen (und in unserer persönlichen Geschichte). Das Vollkommene könnte mit dem Unvollkommenen interagieren, das Endliche mit dem Unendlichen.

Im weitesten Sinne können wir uns die Liebe als eine Kombination aus Offenheit, Wärme, Anziehung und dem Wunsch nach Verbindung vorstellen, die uns miteinander, mit der uns umgebenden Umwelt und mit dem Leben selbst verbindet. Wir alle kennen diesen Zustand, weil wir ihn selbst erlebt haben. Wir wissen, dass wir, wenn wir diese wunderbare Freude erleben, die Intimität mit sich bringt, nicht nach dem Sinn des Lebens zu suchen brauchen und uns auch nicht fragen müssen, was das Wort »Liebe« bedeutet, weil wir es mit jeder Zelle unseres Wesens spüren. Lasst uns sehen, wie.

Wie wir in »Der Sumpf« untersucht haben, kommst du in einem Zustand der Verflochtenheit mit dem Ganzen auf die Welt. Die Arme deiner Mutter, das Licht, das durch die Vorhänge fällt, die Luft, die deine Haut streichelt... Alles ist frisch, fesselnd, erstaunlich und manchmal auch beunruhigend. Die Empfindungen folgen einander, ohne dass der Verstand sie in Gedanken und Geschichten festhalten kann. Aber dieser Zustand der Offenheit ist nicht frei von Bedürfnissen. Wir brauchen Milch; unsere Haut bettelt um Berührung; unsere Augen suchen den hingebungsvollen Blick unserer Bezugsperson; unser Nervensystem verlangt nach Anregung; unsere Müdigkeit schreit nach Ruhe.

Der englische Psychiater Donald Woods Winnicott postulierte, dass ein Kind zwei Grundbedürfnisse hat: Kontakt und Raum. Einerseits muss es gesehen, gestreichelt, anerkannt und angenommen werden, andererseits braucht es aber auch Zeit und Raum, um die Welt ohne äußere Einmischung zu erkunden.

DIE ERSTE WUNDE

Beide Bedürfnisse sind bis zu einem gewissen Grad unerfüllbar, denn perfekte Eltern gibt es nicht. Eltern sind manchmal müde, sie irren sich, sind abgelenkt oder frustriert; Eltern tragen ihre eigenen unbefriedigten emotionalen Bedürfnisse in sich oder projizieren diese unbewusst auf ihre Kinder. Schon sehr früh entwickeln wir ein gewisses Maß an Frustration: Wir wollen, dass Mama kommt, und sie kommt nicht; wir bitten um eine Sache und bekommen eine andere; wir wollen weiter unsere Zehen erforschen und werden stattdessen von einem Paar Arme zum anderen gereicht, während ein Haufen Fremder versucht, uns zum Lächeln zu bringen.

Wir können auch von einer noch ursprünglicheren Wunde spiritueller Natur sprechen, die durch unsere Trennung vom Ganzen im Moment der Geburt verursacht wird, wenn wir als individuelle Wesen inkarnieren, die scheinbar vom Netz des Lebens abgetrennt worden sind. Aus biologischer Sicht gibt es einen dritten Grund für unsere Verwundbarkeit: Wir Menschen werden mit einem schrecklich unreifen Gehirn geboren, das viele Jahre braucht, um sich in einen Zustand zu entwickeln, der uns ein gewisses Maß an Autonomie ermöglicht. Solange dieser Prozess nicht abgeschlossen ist, bleiben wir hilflos und völlig abhängig vom guten Willen der Menschen, die für uns verantwortlich sind.

Was geschieht mit der strahlenden Sonne, die in der Mitte unserer Brust scheint, wenn sie auf diese »Kränkungen« der Welt trifft? Sie versteckt sich hinter einem Mantel aus Wolken. Während wir wachsen, erzeugt das Ego – die psychische Struktur, durch die wir uns selbst erkennen – eine Vielzahl von Wolken in Form von Abwehrmechanismen, einschränkenden Überzeugungen, Misstrauen, unbewussten Programmierungen, Traumata und kränkenden Emotionen wie Angst, Eifersucht, Wut und Groll, die Teil unserer Persönlichkeit werden und uns täglich weiter von unserem eigenen Herzen wegführen.

Wenn du dann jemandem begegnest, der deine Zuneigung entfacht, schmelzen deine Abwehrkräfte dahin, und du hast ein Gefühl, als ob die Sonne in deinem Innersten zum Vorschein kommt. Die andere Person und ihre Qualitäten – Schönheit, Güte, Sinn für Humor, Fähigkeit zum Staunen, Zärtlichkeit, Freude – erwecken in dir eine absolute Liebe. Und in diesem Zustand – der am intensivsten ist, wenn du verliebt bist – nimmst du das Licht deines eigenen Herzens im Strahlen des Herzens des geliebten Menschen wahr.

Wenn du dich jedoch deinem romantischen Partner gegenüber öffnest, wirst du mit deiner eigenen Verletzlichkeit konfrontiert. Es ist unvermeidlich, dass der andere irgendwann etwas sagt oder tut, das dir unangenehm ist, dich verletzt oder deine Wut entfacht, dich an den Schmerz deiner ursprünglichen Wunde erinnert und den inneren Himmel mit einer dicken Wolkenschicht überzieht. Sofort beginnen schlafende alte Gedanken zu erwachen: »Ich bin nicht liebenswert«, »Ich bin schlecht«, »Ich bin unzulänglich«, »Ich darf nicht zeigen, was ich fühle«, »Ich brauche niemanden«, »Alle Männer/Frauen/ Menschen sind gleich«, »Früher oder später verletzen sie mich alle«, »Dieser Mensch ist nicht der, für den ich ihn gehalten habe«.

In solchen Momenten versinkt die Sonne, die in deiner Brust immer heller wurde, plötzlich hinter dem Horizont, und du hast das seltsame Gefühl, die Person zu »hassen« oder zumindest abzulehnen, die dich nur wenige Minuten zuvor mit ihrer Liebe geblendet hat. Man hat das Gefühl, betrogen worden zu sein, aber es gibt keine Täuschung: Jede intime und wahre Beziehung bringt vielmehr deine ältesten Schmerzen ans Licht, damit sie geheilt werden können.

Je stärker die Bindung in einer Beziehung ist, desto stärker ist der Schmerz über den empfundenen »Verrat« und desto spektakulärer ist der Sündenfall des anderen in deinen Augen. Der geliebte Mensch wird plötzlich, in den Worten Welwoods, »der böse Andere«: ein Repräsentant für alle, die dich in deinem Leben verletzt, geärgert oder enttäuscht haben. Auch in unseren Köpfen bauen wir kollektive »böse Andere« auf, wie man in Kriegen, rassistischen Auseinandersetzungen und sozialen Konflikten deutlich sehen kann. Je unbewusster die Reaktion auf die Wut ist, die du empfindest, desto wahrscheinlicher ist es, dass sie sich als Wunsch nach Rache und Wiedergutmachung manifestiert. (»Ich werde dir zeigen, dass du mich nicht so behandeln kannst!«) Das führt zu einer Eskalation der Aggressionen und schließlich zur Zerstörung der Liebe. Hier befinden wir uns wieder in den Tiefen des Sumpfes. Es gibt nichts, was deinen Schatten so schnell und stark aktiviert wie deine Beziehungen zu anderen Menschen. Wie wir bereits festgestellt haben, ist der Weg hindurch niemals, den Sumpf zu meiden oder zu umgehen, sondern ihn mit Mut und Entschlossenheit zu durchwaten.

Was heißt hindurchzugehen? Sich den schwierigen Gefühlen zu öffnen, die man empfindet, ohne zu urteilen oder Widerstand zu leisten. Wie wir in den folgenden Übungen sehen werden, besteht das Ziel darin, Raum für alles zu schaffen: für die Wut, die du fühlst, mit ihren vielen Schichten an Erinnerungen und vergangenen Wunden, und auch für die Liebe, die unter dieser Wut liegt (auch wenn du sie im Moment nicht spüren kannst).

Kann jede Beziehung ein Weg zu Integrität und Wachstum sein? Ja, das kann sie, solange es keinen Missbrauch, keine Misshandlung oder eine Form der Gewalt und keine ernsthafte Pathologie bei einem der Beteiligten gibt. Abgesehen von dieser Voraussetzung kommt es darauf an, die Art der Verbindung zu beobachten, die du hast. Wenn du eine Art Seelenresonanz mit dem Menschen spürst und das Gefühl hast, dass du gesehen und zutiefst verstanden wirst, deutet dies darauf hin, dass es eine solide Grundlage gibt, auf der ihr beide aufbauen könnt.

DER »MAGISCHE ANDERE«
UND DIE DIFFERENZIERUNG

Keine noch so starke Beziehung kann deine Wunden ohne dein aktives Zutun heilen. Genauso leicht, wie es ist, in den Irrtum des »bösen Anderen« zu geraten, kann es auch verlockend sein, sich zurückzulehnen und auf die Ankunft eines »magischen Anderen« zu warten – ein Begriff, der von dem Jungianer James Hollis geprägt wurde und einen Messias meint, der dich vor dir selbst rettet. »Prinz Charming«, »bessere Hälfte« und »Seelenverwandter« sind beliebte Varianten dieser Phantasie. Sowohl der »böse Andere« als auch der »magische Andere« sind Projektionen, die dich von der Möglichkeit abhalten, eine echte Bindung einzugehen. Hollis schlägt vor, dass wir uns eine provokante Frage stellen: »Was verlange ich von meinem Partner, was ich für mich selbst tun sollte?« Niemand, sagt er, kann zu einem anderen Menschen eine bessere Beziehung aufbauen als zu sich selbst.

Um einander als Erwachsene zu begegnen, ohne den anderen insgeheim zu bitten, uns vor uns selbst zu retten, müssen wir eine Fähigkeit entwickeln, die einer der Schlüssel zur Reife ist: die *Differenzierung*.

Diese Fähigkeit erfordert ein Gleichgewicht zwischen zwei lebenswichtigen Impulsen: der Autonomie, die der Schlüssel dazu ist, den eigenen Impulsen zu folgen und eine eigene Identität zu schaffen, und der Verbundenheit, die uns dazu treibt, uns mit anderen zu verbinden und dazuzugehören. Wir sprechen hier über dieselbe Fähigkeit, die wir als Babys erwerben müssen, wenn wir wachsen und uns zu gesunden Individuen entwickeln sollen.

In den Worten des Sexualwissenschaftlers und Psychotherapeuten David Schnarch, Autor von *Passionate Marriage: Keeping Love and Intimacy Alive in Committed Relationships* (Die Psychologie sexueller Leidenschaft) ist Differenzierung »die Fähigkeit, das eigene Selbstgefühl aufrechtzuerhalten, wenn man dem anderen emotional und/oder körperlich nahe ist – vor allem, wenn er einem immer wichtiger wird«.

Differenzierte Menschen können etwas zugestehen, ohne das Gefühl zu haben, ihre Identität zu verlieren, und sie können Meinungsverschiedenheiten äußern, ohne wütend zu werden oder emotional auf Distanz zu gehen. Das heißt, sie können weiter Individuen sein, selbst in einem Zustand großer Nähe und Intimität. Das Gegenteil von Differenzierung ist die emotionale Verschmelzung. Sie wird in Filmen und Liedern verherrlicht und in Sätzen wie: »Du machst mich ganz«, »Ohne dich bin ich nichts« oder »Ich sterbe, wenn du mich verlässt« zeigt die verzweifelte Intensität dieser Sehnsucht, wie groß die Wunde ist.

Je mehr du versuchst, die Kluft zum anderen zu überbrücken, desto mehr zerstörst du die Spontaneität und den Enthusiasmus der Beziehung. Du erfüllst vielleicht deinen Wunsch nach Kontakt, aber um den Preis, dass du dein Bedürfnis nach Autonomie erstickst. Du beseitigst jede Ungewissheit, und wie von Zauberhand verschwindet die Leidenschaft.

Diese Prozesse haben auch eine physiologische Komponente. Die Verliebtheit ist ein explosiver Zustand, der durch Neurotransmitter wie Dopamin, Noradrenalin und Phenethylamin angetrieben wird (Hormone der Anziehung und Erregung, die auch bei einem Gewinn oder dem Konsum bestimmter Drogen ausgeschüttet werden). Dieser Hormoncocktail hält durchschnittlich zwei Jahre an. In den ruhigeren Gewässern, die nachfolgen, bleibt Oxytocin zurück, das Hormon der Bindung und Zuneigung, das uns zum Kuscheln, Verwöhnen und gegenseitigen Trost einlädt.

Dies wurde früher nie als Problem angesehen. Von Anfang an wurde die Ehe hauptsächlich als Instrument zur Gründung und Unterhaltung einer Familie betrachtet, und Leidenschaft war absolut keine Voraussetzung. Erst vor etwa 200 Jahren begannen die Menschen, frei zu entscheiden, was sie von ihren Beziehungen wollten und erwarteten. Bis dahin gab es kaum die Möglichkeit, zu hinterfragen, zu verändern oder zu entscheiden, wie man sich zu seinen Kindern, Eltern oder Freunden verhalten wollte und was man in einer Liebesbeziehung geben und empfangen wollte.

Die Freiheit bringt ihre eigenen Dilemmata mit sich. Heute verlangen wir von unseren Partnern zwei fast widersprüchliche Eigenschaften: Wir wollen, dass sie Anker sind, eine Quelle der Sicherheit und des Rückhalts, aber wir erwarten auch, dass sie Neues, Erstaunliches und Aufregendes bieten.

Die Sexologin und Therapeutin Esther Perel, Autorin von *Mating in Captivity* (Was Liebe braucht), die mit ihrem TED-Vortrag »The Secret to Desire in a Long-term Relationship« (Das Geheimnis des Begehrens in einer Langzeitbeziehung)* ein weltweites Publikum ansprach, weist darauf hin, dass dieser Widerspruch funktionierenden Paaren unterlaufen ist, die in ihrem Wunsch nach Stabilität ein solches Maß an Verschmelzung erzeugen, dass sie den für das Begehren notwendigen Raum tilgen. »Das Paradoxe«, sagt sie, »ist, dass genau die Zutaten, die die Liebe nähren, manchmal genau die Zutaten sind, die das Begehren ersticken.«

Die Heilung beginnt mit der Anwendung der »erotischen Intelligenz«. Das bedeutet, dass man akzeptiert, dass der Partner eine andere Person ist und dass die Illusion, er gehöre zu uns oder wir würden ihn perfekt kennen, genau das ist: eine Illusion. Wie gut du deinen Partner auch zu kennen glaubst, du weißt nicht alles: Er wird immer ein Geheimnis bleiben. Wie Perel es ausdrückt:

Während Therapeuten ihre Patienten in der Regel dazu ermutigen, ihre Partner »wirklich kennenzulernen«, sage ich oft, dass »Wissen nicht alles ist«. Die meisten Paare führen im Alltag genug direkte Gespräche. Um mehr Leidenschaft zu erzeugen, schlage ich vor, dass sie ein wenig mehr mit der Zweideutigkeit spielen, die der Kommunikation innewohnt. Erotik kann eine starke Lust aus der Faszination für das Verborgene, das Geheimnisvolle und das Anzügliche ziehen.

Hier sind einige Übungen, die unsere Beziehungen zu einem Weg des Wachstums, der Selbstentdeckung und der Verbindung mit dem Leben machen.

---

* www.ted.com/talks/esther_perel_the_secret_to_desire_in_a_long_term_relationship

Übungen zur Erforschung und Vertiefung deiner Beziehungen

Sinnhaftigkeit bewahren

Dies ist mehr als eine Übung, es ist eine Meta-Übung: Erinnere dich jeden Tag daran, dass deine Beziehungen kein abgeschlossenes Geschäft, kein fertiges Produkt sind; sie sind nicht so oder so: Sie sind das, was du Tag für Tag in sie investierst. Das bedeutet nicht, dass du dich ständig bemühst, deine Beziehungen zu »verbessern«. Perfektionismus führt dich weg von dem empfindsamen Weg der Verletzlichkeit, auf dem Liebe wächst und genährt wird.

Vielmehr bedeutet es, dass das Engagement, das du aufbringst, um deine Mitreisenden auf dem Weg kennenzulernen und ihre tiefen Bedürfnisse zu würdigen (während du dabei deine eigenen nicht vernachlässigst), für sich schon Belohnung genug ist. Mit Liebe und Aufmerksamkeit können Beziehungen unendlich an Nuancen und Geschmack gewinnen, genau wie gute Weine.

Visualisierung deines Netzwerks

Das »soziale Atom« ist eine Übung, die von Jacob Levy Moreno, dem Begründer der als Psychodrama bekannten Erlebnistherapie, entwickelt wurde, um dein aktuelles Beziehungsnetz auf einfache Weise zu erfassen. Es wurde von Anne Schützenberger weiter ausgebaut, die vorschlägt, bedeutsame Gegenstände in das Netzwerk einzubeziehen.

So wird es gemacht: Du nimmst ein Blatt Papier und stellst dich symbolisch in die Mitte (als Kreuz, als Punkt oder mit deinen Initialen). Dann beginnst du, die Menschen, die zu deinem Leben gehören, um dich herum zu platzieren, und zwar auf folgende Weise:

• Die Menschen, die dir am wichtigsten sind, zu denen du dich hingezogen fühlst oder mit denen du dich am wohlsten fühlst, stehen dir am nächsten.

- Die Menschen, die sich am meisten von dir unterscheiden oder zu denen du eine schwierige Beziehung hast, werden weiter weg plaziert.

Du kannst auch Haustiere, Orte oder Gegenstände, die für dich von Bedeutung sind, sowie Bücher, Filme und Lieder einbeziehen. Du kannst dein Schaubild in einer einzigen Farbe erstellen oder verschiedene Farbtöne für jede Art von Beziehung verwenden. Du kannst auch Symbole, Zeichnungen und weitere Diagramme hinzufügen.

Wenn du fertig bist, betrachte deine Arbeit, ohne sie zu bewerten, und frage dich, was du von den Mustern hältst, die sich zeigen. Ist dein Netzwerk dicht und reichhaltig genug? Ist es ausreichend, um dich zu tragen? Gibt es etwas, das du ändern möchtest?

Vertrautheit mit den eigenen Gefühlen entwickeln

Deine Gefühle sind das wichtigste Vehikel, mit dem du der Welt begegnest. Die Vertrautheit mit ihnen hat einen großen Einfluss auf die Qualität deiner Beziehungen. Robert Augustus Masters schlägt eine Übung vor, mit der du deine Gefühle erforschen und lernen kannst, sie mitfühlend und freundlich auszudrücken.

Sie besteht aus vier Schritten. Du kannst diese allein, mit deinem Partner oder mit einer anderen Person durchführen.

1 Stelle fest, welche Emotion(en) du empfindest. Frage dich: »Fühle ich mich traurig? Beschämt? Ruhig? Glücklich? Schuldig?« Finde die Antwort in deinem Körper. Wenn du zum Beispiel Angst empfindest, nimm diese wahr, ohne dich in die Geschichten, die sie hervorrufen, hineinziehen zu lassen. Wenn du Apathie empfindest, mache dir bewusst, dass diese Emotion dazu neigt, viele andere Gefühle zu überdecken.

2 Sage laut, was du fühlst. Wenn du mit deinem Partner oder einer anderen Person zusammen bist, ist es wichtig, dass du dich darauf beschränkst, das Gefühl zu benennen, ohne etwas hinzuzufügen. »Ich habe das Gefühl, dass du mir nicht zuhörst« ist eine Wahrnehmung, kein Gefühl; »Ich bin wütend« ist ein Gefühl.

3 Vergewissere dich, dass dein Gesprächspartner wirklich hört, was du sagst. Bitte ihn mit einer einfühlsamen Haltung, zu wiederholen, was er verstanden hat, und schaue, ob er die Emotion, die du in deinen Worten ausgedrückt hast, registriert hat. Wenn du allein bist, atme durch und öffne dich weiter für die Emotion, ohne mit dir zu streiten oder dich dafür zu kritisieren, dass du sie fühlst.

4 Fülle das, was du fühlst, mit Einzelheiten aus, ohne den Kontakt zu dem Gefühl zu verlieren. Es ist wichtig, die emotionale Resonanz mit der anderen Person höher zu bewerten als die Zustimmung oder Ablehnung dessen, was du zum Ausdruck gebracht hast. Wenn du die emotionale Unverbundenheit, die möglicherweise aufgetreten ist, ignorierst, bist du anfälliger für Reaktionen und Meinungsverschiedenheiten. Wann immer du das Gefühl hast, dass du dich in den Details der Geschichte verlierst, halte inne, atme durch und verbinde dich wieder mit dem Gefühl. Bringe es dann wieder so offen und direkt wie möglich zum Ausdruck.

Um die Schritte dieser Übung zusammenzufassen: die Emotion identifizieren, sie ausdrücken, mit der anderen Person in Übereinstimmung bringen und die notwendigen Einzelheiten hinzufügen.

Bewusstes Loslassen von Emotionen

Eine weitere Übung, die Masters vorschlägt, ist ideal für die Momente, in denen du mit verstörenden Gefühlen oder Gedanken nach Hause kommst und diese bei jemandem ablädst, der es nicht verdient hat. Entweder du oder dein Partner kann folgende Methode vorschlagen, um die Spannung aufzulösen.

Während der Empfangende sich vergewissert, dass er bewusst anwesend ist und seine eigenen Gefühle im Zaum hält, erkläre ihm, was passiert ist und was dich so aufgewühlt hat. Es geht darum, den Gefühlen mit der Stimme, dem Körper und Bewegungen freien Lauf zu lassen. Du kannst übertrieben gestikulieren, schreien oder dramatisieren, was du empfindest, mit den Füßen aufstampfen oder in die Luft schlagen; und du kannst jede Sprache verwenden, die du willst. Wenn du all deine Emotionen ausgeschüttet hast (etwa zehn Minuten lang), lege dich hin, entspanne dich und warte, bis sich deine Atmung beruhigt hat. Dein Partner kann sich zu dir legen und dich festhalten.

Den inneren Groll anerkennen

Die einzige Möglichkeit, mit Konflikten richtig umzugehen und sie zu nutzen, um zu wachsen, besteht darin, sie bewusst durchzustehen. Dazu musst du in dir Raum für den Groll schaffen, den der Konflikt hervorruft. Dies sind die Schritte, die John Welwood empfiehlt:

1 Denke an eine konfliktbeladene Situation, die einen Freund, Verwandten oder deinen Partner betrifft.
2 Beobachte, wie sich der Schmerz in dieser Situation in deinem Körper bemerkbar macht.
3 Achte darauf, wie es sich anfühlt, diese Person für einen Moment als »Gegner« zu haben.
4 Frage dich, ob es sich um einen alten Streit handelt. Kommt dir dieses Gefühl irgendwie bekannt vor? Wie äußert es sich heute in dem Konflikt mit dieser Person?
5 Drücke deine Gedanken darüber im Präsens aus, in einem einzigen Satz, als ob du mit der Person sprechen würdest. Zum Beispiel: »Du siehst mich nicht«, »Du willst mich ausnutzen«, »Du behandelst mich schlecht.«
6 Schaue, ob deine Beschwerde Erinnerungen an ein vertrautes Gefühl hervorruft.
7 Schaue, ohne zu urteilen, wie es sich anfühlt, zu erkennen, dass ein alter Groll darüber, nicht vollkommen geliebt worden zu sein, immer noch in dir lebendig ist und deine gegenwärtigen Beziehungen beeinträchtigt.

Auflösen von Ressentiments

Dies ist eine weitere Welwood-Übung, um den Schmerz der ursprünglichen Wunde zu transformieren, indem du ihr dein bedingungsloses Gewahrsein anbietest.

1 Denke an eine Situation, in der du dich in einer aktuellen Beziehung nicht wirklich geliebt fühlst.

2 Wie äußert sich dieses Gefühl der Abwesenheit von Liebe in deinem Körper? Benenne die Empfindungen, die auftreten: Schwere, Angst, Steifheit, Kälte, Leere, Taubheit, Entmutigung oder etwas anderes.

3 Verorte die Gefühle und Empfindungen im Körper und verbinde sie direkt mit dem Bewusstsein. Erlaube deinem Atem, das Gefühl der Spannung zu erreichen und zu durchdringen.

4 Lasse das Gefühl der Abwesenheit von Liebe so bestehen, wie es ist, ohne zu versuchen, es zu beheben. Gib den Empfindungen im Körper Raum.

5 Öffne dich direkt für den Schmerz, sich nicht geliebt zu fühlen, und lasse jeglichen Widerstand gegen dieses Gefühl wegfallen. Ist es möglich, das Herz für diesen Schmerz zu öffnen, als eine Erfahrung, die du im Körper spürst? Wie fühlst du ihn?

6 Lasse dein Bewusstsein in das Zentrum des Schmerzes eindringen.

Die Quelle der Liebe in uns finden

Dies ist die von Welwood vorgeschlagene Praxis.

1 Denke an jemanden, der dich liebt. Spüre die Liebe und Fürsorge dieser Person.

2 Beobachte, wie du dieses angenehme Gefühl mit dieser Person in Verbindung bringst und wie du dazu neigst, sie als Quelle dieser Erfahrung zu sehen.

3 Höre auf, an die andere Person zu denken, und konzentriere dich darauf, was in deinem Körper passiert, wenn du dich geliebt fühlst. Achte besonders auf dein Herzzentrum. Versuche, die Wärme oder Fülle des Herzens als eigene Erfahrung zu erkennen.

4 Wie fühlt es sich an, sich dessen gewahr zu sein?

Sich umarmen bis zur Entspannung

Der Sexualwissenschaftler David Schnarch empfiehlt diese Technik, um Paaren zu einer Art von Intimität zu verhelfen, die die Autonomie jedes einzelnen würdigt und bewahrt. Sie besteht darin, den Partner zu umarmen und gleichzeitig bei sich zu bleiben, sich zu zentrieren und zu entspannen.

Wenn sich dein Partner zu dir hin oder von dir weg neigt, verlierst du nicht das Gleichgewicht, weil du fest auf deinen eigenen Füßen stehst. Wenn nötig, kannst du einen Schritt zurücktreten, dich wieder erden und die Umarmung fortsetzen. Es ist wichtig, dass jeder von euch in seinem eigenen Rhythmus atmet und dass du zulässt, dass sich deine Atmung langsam mit der deines Partners synchronisiert – aber ohne es zu erzwingen.

Deine Atmung kann mit der des anderen in Übereinstimmung kommen, ohne dass du dich von deinem eigenen Wesen entfremdest, um dich dem anderen nahe zu fühlen.

Diese Übung zeigt den Grad der Differenzierung in einem Paar auf und hilft gleichzeitig, diese zu fördern.

Den anderen neu denken

Wie sehr lassen wir es zu, uns über die Menschen, mit denen wir zusammenleben, zu wundern? Inwieweit verbinden wir sie mit einem festen, unveränderlichen Bild, anstatt sie die sich verändernden, dynamischen, letztlich unerkennbaren Wesen sein zu lassen, die sie sind? James Hillman sagt: »Liebe allein ist nicht genug. Ohne Vorstellungsvermögen erstarrt die Liebe zu Gefühlen, Pflicht und Langeweile. Beziehungen scheitern nicht, weil wir aufgehört haben zu lieben, sondern weil wir zuvor aufgehört haben, uns etwas vorzustellen.«

Es geht nicht darum, so zu tun, als ob die andere Person anders sei als sie ist, sondern darum, den Fremden zu erkennen, der tatsächlich in dieser Person lebt, und deine Phantasie zu den ewig geheimnisvollen Orten schweben zu lassen, die in jedem Wesen wohnen.

Zuwendung praktizieren

Es mag wie Großmutters Ratschlag oder eine Plattitüde klingen, aber es muss gesagt werden: Nichts nährt eine Beziehung so sehr wie die Zuwendung und Aufmerksamkeit, die man dem anderen jeden Tag schenkt. Was viel mehr zählt als große Gesten, Geschenke, Liebeserklärungen und all diese spektakulären Dinge, sind die kleinen täglichen Taten der Freundlichkeit: mit Interesse zuhören, was der andere einem zu sagen hat; eine Frage einfühlsam beantworten, auch wenn man müde, besorgt oder mit etwas anderem beschäftigt ist. Wir könnten zahlreiche Studien zitieren, um diese Wahrheit zu bestätigen: Das Auftreten oder Nichtauftreten von zugewandten Handlungen in einer Beziehung kann mit hoher Genauigkeit vorhersagen, welche Paare in fünf Jahren noch zusammen sein werden. Aber machen wir unserer Großmutter alle Ehre, die das wusste, ohne sich auf eine wissenschaftliche Studie berufen zu müssen: Wenn du eine liebevolle Beziehung führen willst, behandele deinen Partner mit Liebe.

Und so kommen wir zu dem bestgehüteten Geheimnis im Dorf, das in der sichersten Truhe auf dem verstecktesten Dachboden des unscheinbarsten Schlosses der Welt aufbewahrt wird: Man kann die höchste Stufe der Liebe nur erreichen, wenn man bereit ist, den anderen für seine Unterschiede zu lieben. Gemeinsamkeiten mit einem anderen Menschen zu entdecken, ist eine beglückende Erfahrung; aber zu lernen, mit dem anderen und seiner besonderen Mischung aus Empfindlichkeiten und Ängsten, Vorlieben und Abneigungen, Gaben und Grenzen, Weisheit und Wahnsinn zu sprechen, ist der Schlüssel, der die Truhe mit dem geistigen Gold öffnet.

Wir verbringen einen Großteil unseres Lebens damit, uns nach perfekten Beziehungen zu sehnen – mit unseren Partnern, unseren Eltern, unseren Kindern, unseren Freunden. Irgendwann lernen wir, dass wir nur dann zu einer anderen Person passen können, wenn wir uns bemühen, unsere eigenen scharfen Kanten abzuschleifen und uns um jene Aspekte unserer Persönlichkeit zu kümmern, die einer echten Begegnung mit ihr im Wege stehen. Die unzähligen Möglichkeiten, wie wir zueinander passen, sind nie statisch und perfekt wie ein fertiges Puzzle, sondern schön und dynamisch wie das Leben.

DAS FEUER

Fordere deine Rituale zurück

Vor vielen Jahren gab es ein Dorf, in dem ein Rabbiner lebte. Jedes Mal, wenn das Dorf eine schwierige Zeit durchmachte, folgten die Mitglieder der Gemeinschaft dem Rabbi zu einem bestimmten Teil des Waldes, wo sie alle um einen bestimmten Baum herumstanden, bestimmte Gebete sprachen und bestimmte Gesten ausführten. Das war genug.

Jahre vergingen, der Rabbi starb. Es gab eine Hungersnot. Die Ältesten des Dorfes gingen in den Wald und suchten nach dem heiligen Baum.

Sie erinnerten sich nicht an die Gesten, aber sie sangen die Gebete. Das war genug.

Weitere Jahre vergingen. Menschen verließen das Dorf, neue Menschen kamen hinzu, Traditionen gingen verloren. Eines Tages gab es eine Dürre. Es gab keine Ältesten mehr im Dorf, die wussten, was zu tun war. Die jungen Leute erinnerten sich nicht mehr an die Zeremonie. Sie wussten nur, dass ihre Ältesten in schwierigen Zeiten in den Wald gegangen waren, um zu singen und heilige Gesten auszuführen. Sie suchten nach einem Baum, sangen das Wenige, an das sie sich erinnerten, und machten die Gesten, die ihnen einfielen.

Und das war genug.

Altes chassidisches Märchen

Es ist tiefdunkle Nacht. Trommelschläge hallen in der Erde wider, und ein vielfältiges Stimmengewirr erschallt aus dem Unterholz. Die Männer hocken um das Lagerfeuer und geben den Rhythmus vor. Die Frauen singen und tanzen; sie drehen sich im Kreis und bewegen sich um das Feuer, um die Bewegung der Sonne nachzuahmen. Mit ihren Stimmen und Körpern danken sie für die Ernte und das Wohlwollen des Himmels. Mit den ersten Sonnenstrahlen geht die Zeremonie zu Ende. Die Dankbarkeit ist geäußert, das Ritual ist vollzogen. Es ist vollbracht.

Das Baby kuschelt sich in den Armen seiner Urgroßmutter im Wohnzimmer eines modernen Vorstadthauses. Mehrere Generationen von Frauen der Familie – von zehn bis neunzig Jahren alt – bilden einen Kreis um sie. Sie äußern Wünsche für das Kind, es werden Geschenke überreicht, Trinksprüche gesprochen und Lieder gesungen. Wenn der Moment gekommen ist, zeichnet die Urgroßmutter ein Symbol mit duftendem Öl auf die Stirn des kleinen Mädchens und flüstert einen Segen. Plötzlich beginnt sie auf Russisch, ihrer Muttersprache, zu sprechen und überrascht damit alle, vielleicht sogar sich selbst am meisten. Die Zeremonie endet mit einer Reihe von Segenssprüchen für das Neugeborene. Jeder einzelne endet mit einem kräftigen: »So soll es sein«, das der Chor der Frauenstimmen anstimmt. Das Mädchen hat einen Namen bekommen, es gehört zur Familie. Es ist vollbracht.

In unserer technokratischen und säkularisierten Gesellschaft hat sich vieles verändert, aber Riten und Zeremonien haben auf mysteriöse Weise ihren Platz nicht verloren. Heute wie gestern verwandeln diese einfachen oder aufwendigen symbolischen Handlungen Neugeborene in Mitglieder der Gemeinschaft, Kinder in Heranwachsende, Jugendliche in Erwachsene. Sie machen Prinzen zu Königen, Medizinstudenten zu Ärzten, einfache Bürger zu Präsidenten. Mit Ritualen binden wir Paare aneinander; wir verabschieden uns von unseren Lieben; wir begrüßen neue Zyklen; wir machen profane Orte zu heiligen Räumen; Häuser und Gebäude zu Heimen.

WAS IST EIN RITUAL UND WARUM HAT SEINE KRAFT BESTAND?

Ein Ritus ist die Inszenierung einer seelisch-geistigen Wirklichkeit durch die Kraft des Symbols. Was ist ein Symbol? Es ist ein Bild, ein Gegenstand, ein Buchstabe oder eine Figur, die etwas anderes als sich selbst darstellt, oft etwas Immaterielles. Im Gegensatz zu einem Zeichen, das nur eine Bedeutung hat (eine rote Ampel bedeutet »Stopp«), kann ein Symbol vielfältige Bedeutungen haben (im Westen ist ein Drache ein Synonym für Gefahr; in China steht er für Wohlstand und Glück).

Rituale verwenden Symbole, weil Symbole die Sprache der Seele und des Unbewussten sind. Wenn Braut und Bräutigam in der Hochzeitszeremonie die Ringe tauschen, ist dieser Akt von mehreren Bedeutungsebenen durchdrungen: Die Kreisform des Rings erinnert an Ewigkeit und Vollständigkeit; das Gold spricht von der Kraft der Sonne; der Ringfinger der linken Hand des Verlobten verweist auf eine Verbindung zum Herzen.

Niemand braucht eine genaue Erklärung für all diese symbolischen Ebenen: Jeder, der Zeuge der Geste der Ringübergabe ist, versteht sie als Versprechen von Liebe und gegenseitiger Treue.

Der deutsche Archäologe Walter Andrae schreibt in seinem Buch *Die ionische Säule: Bauform oder Symbol?*:

> Wer sich wundert, dass ein formales Symbol nicht nur Jahrtausende lang lebendig bleibt, sondern auch nach einer Unterbrechung von Tausenden von Jahren wieder zum Leben erwachen kann, sollte bedenken, dass die Kraft der geistigen Welt, von der das Symbol ein Teil ist, ewig ist.

Die Funktionen eines Rituals

Ein Ritual erfüllt bestimmte Funktionen, darunter die folgenden:

- Schafft oder stärkt Bindungen zwischen Menschen.
- Dient der Beruhigung und Stabilität in einer Krise.
- Verbindet die Vergangenheit mit der Gegenwart und erinnert an die Elemente des Gründungsmythos.
- Unterscheidet *kairos* (Zeit der Seele) von *chronos* (Kalenderzeit).
- Hilft, Körper und Seele zu heilen.
- Erkennt und würdigt Veränderungen (Übergangsriten, Altersstufen, Stadien, Zyklen), während die Teilnehmer gleichzeitig mit dem verbunden bleiben, was tief und unveränderlich ist.
- Weiht neuen Status, neue Rollen und Fähigkeiten ein.
- Hilft bei beim Abschiednehmen.
- Bietet eine Form des Spiels für Erwachsene mit einem ernsten Ziel.
- Würdigt das Heilige im Herzen des täglichen Lebens.

Auf all diese Arten machen rituelle Handlungen, ob groß oder klein, einfach oder spektakulär, die unsichtbare Welt sichtbar. Jedes Mal, wenn wir innehalten, um einen bedeutenden Übergang zu markieren oder ein Ereignis zu feiern, zollen wir der spirituellen Realität, die der materiellen Welt zugrunde liegt, Tribut.

»Zeremonien sind die Art und Weise, wie wir uns erinnern, um uns zu erinnern«, sagt Robin Wall Kimmerer, die Biologin, die in »Der Urwald« die Geschichte des Potawatomi-Volkes erzählt. Woran erinnern wir uns? Auf persönlicher Ebene an die Ereignisse, die unser Leben prägen und ihm einen Sinn geben. In Familien an die Fakten, die die Identität des Clans ausmachen. Als Gesellschaft erinnern wir uns an die Meilensteine, die die Bande geschaffen haben, die uns zusammenhalten.

Riten und Zeremonien (Letztere sind in der Regel formellere und aufwendigere Angelegenheiten) werden zwar traditionell mit Religion in Verbindung gebracht, ihre Wurzeln sind jedoch älter und umfassender. Riten waren schon immer multimediale Ereignisse: Sie beinhalteten Geschichten, Gesang, Tanz und Schauspiel und bildeten die Grundlage für Kunst, Medizin, Bildung und Sport.

Auch heute noch ist unser Leben durch und durch mit weltlichen Zeremonien ausgefüllt: Geburtstagsfeiern, Jahrestagen, Taufen, Abschlussfeiern, Einweihungen, Schifftaufen, nationalen Feiertagen und saisonalen Festen. Wir pflegen auch die täglichen Riten der Etikette und der guten Manieren wie Händeschütteln, Applaus, Begrüßung und Ausdrücke wie »Prost!«, »Entschuldigung« und »Danke«.

Tom Driver, Autor von *Liberating Rites: Understanding the Transforming Power of Ritual (Befreiende Rituale: Die transformierende Kraft des Rituals verstehen)*, definiert den Menschen als »zeremonielles Tier«. Aber wir sind nicht die einzigen: Auch andere Arten haben rituelle Gesten entwickelt, um sich symbolisch mitzuteilen: die Tänze der Bienen, die Balz der Pfauen und das Brustklopfen der Gorillas.

Der Unterschied besteht darin, dass Riten beim Menschen auch Ausdruck von Mythen sind (die Geschichten, die uns erzählen, wer wir sind). So formuliert es der große Joseph Campbell:

Ein Ritual ist die Inszenierung eines Mythos. Indem du an einem Ritual teilnimmst, nimmst du an dem Mythos teil. Und da der Mythos eine Projektion der Tiefenweisheit der Psyche ist, wirst du durch die Teilnahme an einem Ritual, durch die Teilnahme am Mythos, sozusagen in Einklang mit dieser Weisheit gebracht, die dir ohnehin innewohnt. Dein Bewusstsein ist die Rückbesinnung auf die Weisheit des eigenen Lebens. Ich glaube, dass Rituale sehr wichtig sind.

Wenn eine der Funktionen des Mythos darin besteht, eine Erzählung bereitzustellen, die den Menschen beim Übergang zu einem neuen Lebensabschnitt hilft, dann ist der Ritus die Abfolge von Handlungen, die diese Erzählung im Körper und im Bewusstsein verankert (und gleichzeitig ist das Bewusstsein die wichtigste Triebkraft von Riten). Eine Handlung, die automatisch und ohne Bewusstsein wiederholt wird – wie das Zähneputzen – ist kein Ritus, sondern eine Routine.

In seinem ikonischen Werk *Übergangsriten* aus dem Jahr 1908 beschrieb der Ethnologe Arnold van Gennep drei Schlüsselmomente in Riten oder Zeremonien: die Trennung, die Schwellenerfahrung oder Transformation und die Rückkehr oder Wiedereingliederung.

Betrachten wir ein Beispiel:

Drei Momente einer Hochzeitszeremonie

Die Trennung. Das ist der Moment, in dem Braut und Bräutigam den Gang zum Altar antreten. Sie werden bald ihre alten Identitäten (als Alleinstehende) hinter sich lassen, haben aber noch nicht ihre neue Identität als Ehepaar erworben. Der Ritus dient als Schutz in dieser Zeit der Entpersönlichung, die zu jedem Übergang gehört.

Der rituelle Akt selbst (oder die Transformation). Er steht im Mittelpunkt der Veranstaltung und bringt die Energie der Teilnehmer zu einem Crescendo. Bei der Hochzeitszeremonie ist dies der Moment, in dem der Priester oder der vorsitzende Beamte dem Paar mitteilt, welche Verpflichtungen sie haben werden, ihr Gelübde entgegennimmt und sie zu »Mann und Frau« erklärt.

Eingliederung. Die Neuvermählten wenden sich der Gemeinschaft (der Gemeinde) zu und kehren gemeinsam in sie zurück, wobei sie ihre neue Identität in sich tragen.

Nicht jeder Ritus folgt strikt dieser Struktur, aber es gibt immer einen definierten Anfang, eine Entwicklung und einen Abschluss; Phasen, die den Akt von der kalendarischen Zeit abheben und ihn als besonderes Ereignis kennzeichnen.

In den Kulturen der Eingeborenen waren die Übergangsriten besonders wichtig, da sie junge Menschen in die Rollen einführten, die die Gemeinschaft von ihnen erwartete. Diese Riten waren für Jungen anstrengend und manchmal ziemlich rabiat, weil sie den Unterschied zwischen Kindheit und Erwachsensein deutlich machen und die Knaben Krieger für den Stamm werden mussten. Für Mädchen hingegen gab es ein deutliches körperliches Zeichen der Veränderung – das Einsetzen der Menstruation –, das sie daran erinnerte, dass sie nun

Frauen waren und sich nicht mehr wie Kinder verhalten durften. Heute gibt es keine allgemeingültigen Übergangsriten. Infolgedessen wird die Adoleszenz verlängert oder sogar zu einer festen Größe in der Psyche der Jugendlichen. Um das Fehlen von Ritualen zu kompensieren, schaffen Jugendliche manchmal ihre eigenen Zeremonien. Diese Zeremonien werden jedoch nicht von Erwachsenen geleitet, die sie anweisen und die Eingeweihten in die Gemeinschaft aufnehmen. Manchmal nehmen sie dunkle Züge an, wie in kriminellen Banden, wo man sich die Aufnahme in die Gruppe durch einen Gewaltakt verdient.

Es ist wichtig zu beachten, dass ein Ritus an sich moralisch neutral ist. Sein Wert hängt von der Absicht, die ihn leitet, ab und von dem Bewusstsein, mit dem er ausgeführt wird. Es gibt Riten, die unwirksam sind (sie erfüllen nicht die beabsichtigte Funktion), und es gibt Riten, die Unterdrückung verewigen, wie die Genitalverstümmelung von Frauen. Es ist notwendig, gewalttätige oder falsche Riten zu kritisieren, ebenso wie es notwendig ist, förderliche Riten zu loben.

Heutzutage gibt es eine wachsende Bewegung zur Wiederherstellung oder Schaffung von Übergangsriten für Heranwachsende unter der Leitung von Erwachsenen. Junge Menschen werden an abgelegene, wilde Orte gebracht und lernen dort, wie man Feuer macht, eine Hütte baut und sich von Wildpflanzen ernährt. Diese und andere Erfahrungen beleben den Weg der Initiation wieder, der seit Jahrtausenden den Menschen hilft, erwachsen zu werden.

Es ist ein Weg, der den Mut prüft, aber auch Unterstützung, Ermutigung und Führung bietet. Joseph Campbell fasst dies in einer Geschichte zusammen, die er gerne erzählte: »Ein Ratschlag, der einem jungen amerikanischen Ureinwohner zur Zeit seiner Initiation gegeben wurde: Wenn du auf dem Weg des Lebens gehst, wirst du einen großen Abgrund sehen. Springe. Er ist nicht so breit, wie du denkst.«

Rituelle Kreativität

Wenn Riten vor allem das *Anhalten der Zeit* erfordern, können wir dann einen Platz für sie in unserem zunehmend virtuellen, technologischen und beschleunigten Leben finden? Können wir die Riten aufgeben, die ihre Gültigkeit verloren haben? Können wir im Gegenzug neue Riten schaffen, die der Realität, in der wir leben, besser entsprechen? Die Antwort auf alle drei Fragen lautet: Ja!

Früher glaubte man, dass Rituale Handlungen seien, die Gesellschaften ausschließlich zum Erhalt ihrer Institutionen durchführen. Diese bewahrende Funktion besteht zwar nach wie vor, doch wissen wir heute, dass sie auch das Gegenteil bewirken können. Ronald Grimes, ein kanadischer Professor für Ritualstudien und Autor von *Deeply Into the Bone: Re-inventing Rites of Passage (Tief bis in die Knochen: Die Neuerfindung von Durchgangsriten)*, erklärte mir dies in einem Gespräch: »Das begann sich in Nordamerika in den 1960er-Jahren mit den Bürgerrechten, dem Feminismus und der Antikriegsbewegung zu ändern. Während all dieser Ereignisse wurden Rituale auf der Straße und im Schlafzimmer neu erfunden. Sie waren nicht länger Gefangene der herrschenden Regierungen oder der etablierten Kirchen, und die Rituale wurden improvisierter und sozialkritischer.«

Neue Entwicklungen in der Gesellschaft brachten die Möglichkeit mit sich, neue Rituale zu schaffen, bestehende zu modifizieren oder sogar völlig zu improvisieren, um der Inspiration des Augenblicks zu folgen, wie es bei den drei engen Verwandten des Rituals – der Musik, dem Tanz und dem Theater – geschieht. In solchen Fällen greifen die Menschen manchmal auf Elemente aus anderen Traditionen zurück, die sie ihren Zwecken anpassen. Eine breite Palette ritueller Gesten und Zeremonien ist populär geworden und hat ihre kulturellen Grenzen überschritten.

Ein Beispiel dafür ist die Fiesta de la Pachamama, die am 1. August von den Nachfahren der Inkas in Südamerika gefeiert wird. Es ist ein typisches Fest im Nordwesten Argentiniens und hat seinen Ursprung bei den Aymara. Es wird auch in Bolivien und in Peru gefeiert. An diesem

Tag werden Häuser, Geschäfte und Menschen mit einem Kraut namens *muña muña* sowie mit Myrrhe und Sandelholz parfümiert. Pacha-mama (Mutter Erde) werden Speisen und Getränke geopfert, um sie um eine gute Ernte und Schutz zu bitten. Die Teilnehmer trinken auch einen mit Weinraute aromatisiertem Likör und bieten der Erde einen Spritzer davon an. Diese letzte Geste wurde in den Städten übernommen, und die Opfergabe kann in jeder verfügbaren Erde erfolgen, sogar in einem Topf auf dem Balkon.

Darüber hinaus feiern einige städtische Gemeinden am 24. Juni das *Inti Raymi* oder die Wiederauferstehung der Sonne, einen weiteren andinen Ritus, der das neue Jahr und die Wintersonnenwende auf der südlichen Halbkugel markiert. Zu den gleichen Zeiten (21. bis 24. Juni) feiern andere das *We Tripantu*, das Neujahrsfest der Mapuche, mit Geschichten und Liedern am Lagerfeuer.

Manche Menschen nehmen lose Elemente dieser und anderer Feste in ihre eigenen Zeremonien auf. Ist es legitim, Riten aus anderen Kulturen zu übernehmen? Grimes antwortet: »Seit es archäologische oder historische Aufzeichnungen gibt, haben die Menschen Rituale übernommen, getauscht, gekauft und gestohlen. In dieser Hinsicht sind Rituale ein bisschen wie Musik oder Geschichten. Manchmal haben die Menschen einen territorialen Anspruch auf sie, und das Ergebnis ist das Urheberrecht oder eine andere Form der Kontrolle. Zu anderen Zeiten tauschen Menschen Rituale oder rituelles Wissen frei aus. Die Frage kann also nur situativ beantwortet werden, indem man fragt: ›Wen interessiert das? Wer könnte sich beleidigt fühlen? Wer nicht?‹ Das ist die ethische Dimension des Problems. Dann gibt es noch die praktische Dimension: Wie lange brauchst du, um ein übernommenes rituelles Element zu verinnerlichen oder zu verdauen? Wie überwindet man gestelztes oder übertriebenes Ritualisieren? Wie lange braucht man, um ein neues Ritualelement ›einzuarbeiten‹, um es zu beherrschen?«

Die Wahrheit ist, dass die Durchführung unserer eigenen Riten ein Weg ist, sich die direkte Erfahrung der Spiritualität wieder anzueignen. Um dies zu tun, ist es nützlich, die häufigsten Bestandteile von Riten und Zeremonien zu kennen.

Elemente, aus denen ein Ritual besteht

Die Absicht. Dies ist der wichtigste Teil des Rituals. Eine Zeremonie kann sehr aufwendig sein, aber wenn sie automatisch durchgeführt wird, hat sie keine Kraft. Dagegen kann die einfachste Handlung kraftvoll sein, wenn die Absicht dahinter stark ist. Bei Ritualen in Gruppen kann die Absicht des Leiters die Energie aller Anwesenden inspirieren und stärken. Darüber hinaus ist es wichtig zu bedenken, dass ein Ritus moralisch neutral ist. Wenn er mit negativen Absichten durchgeführt wird, ist er entwürdigend. Ein Ritus erhebt und transformiert die Teilnehmer nur dann, wenn er von Liebe getragen wird.

Die Anrufung. Bei einer formellen Zeremonie ist es üblich, mit einer Anrufung zu beginnen. Wenn die Versammelten an eine bestimmte Gottheit glauben, können sie ihr das Ritual widmen oder sie um ihre Unterstützung bei der Durchführung des Rituals bitten. Es ist auch möglich, »die Kräfte des Universums«, das eigene »höhere Selbst«, die Macht der Liebe oder das Leben selbst anzurufen. Einige indigene Gemeinschaften Nordamerikas rufen vor Beginn ihrer Riten »die vier Himmelsrichtungen« (Osten, Süden, Westen, Norden) an, um ihren Segen zu erbitten.

Der Altar. Das Konzept eines Altars wird traditionell mit religiösen Zeremonien in Verbindung gebracht. Aber in Wahrheit stellen wir Altäre auf, ohne uns dessen bewusst zu sein: Du stellst vielleicht Fotos auf ein Regal in der Mitte eines Raumes oder ordnest Blumen, Steine oder Ornamente auf bestimmte Weise an deinem Arbeitsplatz an. Diese Objekte deuten darauf hin, dass der Ort oder das, was diese Objekte repräsentieren, eine Bedeutung für dich haben und dass du sie ehren willst. Der Altar ist der Mittelpunkt einer Zeremonie: Er bringt die Energien der Teilnehmer zusammen und erinnert sie an das, was sie zusammenführt. Wenn die Menschen einen Kreis bilden, kann der Altar in der Mitte stehen, auf einem eigens dafür ausgewählten Tuch. Er kann aber auch ganz vorne stehen, neben der Person, die den Ritus leitet. Wichtiger als der Standort des Altars ist, dass die

Symbole, die er enthält, für die Teilnehmer von Bedeutung sind. In der Regel wird eine Darstellung des Heiligen mit Elementen kombiniert, die speziell mit dem durchzuführenden Ritus verbunden sind. Eine Sache, die normalerweise nicht fehlt, ist das Feuer: Nichts sagt so sehr »der Ritus hat begonnen« wie das Entzünden einer Kerze.

Elemente der Natur. Vielleicht weil sie uns an die Riten unserer Vorfahren erinnern oder weil unsere Seelen erkennen, dass die Natur unser wahres Zuhause ist, gewinnen Riten an Kraft, wenn wir einige natürliche Elemente in sie einbeziehen. Auch außerhalb spezifischer Riten ist es möglich, in deinem Haus einen »Jahreszeitenaltar« aufzustellen, auf dem Elemente jeder Jahreszeit – Blumen, Blätter, Tannenzapfen, Samen – das ganze Jahr über zu sehen sind. Seine Vorbereitung und Erneuerung wird so zu einem eigenen Ritual.

Die vier Elemente. Heute wissen wir, dass die Welt aus mehr als vier Elementen besteht, aber in unserer Vorstellung haben Erde, Luft, Feuer und Wasser immer noch eine große symbolische Bedeutung. Man kann sie einbeziehen, indem man eine Feder für die Luft, eine Schale mit Muscheln für das Wasser, eine Kerze oder ein Räucherstäbchen für das Feuer, einige Steine oder einen Ast für die Erde verwendet. Die Elemente können auch ein zentraler Bestandteil des Rituals sein. Du kannst zum Beispiel etwas, das du loslassen möchtest, auf ein Stück Papier schreiben und dieses Papier in einen Bach oder Fluss werfen; einen Samen mit der Absicht pflanzen, dass etwas Neues in deinem Leben wächst; ein Lagerfeuer machen, um die Ankunft des Winters zu feiern; oder Salbei (oder ein anderes Kraut, das du lieber hast) im ganzen Haus verbrennen, um stagnierende Energien zu vertreiben, und bewusst seinen Duft einatmen, um deine Gedanken zu beruhigen und deinen Geist zu erneuern.

Der Körper. Obwohl die Bedeutung des Ritus in der unsichtbaren Ebene verwurzelt ist, beruht die Kraft der Zeremonie auf der Ausführung körperlicher Handlungen. Jede noch so kleine körperliche Geste stärkt den Akt. Ein gutes Ritual aktiviert die Weisheit des Körpers und mobilisiert die Gefühle. In Indien, das von Natur ein zeremonielles Land ist, ist es üblich, Mudras zu verwenden: Handgesten, die eine bestimmte Art von Energie oder einen seelischen Zustand hervorrufen. Die Gebete der verschiedenen Traditionen beinhalten natürlich bestimmte Handlungen oder Haltungen, die die Seele auf die heilige Gemeinschaft vorbereiten.

Der Rhythmus. Der Rhythmus ist seit unserer Zeit im Mutterleib in unserem Leben präsent und beeinflusst uns unser Leben lang tief. Laut Michael Harner, dem Begründer grundlegender schamanischer Praktiken, ist der häufigste Weg, um in eine rituelle Trance (oder einen »schamanischen Bewusstseinszustand«) zu gelangen, der Schlag einer Trommel. Neurologische Studien haben gezeigt, dass sich unsere Gehirnwellen auf das Instrument einstimmen und in einen Theta-Rhythmus übergehen, wenn wir zwölf Minuten lang eine Trommel hören, die mit einer Geschwindigkeit von vier bis sieben Schlägen pro Sekunde angeschlagen wird. Der erweiterte Bewusstseinszustand, den dieser Rhythmus hervorruft, ähnelt dem, der durch die Meditation gefördert wird. »Die Wissenschaft kann die Wirksamkeit von Ritualen nicht erklären«, sagt der deutsche Psychotherapeut Rüdiger Dahlke. Wir wissen jedoch, dass sich in einer rituellen Trance die rechte und die linke Gehirnhälfte harmonisieren, was eine Transformation erleichtert.

Singen und Tanzen. Auch diese haben tiefe Wurzeln im Ritual. In einigen schamanischen Kulturen galt Gesang allein als kraftvoll genug, um einen Menschen zu heilen, was in dieser Weltanschauung als »Seelenheilung« bezeichnet wurde. Gesang und Tanz sind oft wesentliche Bestandteile von Festen, aber sie haben auch in den Bestattungsriten verschiedener Kulturen ihren Platz.

Abschluss. Es ist üblich, einen Ritus zu beenden, indem man sich von den zu Beginn beschworenen Kräften verabschiedet, das rituelle Feuer löscht und einige Worte singt oder ein Gedicht oder Gebet rezitiert. Ein religionsübergreifendes Schlusswort ist: »Möge es so sein!« Um die Absicht noch zu verstärken, können die Schlussworte noch nachdrücklicher sein: »So sei es!«

Arten von Ritualen

Familienrituale

Das Familienleben ist voll von Ritualen. Fehlen positive und bedeutsame Rituale, kann eine Art starres und leeres ritualisiertes Verhalten entstehen. Daher können gute Rituale eine Form der Präventivmedizin sein. Kinder schätzen echte Rituale, weil sie ihre authentische und tiefe Identität ansprechen. Einige Anlässe, bei denen Riten verwendet werden können, sind: während der Mahlzeiten, vor dem Schlafengehen, zu Beginn oder am Ende der Schulzeit, wenn ein Kind einen Zahn verliert, bei akademischen oder beruflichen Erfolgen, bei kulturellen, religiösen oder körperlichen Initiationen (zum Beispiel bei Mädchen bei der Menarche), beim Tod eines geliebten Menschen und bei Übergängen, zum Beispiel beim Eintritt ins College oder beim Umzug.

In *Rituals in Families and Family Therapy* (Rituale in Familien) untersuchen Evan Imber-Black, Janine Roberts und Richard Whiting die Bedeutung von Ritualen in der klinischen Behandlung von Familien. Therapeuten, so erklären sie, haben entdeckt, dass entscheidende Veränderungen in Gang gesetzt werden, wenn eine Familie mit Schwierigkeiten sorgfältig gestaltete Rituale durchführt, zum Beispiel solche, die mit Identität, Zugehörigkeit und Festen zu tun haben.

Rituale mit Freunden

Nun fragen mich die Leute, welche Rituale wir heute haben können. Meine Antwort ist: Was macht ihr? Was ist wichtig in eurem Leben? Was wichtig ist, sagen sie, ist ein Abendessen mit Freunden. Dann ist *das* ein Ritual.

Joseph Campbell bezieht hier das Ritual in das tägliche Leben ein. Rituale sind mehr oder weniger wirksam, mehr oder weniger zufriedenstellend, je nach der Sorgfalt und der bewussten Absicht, die wir in sie investieren. Rituale können unter Freunden spontan entstehen, aber wir können ihre Wirksamkeit auch vertiefen, indem wir ihnen besondere Aufmerksamkeit schenken:

- Wollen wir nicht einmal gemeinsam kochen, anstatt essen zu gehen?
- Wollen wir ein Gericht mit einer besonderen Bedeutung für einen aus unserer Gruppe auswählen?
- Wollen wir einen Toast zu Ehren eines für die Gruppe wichtigen Ereignisses aussprechen?
- Welche Anlässe könnten wir jenseits von Geburtstagen und Jahrestagen feiern oder für was könnten wir uns bedanken?

Rituale der Segnung

Segnen bedeutet, einer anderen Person durch eine Geste oder Worte Gutes zu wünschen. Lange Zeit dachte man, dass das Segnen ein Privileg religiöser Amtsträger sei. Aber in Wahrheit können wir alle segnen, und wir tun es auch. Die Mutter, die ihrer Tochter einen Kuss auf die Stirn gibt, bevor sie aus dem Haus geht, ist ein Beispiel für diese sehr menschliche Veranlagung, die Menschen, die wir lieben, zu geleiten und zu schützen. Was können wir segnen? Die Geburt eines Kindes, ein neues Haus, den Start eines Projekts, das Überschreiten einer Schwelle. Vor allem aber können wir uns gegenseitig segnen. Es gibt unendlich viele Möglichkeiten, mit Worten und Gesten zu segnen, und es ist wichtig, dass du es zulässt, deine eigenen zu finden. Wir können uns auch von der Tradition inspirieren lassen und unsere Hände liebevoll und bewusst auf die Person legen, die wir segnen wollen, und sie mit unserer Absicht salben, während wir ein paar Worte aus dem Herzen sprechen. Wo Liebe der Antrieb ist, sind Fehler selten und meist verzeihlich.

Rituale für sich allein

Obwohl Riten in der Regel gemeinschaftliche Veranstaltungen sind, können sie allein genauso wirksam sein. Manchmal ist es sogar schon ein wichtiger Ritus, sich eine Zeit des Alleinseins zu gönnen. Nochmals Campbell:

> Sie müssen einen Raum oder eine bestimmte Stunde am Tag haben, wo Sie nicht wissen, was am Morgen in der Zeitung stand. Sie wissen nicht, wer Ihre Freunde sind, Sie wissen nicht, was Sie jemandem schulden, Sie wissen nicht, was jemand Ihnen schuldet. Dies ist ein Ort, an dem man einfach nur erleben und hervorbringen kann, was Sie sind und was Sie sein könnten. Dies ist der Ort der schöpferischen Inkubation. Anfangs mag es sein, dass dort nichts passiert. Aber wenn Sie einen heiligen Ort haben und ihn nutzen, wird irgendwann etwas geschehen.

Riten der Transformation

Riten wurden früher als Handlungen zur Aufrechterhaltung von Ordnung und Stabilität in einer Gemeinschaft angesehen, aber tatsächlich können sie auch dazu beitragen, eine neue Wirklichkeit werden zu lassen. So können Rituale beispielsweise die Bindungen in Patchwork-Familien stärken, einem Adoptivkind das Gefühl geben, dass es dazugehört, und Familienmitgliedern helfen, nach einer Trennung ihr neues Leben zu akzeptieren.

Rituale des Abschieds

Der Abschied von einem geliebten Menschen ist seit jeher eine der herzzerreißendsten Erfahrungen, die wir machen können. Wir nutzen Rituale, damit wir nicht allein trauern und um uns in einer mythischen Erzählung zu verankern, die uns helfen kann, das Unerklärliche zu akzeptieren. Aber vorgefertigte Rituale repräsentieren nicht immer uns selbst oder spiegeln unsere Sicht der Welt wider; auch ehren sie nicht unbedingt die einzigartige Verbindung, die wir mit der Person hatten, die wir verloren haben. Es ist an der Zeit, sich diesen wichtigen Übergangsritus wieder zu eigen zu machen. Was kannst du tun, wenn das Herz gebrochen ist und du nicht einmal mit den elementarsten Aspekten des Lebens umgehen kannst?

Du kannst einfache Worte wählen, um deine Trauer, deine Dankbarkeit und deinen Respekt gegenüber der verstorbenen Person auszudrücken. Du musst kein Dichter sein. Wie die große Mary Oliver es in ihrem Gedicht *Thirst* ausdrückt: »Just/pay attention, then patch/a few words together and don't try/to make them elaborate, this is not/a contest…« (Einfach/Aufmerksamkeit schenken, dann füge/ein paar Worte aneinander und versuche, sie nicht/geschwollen klingen zu lassen, dies ist/kein Wettbewerb…)

Wenn dir die Stimme versagt, genügt eine Geste: Verbeuge dich, lege die Hände über dem Herzen zusammen, schweige ein paar Augenblicke, klatsche einen befreienden Applaus. Deine Seele weiß, was sie zu tun hat; du musst nur hinhören.

Die Dichterin Oriah Mountain Dreamer sagt: »Jeder Akt, den ich lebe, während ich voll wach bin, kann nicht anders, als Gebet und Liebesakt zugleich zu sein.« Das Leben oft und leidenschaftlich zu ritualisieren, bedeutet, mit offenen Augen und offenem Herzen zu leben und das Geheimnis des Daseins auf Schritt und Tritt zu würdigen. Die Naturforscherin und Dichterin Diane Ackerman (die wir in »Der Garten« kennengelernt haben) gelobt in ihrem inspirierenden Gedicht »Schulgebet«, das wie folgt endet, genau das zu tun:

> Im Namen der Sonne und ihrer Spiegel
> und des Tages, der sie umarmt
> und der Wolkenschleier, die über sie gezogen sind
> und der tiefsten Nacht
> und des Männlichen und des Weiblichen
> und der Pflanzen, die ihre Samen verstreuen
> und der krönenden Jahreszeiten
> des Glühwürmchens und des Apfels

werde ich alles Leben ehren
– wo und in welcher Gestalt auch immer
es wohnen mag – auf der Erde, meinem Zuhause,
und in den Wohnungen der Sterne.

Möge es so sein! So sei es.

Achte Etappe

DER LEUCHTTURM

Richte deinen Geist aus

Beruhige die Gewässer deines Geistes, und das Universum
und die Sterne werden sich in deiner Seele widerspiegeln.
Rumi

Die schlechte Nachricht ist, dass du durch die Luft fällst und es
nichts gibt, woran du dich festhalten kannst, auch keinen Fallschirm.
Die gute Nachricht ist, dass es keinen Boden gibt.
Chögyam Trungpa

Der Wind wirbelt den Sand auf und schüttelt die Palmenwedel an der Küste. Die Bäume, die eben noch ruhig dastanden, sehen in dem plötzlichen Sturm wie wütende Ungeheuer aus. Durch die Dunkelheit und die rasende Bewegung verlieren wir jeden Orientierungssinn. Plötzlich gleitet ein Lichtstrahl über den Strand. In seinem Schein kehrt alles an seinen Platz zurück: Die Bäume sind wieder Bäume, die Küste ist die Küste, das Meer ist das Meer. Das ist die Kraft des Leuchtturms: Er durchbricht die Dunkelheit und erinnert uns daran, dass unser wahres Zuhause in uns selbst liegt und immer in Reichweite ist. Mit den Worten des indischen Weisen Ajahn Chah: »Wenn du dich im Wald verirrt hast, bist du nicht wirklich verloren. Du bist nur verloren, wenn du vergisst, wer du bist.«

Dieses mächtige Leuchtfeuer ist unser Bewusstsein, jenes geheimnisvolle Vermögen, das allen Phänomenen des Geistes zugrunde liegt und das die entscheidende Eigenschaft des Selbstbewusstseins besitzt. Wir alle bekommen manchmal flüchtige Einblicke in diese Intelligenz. Sie zeigt sich, wenn man von einem schmerzhaften Ereignis überrumpelt und aus dem Zustand der Apathie oder Schläfrigkeit, in den wir alle zu fallen pflegen, wachgerüttelt wird. In einem solchen Moment wird man sich plötzlich und deutlich bewusst, was wirklich wichtig ist. Die gleiche Erfahrung kann durch die Geste eines geliebten Menschen ausgelöst werden; durch eine emotional bewegende Szene; oder wenn dich die einfache Freude am Leben überwältigt und für einen Moment alles von innen zu leuchten scheint. In diesen Momenten verliert die Frage nach dem Sinn… jede Bedeutung.

Die meiste Zeit über leben wir nicht in einem solchen Zustand. Die Welt ist laut; der Verstand ist noch lauter; und es ist leicht, den Kontakt zur Klarheit des Leuchtturms zu verlieren. Aus diesem Grund haben die Menschen im Laufe der Jahrtausende kontemplative Praktiken entwickelt und perfektioniert: als eine Möglichkeit, den Nebel zu lichten und das Licht zurückzubringen. Eine der ältesten und universellsten dieser Praktiken ist die Meditation. Wie lange meditieren wir schon? Obwohl einige Archäologen ihre Anfänge auf 5.000 Jahre vor Christus zurückverfolgen, finden sich die ersten schriftlichen Aufzeichnungen in der hinduistischen Tradition des Vedanta um

1.500 vor Christus und etwas später im taoistischen China und im buddhistischen Indien. Es gibt auch Variationen aus den Anfängen des Christentums, des Judentums und des Islams, neben anderen Traditionen. Eine historische Erklärung ist, dass die Meditation möglicherweise auf der Seidenstraße reiste und auf ihrem Weg von Kultur zu Kultur angepasst und verändert wurde.

Im 20. Jahrhundert gelangte sie durch die gegenkulturelle Revolution der 1960er-Jahre in den Westen. Die Flower-Power- und Antikriegs-Generationen ließen sich von den östlichen Religionen inspirieren und ermutigen. Sie übernahmen Yoga und transzendentale Meditation, während die Beatles und andere Ikonen dieser Zeit (wenn auch nur kurz) von den Lehren des Maharishi Mahesh Yogi und anderer Gurus geblendet wurden.

Jahre später entwickelte der Arzt Jon Kabat-Zinn eine von allen kulturellen und religiösen Elementen befreite Version der Meditation und stellte sie der Universität von Massachusetts unter dem Namen »Mindfulness-Based Stress Reduction Program« (MBSR) vor. Mit wissenschaftlicher Förderung eroberten Achtsamkeit und Meditation die Welt im Sturm. Hier sind einige der wissenschaftlich bestätigten Vorteile dieser altehrwürdigen Praktiken:

- Eine Verringerung der Aktivität der Amygdala (die mit Wachsamkeit und der Produktion des Stresshormons Cortisol verbunden ist).
- Erhöhte Aktivität des präfrontalen Kortex, der das Denken erleichtert.
- Verbesserte Konzentration und Gedächtnis.
- Erhöhte Immunität.
- Senkt den Blutdruck.
- Förderung eines erholsamen Schlafs.
- 50-prozentige Verringerung des Wiederauftretens von Depressionen.

Nach und nach beginnen wir, diese Praxis auch aus weniger zweckgerichteten Gründen zu kultivieren und zu verstehen, warum Gurus,

Yogis und Meister aller Traditionen zu ihrer Anwendung rieten, lange bevor jemand das Wort Cortisol in den Mund nahm. Die Hüter dieser Traditionen nahmen keine physiologischen Messungen vor, aber sie beobachteten, dass diejenigen, die sich dieser Disziplin verschrieben, mit größerer Ruhe, Weisheit und Großzügigkeit lebten und für sich selbst und für andere offener wurden. Welcher Zusammenhang könnte zwischen diesen erhabenen Tugenden und dem Akt des Sitzens mit geschlossenen Augen und gekreuzten Beinen bestehen, um einfach nur zu atmen?

Schauen wir uns die Meditation von Anfang an an.

WAS IST MEDITATION?

Eine mögliche Antwort lautet: Meditation bedeutet, das diskursive Denken durch ein anderes Objekt der Aufmerksamkeit zu ersetzen; mit anderen Worten: den Geist zu fokussieren. Die Buddhisten haben einen großartigen Namen für den diskursiven Geist: Sie nennen ihn den »Affengeist«, weil er dazu neigt, von einem Gedanken zum nächsten zu springen, wie ein Affe, der ununterbrochen von Ast zu Ast springt. Das hört sich folgendermaßen an: »Ich werde mich jetzt hinsetzen und schreiben, aber vorher sollte ich mir notieren, was ich heute zu tun habe, denn sonst vergesse ich, einen Termin beim Zahnarzt zu vereinbaren, Milch und Butter zu kaufen und oh! Heute hat Sandra Geburtstag! Ich frage mich, ob ihr das Buch, das ich gekauft habe, gefallen wird. Was ist, wenn sie es schon hat? Ich schreibe besser keine Widmung hinein, nur für den Fall, dass sie es umtauschen möchte. Vielleicht mache ich mir einfach eine Tasse Kaffee und schreibe ihr eine Karte. Kaffee? Es ist kein Kaffee da! Mann, wird das heiß heute. Es wird schon warm, und es ist erst neun Uhr morgens, und ich habe noch nicht einmal angefangen zu schreiben!«

Es ist nicht so, dass etwas falsch daran wäre, dass der Verstand denkt. Das Denken ist seine Aufgabe; wir wollen nicht, dass es aufhört. Aber seine Tendenz, abzuschweifen, erzeugt einen geistigen Lärmpegel, der ohrenbetäubend werden kann. Wenn der Verstand frei ist, sein eigenes Ding zu machen, zieht er uns hin und her wie eine Flut, die zwischen der Vergangenheit und der Zukunft wabert, und hält selten an dem einzigen Ort, an dem wir wirklich Frieden finden können: in der Gegenwart.

Warum meditieren wir? Wir meditieren, um ein scheinbar einfaches Ziel zu erreichen: den Geist mit dem Körper dort zusammenzubringen, wo er lebt, nämlich immer und unaufhörlich im gegenwärtigen Augenblick. Wenn sich Geist und Körper am selben Ort befinden, sind wir für alles, was wir fühlen, denken oder wahrnehmen, verfügbar. Das ist natürlich nicht immer angenehm. Angenehme Gefühle wie Liebe, Freude oder Erstaunen nehmen wir gerne wahr, aber es ist eine viel größere Herausforderung, wach und präsent zu sein für Schmerz, Angst, Kummer oder Einsamkeit. Und warum sollten wir das? Sicherlich nicht als eine Form von Masochismus, sondern als eine Möglichkeit, diese Erfahrungen voll und ganz in unser Bewusstsein einzubinden und sie zu heilen. Wir wissen, dass das Unterdrücken oder Verdrängen unangenehmer Emotionen deren Auswirkungen nicht verringert. Vielmehr verschlimmert es sie auf lange Sicht, da sich unterdrückte Emotionen als Angst oder als eine Vielzahl körperlicher Symptome zeigen. Wenn wir diese Emotionen hingegen mit offenem Herzen annehmen, können sie sich von uns lösen und sich auflösen. Eine Analogie besagt, dass ein Löffel Salz in einem Glas Wasser das Wasser ungenießbar macht, während derselbe Löffel Salz in einem See nicht mehr wahrnehmbar ist. Das Bewusstsein hat die Fähigkeit, dieser weite und ruhige See zu werden, in dem alles aufgenommen und transformiert werden kann.

Wie schafft es dieses Kunststück? Indem wir aufhören, uns dem Leben zu widersetzen, wie es ist, von Augenblick zu Augenblick, vor allem, wenn die Dinge nicht so laufen, wie wir wollen. Das war die große Entdeckung von Gautama Buddha (auf dessen Lehren der Buddhismus basiert), als er im fünften Jahrhundert vor Christus unter dem Bodhi-Baum die Erleuchtung erlangte. »Ich habe alles gesehen, was es zu sehen gibt, und weiß alles, was es zu wissen gibt, um mich vollständig von aller Illusion und allem Leiden befreien zu können«, erklärte er. Und das ist der Weg, den er vorschlug: Allem, was das

Leben uns bringt, ohne Anhaftung oder Abneigung, sondern mit Mut, Gleichmut und klarsichtiger Akzeptanz zu begegnen.

Den einen Platz einnehmen

Jack Kornfield ist ein beliebter zeitgenössischer buddhistischer Autor und Lehrer, der für die Wahrhaftigkeit seiner Lehren bekannt ist, weil sie die Herausforderungen des spirituellen Pfades nicht verbergen oder kleinreden. In *A Path With Heart: A Guide Through the Dangers and Promises of the Spiritual Life* (Frag den Buddha und geh den Weg des Herzens) sagt Kornfield: »Wenn wir uns auf unser Meditationskissen setzen, werden wir zu unserem eigenen Kloster. Wir schaffen den mitfühlenden Raum, der das Entstehen aller Dinge erlaubt: Sorgen, Einsamkeit, Scham, Verlangen, Bedauern, Frustration, Glück.«

Spirituelle Transformation ist ein tiefgreifender Prozess, der die Disziplin erfordert, geistige Gewohnheiten zu erkennen und loszulassen, die uns von unserem Ziel ablenken, und Meditation ist ein hervorragendes Mittel, um diese Disziplin aufzubauen. Dies war der Rat von Ajahn Chah, von dem wir bereits gehört haben und der Lehrer von Kornfield und vielen anderen war:

Gehe einfach in den Raum und stelle einen Stuhl in die Mitte. Setze dich in die Mitte des Raumes, öffne die Türen und die Fenster, und sieh, wer zu Besuch kommt. Du wirst Zeuge aller möglichen Szenen und Akteure, aller möglichen Versuchungen und Geschichten, alles, was man sich vorstellen kann. Deine einzige Aufgabe ist es, auf deinem Platz zu bleiben. Du wirst sehen, wie alles entsteht und vergeht, und daraus werden Weisheit und Verständnis erwachsen.

In *A Path With Heart* (Frag den Buddha...) erzählt Kornfield die Geschichte eines Mannes, der an einem seiner Meditationsretreats teilnahm. Der Mann hatte bei einem Autounfall seine kleine Tochter verloren. Er hatte das Auto gefahren, als es passierte, und seine Trauer war von einem überwältigenden Gefühl der Schuld durchdrungen. Als er zum Retreat kam, hatte er bereits viele Seminare besucht, war von einem großen Swami gesegnet worden und hatte bei einer Nonne aus Südindien Gelübde abgelegt. Sein Meditationskissen im Retreat sah wie ein Nest aus: Ringsherum lagen Kristalle, Federn, Rosenkranzperlen und Bilder großer Gurus. Jedes Mal, wenn er sich hinsetzte, betete er zu all diesen Gurus und sang und rezitierte ein Dutzend heiliger Mantren. All dies tat er, um sich zu heilen, sagte er. Aber vielleicht war es auch eine Möglichkeit, seinen Kummer auf Abstand zu halten. Kornfield erinnert sich:

> Nach ein paar Tagen fragte ich ihn, ob er bereit wäre, sich einfach hinzusetzen, ohne all seine heiligen Gegenstände, ohne Gebete oder Lieder oder irgendeine andere Geste. Das nächste Mal, als er zum Meditieren kam, setzte er sich also einfach hin. Nach nicht einmal fünf Minuten fing er an zu weinen. Er hatte sich endlich erlaubt, inmitten seines Schmerzes Platz zu nehmen, und er hatte endlich angefangen zu trauern. Wir alle praktizieren diese Art von Mut, wenn wir den einen Platz einnehmen.

Wie man meditiert

Es gibt so viele Arten zu meditieren wie Schulen, Lehrer und Traditionen, aber sie alle konzentrieren sich darauf, den Geist zu schulen, damit er in der Gegenwart, dem Raum des Seins, Halt findet. Als Ausgangspunkt werden wir eine Meditationstechnik aus der alten indischen Tradition von Vipassana erkunden (dies bedeutet auf Sanskrit: »die Dinge sehen, wie sie sind«). Da dies die Art und Weise ist, wie Buddha praktizierte, um Erleuchtung zu erlangen, scheint es mir kein schlechter Ausgangspunkt zu sein.

1 Nimm eine stabile und bequeme Haltung ein, in der du aufmerksam und körperbewusst sein kannst. Du kannst mit gekreuzten Beinen auf einem Kissen oder auf einem Stuhl sitzen, wobei deine Füße auf dem Boden ruhen. Wichtig ist, dass du eine Haltung findest, in der du

mehrere Minuten lang stillsitzen kannst. Dein Rücken sollte gerade sein, aber nicht steif oder verspannt.

2 Stelle dir vor, dass dein Körper von der Hüfte abwärts in der Erde verwurzelt ist, schwer und stabil. Entfalte dich von der Hüfte aufwärts in Richtung Himmel, ohne Spannung, aber nach Höhe strebend (als ob dein Kopf an einem goldenen Faden von einer Wolke hängen würde). Halte dein Kinn parallel zum Boden.

3 Wenn du auf dem Boden sitzt, kannst du ein dickes Kissen verwenden, so dass dein Becken etwas höher als die Knie ist und die Knie bequem auf dem Boden ruhen können.

4 Lege die Hände auf den Schoß oder auf die Knie und lasse die Schultern sich entspannen, den Brustkorb sich öffnen und den Bauch sich lockern.

5 Lasse deine Augen sich sanft schließen. Wenn du das Gefühl hast, einzuschlafen, kannst du sie halb geöffnet lassen und den Blick sanft auf einen Punkt auf dem Boden richten, der etwa einen Meter entfernt ist.

6 Beginne, auf die Geräusche zu achten, die du hören kannst: Achte auf leise und laute Geräusche, auf Geräusche in der Nähe und in der Ferne, auf fortwährende und plötzliche Geräusche.

7 Beobachte dann alle körperlichen Empfindungen: das Gefühl des Stoffes deiner Kleidung auf der Haut, die Temperatur und die Feuchtigkeit in der Luft, die Haltung deines Körpers.

8 Richte als nächstes deine Aufmerksamkeit auf die Aktivität deines Geistes: Gedanken, Emotionen, Erwartungen; alle Erinnerungen, die sich einstellen.

9 Achte schließlich auf deine Atmung und nutze sie als Anker für deine Aufmerksamkeit. Wenn du möchtest, kannst du dich auf deine Nasenlöcher konzentrieren: Beobachte, wie sie sich bei jedem Ein- und Ausatmen bewegen; wie die Luft beim Einatmen eine andere Temperatur hat als beim Ausatmen. Oder du kannst dich auf deinen Bauch konzentrieren und wahrnehmen, wie er sich bei jedem Atemzug wie ein Ballon aufbläst und wieder entleert. Eine dritte Möglichkeit, dir deiner Atmung bewusst zu werden, besteht darin, auf das rhythmische Auf und Ab deines Zwerchfells zu achten.

Welchen Schwerpunkt du auch immer wählst, achte darauf, dass kein Atemzug dem anderen gleicht; untersuche jeden einzelnen mit Neugierde. Spüre, wie du atmest.

10 Jedes Mal, wenn ein Gedanke auftaucht, nimm ihn wahr, ohne dich an ihn zu hängen, so als würdest du eine Wolke am Himmel vorbeiziehen sehen. Oder du kannst dir vorstellen, dass du barfuß in einem fließenden Bach stehst, in dem deine Gedanken und Empfindungen wie Blätter sind, die mit der Strömung davontreiben. Sie umspielen kurz deine Knöchel und machen sich dann auf den Weg. Du tust nichts, um sie aufzuhalten. Schon bald wirst du erkennen, dass weder deine Gedanken noch deine Gefühle so fest sind, wie du meinst. Versuche auf die gleiche Weise, die Welt so zu sehen, wie sie wirklich ist: unbeständig, fließend, dynamisch und in ständiger Erneuerung.

11 Wenn du merkst, dass du von einem Gedanken »gefesselt« bist, lenke deine Aufmerksamkeit einfach sanft zurück auf deinen Atem. Die Aufmerksamkeit muss trainiert werden wie ein ruheloser Welpe: mit Geduld und Freundlichkeit.

12 Praktiziere diese Technik anfangs fünf Minuten lang, und dehne sie aus, wenn du dich dazu bereit fühlst, bis du bei 20 Minuten bist. Dann versuche, einmal am Morgen zu meditieren (vorzugsweise vor dem Frühstück) und ein weiteres Mal am Nachmittag oder Abend, am besten unmittelbar vor dem Schlafengehen. Es ist sinnvoller, jeden Tag ein paar Minuten zu meditieren und die Praxis fest in deinen Tagesablauf zu verankern, als einmal in der Woche eine Stunde lang zu meditieren.

Benennung

Eine weitere meditative Übung, die du ausprobieren kannst, besteht darin, das, was du wahrnimmst, zu benennen. Beginne wie immer damit, auf deine Atmung zu achten. Jedes Mal, wenn du dich beim Denken ertappst, sage leise zu dir selbst: »Gedanke.« Wenn du genauer sein willst, kannst du den Gedanken mit »Sorge«, »Erwartung«,

»Erinnerung« oder einer anderen passenden Bezeichnung versehen. Wenn du eine Emotion wahrnimmst, nenne sie bei ihrem Namen: »Langeweile«, »Angst«, »Traurigkeit«. Nachdem du die Emotion benannt hast, beobachte sie weiter genau, denn es ist wahrscheinlich, dass eine andere Emotion darunter zum Vorschein kommt. Zum Beispiel: »Einsamkeit«. Es ist leicht, der Versuchung zu erliegen, zu denken, dass man erst dann wirklich zu meditieren beginnen kann, wenn all diese lästigen Gedanken oder Gefühle endlich abklingen.

Die Wahrheit ist, dass Meditation bedeutet, mit all diesen Reizen im Frieden zu sein. In ihrem Buch *Wahre Liebe* erzählt die Meditationslehrerin Sharon Salzberg eine charmante und aufschlussreiche Anekdote. Sie saß einmal in einem Kloster in Indien und erhielt eine Dharma-Unterweisung (eine buddhistische Lektion) über Gleichmut, das heißt das Gefühl der Ausgeglichenheit, das aus unserer Fähigkeit erwächst, uns von unseren Leidenschaften und Abneigungen zu lösen. Sie war jung und enthusiastisch, und sie war begeistert von dem, was sie da hörte. Es schien die Antwort auf alle ihre Probleme zu sein, genau die Weisheit, die sie für ihr Leben brauchte. Nur ein Gedanke hielt sie davon ab, den Vortrag in vollen Zügen zu genießen: Wenn sie nur die Schmerzen in ihren Knien loswerden könnte, die durch das Sitzen beim Meditieren verursacht wurden, wäre sie wirklich in der Lage, die Lehre aufzunehmen. Es dauerte nicht lange, bis sie die Ironie ihrer Situation erkannte: Sie sehnte sich nach perfekten Bedingungen, um einen Vortrag genießen zu können, in dem es darum ging, sich nicht nach perfekten Bedingungen für irgendetwas zu sehnen.

Buddhisten sprechen vom verlangenden Geist und meinen damit die Tendenz des egoistischen Verstandes, die Wirklichkeit nach seinen Vorlieben kontrollieren und die Dinge immer anders haben zu wollen, als sie sind. In seinem schönen Buch *Meditation für Anfänger* berichtet Kornfield von seinen eigenen Kämpfen mit diesem Widerspruch:

Du sitzt da und achtest auf den Atem, da sagt dein Verstand plötzlich: »Wenn ich nur etwas zu essen hätte«, »Wenn es nur ein bisschen wärmer wäre«, »Wenn es nur ein bisschen kühler wäre« oder »Wenn ich nur ein bequemeres Meditationskissen hätte«. Das Problem mit dem verlangenden Geist ist, dass er nie aufhört, ganz gleich wie viel er von dem bekommt, was er will.

Was können wir also tun? Wenn Wünsche auftauchen, kannst du sie benennen: »Verlangen, Verlangen, Verlangen«, oder du kannst denken: »Mangel, Mangel, Mangel, Mangel«. Und du kannst dieses Gefühl neugierig erforschen. Wenn du hungrig bist, wo spürst du den Hunger? In deinem Magen? In deinem Mund? In deinem Herzen? Oft verbirgt sich hinter dem Verlangen zu essen ein Hungergefühl, das emotionaler Natur ist. Wenn du in aller Ruhe beobachtest, was geschieht, lernst du, die flüchtige Natur des Verlangens zu erkennen, und begreifst, dass die Tatsache, einen Impuls zu spüren, dich nicht zwingt, ihm blindlings zu folgen.

Ebenso kann es sein, dass du, wenn du dich zum Meditieren hinsetzt, furchtbar schläfrig wirst, weil du müde warst, ohne es zu bemerken. Oder es kann ein Hinweis darauf sein, dass dein Körper noch nicht daran gewöhnt ist, ruhig zu sein und dabei wach zu bleiben. Wenn dies der Fall ist, atme einige Male tief ein und benenne diesen Zustand wie zuvor – »Schläfrigkeit, Schläfrigkeit, Schläfrigkeit« – und beobachte, ob sich der Zustand wandelt oder von selbst abklingt.

Wenn das vorherrschende Gefühl »Unruhe« ist, kannst du auch schauen, wie es sich im Körper anfühlt, wenn du es benennst. Im schlimmsten Fall, sagt Kornfield humorvoll, konfrontiert man das Gefühl und sagt sich: »Okay, das wird mich umbringen. Ich werde der erste Meditierende in der Geschichte sein, der an Unruhe stirbt.« Letztendlich sind es nicht die Emotionen oder Empfindungen selbst, die diese Zustände so schwierig machen, sondern der Widerstand, den wir dagegen aufbieten, sie zu fühlen. Sobald man ihnen Raum gibt und sie sein lässt, verlieren sie einen Großteil ihrer Macht.

Zeugenbewusstsein

Lege dieses Buch für einen Moment zur Seite und stelle dir die Frage: »Wer liest denn da?« Oder vielleicht: »Wer hört den Worten zu, die ich lese?«

Die Frage mag dich zunächst verwirren, aber bald wirst du erkennen, dass es, während der Verstand damit beschäftigt ist, Gedanken, Erinnerungen, Pläne, Phantasien und Emotionen zu produzieren oder die Worte auf dieser Seite zu lesen, zu jeder Zeit einen stillen Zeugen gibt, der all diese Aktivitäten beobachtet. Wir können diesen Aspekt von uns das »Zeugenbewusstsein« nennen. Es ist der ruhige und friedliche Raum, aus dem die Gedanken aufsteigen und in dem sie sich auflösen. Wir können es mit dem Himmel vergleichen, der den Hintergrund für die sich bewegenden Wolken bildet; die Leinwand, auf die der Maler seine Pinselstriche setzt; die Leinwand, auf die ein Film projiziert wird. Um diesen Hintergrund zu finden, mache eine ganz einfache Übung: Sage das Wort »Hallo« in deinem Kopf. Sag es lauter. Nun schreie es. Wer hört das »Hallo«? Was war da, bevor du es gesagt hast, und was bleibt übrig, wenn das Wort verklungen ist? Dieses allgegenwärtige, alles durchdringende Zeugenbewusstsein ist das Tor zum Frieden.

Die alten Traditionen haben dies immer gewusst und lehren es bis heute. In seinem Ashram in Indien war der Weise Ajahn Chah dafür bekannt, dass er angehende Mönche in Momenten des Ärgers, des Zweifels oder der Irritation ertappte und sie (nicht provozierend, sondern mit einem Lächeln im Gesicht) fragte: »Wer ist irritiert? Wer ist verärgert?« Dann fragte er sie: »Kannst du in dem Bewusstsein ruhen, das diese Zustände wahrnimmt?«

Wir können lernen, in dem reinen Bewusstsein zu ruhen, das weiß; in jenem Bewusstsein, das inmitten der schwierigsten Gedanken und Gefühle unveränderlich bleibt. Und wie? Hier ist ein Weg.

Bewusstes Atmen

Schon das Beobachten des Atems kann dir helfen, in einen meditativen Zustand zu gelangen. Noch besser, als ihn zu beobachten, ist es, ihn zu spüren: darauf zu achten, wie sich jeder Atemzug anfühlt, in jedem Moment. Kein Atemzug gleicht dem anderen, daher kann diese Erkundung dir helfen, mit dem stetigen Fluss des Lebens verbunden zu bleiben.

Manchmal ist der Geist jedoch so unruhig, dass es dir schwerfällt, lange genug stillzusitzen, um deine Atmung zu beobachten. In diesem

Fall kannst du einige spezielle Atemübungen ausprobieren, die dir helfen, zur Ruhe zu kommen. Hier sind einige Möglichkeiten:

Atemübungen

Atemübungen für Anfänger

- Atme tief durch die Nase ein und zähle bis drei, halte den Atem bis zwei an und atme dann langsam durch den Mund bis vier aus.
- Ausgeglichene Atmung: Atme durch die Nase bis sechs ein (vier, wenn sechs zu lang ist, oder acht, wenn es zu kurz ist) und atme durch die Nase bis zur gleichen Zahl aus. Diese Art der Atmung ist ideal, wenn du versuchst, einzuschlafen.
- Bauchatmung: Lege eine Hand auf die Brust und die andere auf den Bauch und atme tief durch die Nase ein, wobei du versuchst, das Zwerchfell, nicht aber den Brustkorb zu bewegen. Mache sechs bis zehn langsame Atemzüge auf diese Weise oder übe dies zehn Minuten pro Tag. Diese Form der Atmung hilft, die Herzfrequenz und den Blutdruck zu regulieren, und ist ideal für Momente der Angst, zum Beispiel vor einer Prüfung. Es ist wichtig, den Bauch nicht zu zwingen, sich auszudehnen, sondern einen gleichmäßigen Ein- und Ausatmungsrhythmus anzustreben.
- Vierfache Atmung: vier Schläge lang einatmen, vier Schläge lang halten, vier Schläge lang ausatmen und vier Schläge lang zählen, bevor du den Vorgang wiederholst. Du kannst ein kontemplatives Element hinzufügen: Gehe mit den Augen zum Beispiel entlang der vier Seiten eines Tischs oder eines Fensterrahmens (oder einer anderen quadratische Form), während du auf diese Weise atmest. Kindern kann diese Methode beigebracht werden, indem man mit Papier oder Klebeband eine quadratische Form auf den Boden legt und sie auffordert, langsam daran entlangzugehen, während sie die Atmung ausführen. Du kannst jedem Atemzug auch einen sinnhaften Satz hinzufügen, wie zum Beispiel: »Ich danke für die Luft, die ich

atme. Ich danke für die Erde, die mich trägt. Ich danke für das Wasser, das ich trinke. Ich danke für das Feuer, das mich wärmt.«

Atemübungen für Fortgeschrittene

Nadi shodhana, die Wechselatmung, ist Teil der Praxis, die als Pranayama oder yogische Atmung bekannt ist. Sie hilft, den Geist zu fokussieren und die Gehirnhälften zu synchronisieren.

Wie es geht. Sitze in einer bequemen meditativen Haltung, halte deinen rechten Daumen über dein rechtes Nasenloch und atme tief durch dein linkes Nasenloch ein. Wenn du voll eingeatmet hast, verschließe dein linkes Nasenloch mit dem Ringfinger der rechten Hand und atme durch das rechte Nasenloch aus. Fahre mit dem gleichen Muster fort: Atme durch das rechte Nasenloch ein, wobei du das linke Nasenloch mit dem Daumen zuhältst, und atme dann durch das linke Nasenloch aus. Es ist nicht ratsam, diese Atemübung vor dem Schlafengehen durchzuführen, da sie das yogische Äquivalent für einen Espresso ist.

Meditieren mit Mantren

Das Wort »Mantra« stammt aus dem Sanskrit und bedeutet so viel wie »Fahrzeug« oder »Werkzeug für den Geist«. Seit Jahrtausenden werden diese Worte oder heiligen Klänge verwendet, um meditative Zustände zu fördern oder um Energie, Heilung oder spirituelles Wachstum zu bewirken. Sie sind wie Samen, die mit einer bestimmten Absicht in den Geist eingepflanzt und durch anhaltende Praxis bewässert werden.

In der transzendentalen Meditation erhält jeder Praktizierende von seinem Lehrer ein bestimmtes Mantra. In anderen Traditionen steht es dir frei, das Mantra zu wählen, das am besten zu dir passt oder das für deinen Zweck am besten geeignet ist.

Das heiligste Mantra des Buddhismus ist »Om mani padme hum«, was auf Sanskrit »Oh, das Juwel im Herzen des Lotos« bedeutet. Es ist das Mantra des Bodhisattva Avalokiteshvara. Ein Bodhisattva ist ein erleuchtetes Wesen, das die kollektive Erlösung anstrebt. Die tibetischen Buddhisten betrachten den 14. Dalai Lama, Tenzin Gyatso, als die aktuelle Inkarnation von Avalokiteshvara.

Die Silbe »OM« wird in den heiligen indischen Texten, den Upanischaden, als der Klang beschrieben, aus dem das Universum entstanden ist und der die letzte Wirklichkeit und die Essenz des Lebens verkörpert. Es ist in der Tat ein heiliger Klang für vier Religionen: Buddhismus, Hinduismus, Sikhismus und Jainismus.

Eines der meistverehrten Mantren des Hinduismus ist »Om namah Shivaya«, was so viel bedeutet wie »Om! Ehrerbietung an Shiva«. Shiva bildet zusammen mit Brahma und Vishnu die Trimurti (oder »drei Formen«), die die Zyklen von Schöpfung, Erhaltung und Zerstörung des Universums darstellen.

»Om shanti shanti shanti« ist als Mantra dem Hinduismus und Buddhismus gemeinsam und beschwört den Frieden von Körper, Sprache und Geist.

Im alten Christentum war das am meisten verehrte Mantra »Maranatha«, was auf Aramäisch (der von Jesus gesprochenen Sprache) »Komm, Herr, komm, Herr Jesus« bedeutet. Dieses Mantra findet sich in den heiligen Schriften und ist eines der frühesten Gebete der christlichen Tradition.

Neben den Mantren der einzelnen Traditionen kann man eine Vielzahl von Sätzen und Worten finden und verwenden, deren Wiederholung unterschiedliche Stimmungen und Geisteszustände hervorruft. Hier zwei Vorschläge des vietnamesischen buddhistischen Mönchs und Autors Thich Nhat Hanh: »Gegenwärtiger Moment, wunderbarer Moment« und: »Einatmend beruhige ich meinen Geist. Ausatmend lächle ich.«

Zum Schluss noch zwei Mantras, die sich gut für den Beginn und das Ende eines jeden Tages eignen. Morgenmantra: »Ich bin (einatmend), Frieden (ausatmend).« Abendmantra: »Ja (einatmend), danke (ausatmend).«

Open Focus-Meditation

Diese Praxis geht auf den Psychologen Les Fehmi zurück, der feststellte, dass wir in der westlichen Welt dazu neigen, mit einem »fixen Aufmerksamkeitsfokus« zu leben, also mit der Aufmerksamkeit eines Jägers, der seine Beute verfolgt: ein enger, angespannter, packender Blick. Obwohl wir eine fixe Aufmerksamkeit für viele tägliche Verrichtungen brauchen, führt es zu unnötigem chronischem Stress, wenn wir ständig in dieser Art von Aufmerksamkeit leben. Fehmi lehrt einen einfachen Weg, dieser Tendenz entgegenzuwirken, indem er eine entspannte, breit gestreute und kreative Form der Aufmerksamkeit anwendet, die er »Open Focus« nennt. Hier sind zwei Möglichkeiten, es zu praktizieren:

Fokus auf einen Fixpunkt

Ohne den Kopf oder die Augen zu bewegen, beginnst du, deinen Blick sanft nach beiden Seiten und auch nach oben und unten zu weiten. Sobald du deine weiteste periphere Sicht hast, lasse das Objekt deines ursprünglichen Fokus im Hintergrund verschwinden und mache die periphere Sicht zum Vordergrund. Beobachte, was mit deiner Atmung, deinen Schultern und deiner allgemeinen Muskelspannung geschieht, wenn du dich auf den »offenen Fokus« eingestellt hast. Kehre nun langsam zum festen Fokus zurück. Dann siehst du, ob du alles gleichberechtigt sehen kannst.

Du kannst diese Technik auch beim Spazierengehen üben: entweder indem du mit offenem Fokus nach vorne schaust oder indem du dich auf den Raum zwischen den Formen konzentrierst, die du siehst, anstatt auf die Formen selbst (zum Beispiel auf den Raum zwischen den Ästen eines Baumes oder den Raum zwischen den Wolken). Der Autor Michael A. Singer nennt dies einen »Raumspaziergang«. Er führt zu einem Gefühl großer Gelassenheit und Entspannung.

Open Focus-Meditation

Setze dich bequem hin und schließe die Augen. Lassen deine Gedanken davonflattern wie Blätter im Wind. Versuche dann, dir nach und nach den Raum vorzustellen oder zu visualisieren:

- zwischen deinen Augen;
- zwischen deinen Ohren;
- den Hohlraum deines Kehlkopfs; stelle dir das Luftvolumen vor, das er enthält;
- in deinen Ohren;
- zwischen dem Rachenraum und dem Ohrraum.

Fahre auf die gleiche Weise fort und stelle dir die Innenräume des übrigen Körpers vor. Du kannst auch Oberflächen hinzufügen, zum Beispiel den Raum, den die Handflächen und Fußsohlen umschließen. Schließe mit dem inneren Raum des Herzens ab. Du kannst ihn dir als eine Wolke von Atomen vorstellen, die im inneren Raum deiner Brust schwebt, der wiederum mit dem Raum außerhalb deines Körpers verschmilzt, der sich in alle Richtungen ausdehnt, auch nach oben und unten und ins Unendliche.

Laut Fehmi erzeugt diese Meditation alpha-synchrone Gehirnwellen. Mit anderen Worten, die für die Entspannung charakteristischen Alphawellen kombiniert mit der Synchronisation der Gehirnhälften. Das Gefühl ist so angenehm wie einzigartig.

ACHTSAMKEIT
ODER DIE KUNST DES ERINNERNS

Der Begriff »Achtsamkeit« ist ein Versuch, das Wort *sati* aus dem ursprünglichen Pali zu übersetzen, einer dem Sanskrit ähnlichen Sprache, die aus Kommentaren zu den alten indischen literarischen Texten, den Veden, stammt. *Sati* ist das Substantiv, das dem Verb *sarati* entspricht: sich erinnern.

Woran lehrt uns die Praxis der Achtsamkeit, uns zu erinnern? Im Grunde daran, in die Gegenwart zurückzukehren, immer und immer wieder: Jedes Mal, wenn du dich in Gedanken an die Vergangenheit oder die Zukunft oder in Grübeleien jeglicher Art verwickeln lässt, ins Hier und Jetzt zurückzukehren. Und dies mit einer Haltung des Gleichmuts zu tun und alles, was sich zeigt, mit Offenheit, Mitgefühl und voller Aufmerksamkeit zu erleben. Mit anderen Worten: Du bist mit Geist, Körper und Seele in dem, was du gerade tust oder fühlst.

Wie kann ich in jedem Augenblick Achtsamkeit üben? Indem du versuchst, bei allem, was du tust, präsent und aufmerksam zu sein: beim Gehen, Essen, Meditieren, Reden, Arbeiten oder Ausruhen. Jon Kabat-Zinn, der diese Praxis zusammengefasst und dem Westen vorgestellt hat, definiert Achtsamkeit als »bewusste Aufmerksamkeit für den gegenwärtigen Moment, ohne zu urteilen«. Das ist jedoch nicht so einfach, wie es sich anhört; man kann es leicht vergessen. Daher erfordert es Übung. Als Anfänger ist es manchmal einfacher, Achtsamkeit in körperlicher Bewegung zu erfahren. Hier ist eine Übung.

Achtsames Gehen

Wähle bequeme Kleidung und Schuhe, in denen du gut laufen kannst. Beginne im Stehen und nimm deinen Körper und dein Gefühl wahr. Achte auf deine Körperhaltung; spüre das Gewicht deines Körpers auf dem Boden; nimm all die subtilen Bewegungen wahr, die dich aufrecht und im Gleichgewicht halten.

Halte deine Knie leicht gebeugt. Spüre, wie deine Hüften den Schwerpunkt für deinen gesamten Körper bilden. Atme einige Male tief aus dem Bauch ein und bringe dein Gewahrsein in den gegenwärtigen Moment.

Beginne langsam zu gehen, wobei du die Knie leicht gebeugt lässt. Achte bei jedem Schritt darauf, wie zuerst die Zehen, dann der Fußballen und schließlich die Ferse den Boden berühren, während der gegenüberliegende Fuß sich gleichzeitig anhebt, um den nächsten Schritt zu tun.

Atme natürlich und fülle deine Lungen mit jedem Einatmen vollständig, aber ohne Anstrengung. Richte deine Augen sanft auf einen Punkt vor dir, während du dir zugleich so viel peripheres Sehen wie möglich erlaubst.

Wenn deine Aufmerksamkeit von den Empfindungen des Gehens und Atmens abschweift, um einem Gedanken oder einer Emotion nachzuhängen, nimm sie wahr, ohne zu urteilen, und bringe sie sanft in den gegenwärtigen Moment zurück.

Gehe auf diese Weise 5 bis 20 Minuten lang weiter. Wenn es an der Zeit ist, anzuhalten, halte inne und spüre, wie der Körper wieder stillsteht, wobei der Boden unter deinen Füßen ihn trägt. Tue einige tiefe Atemzüge.

Wenn du möchtest, kannst du die Übung wie die Buddhisten beenden, indem du den Lohn deiner Praxis dem Wohlergehen aller fühlenden Wesen widmest.

Mit diesen einfachen Techniken kannst du das Licht des Bewusstseins in deine Tage bringen und lernen, sanft mit den sich verändernden Umständen zu leben. Der bis heute bedeutende persische Dichter Rumi aus dem 13. Jahrhundert – selbst ein Leuchtfeuer – fordert uns in einem jahrhundertealten Gedicht, das heute so aktuell ist wie so manche moderne psychologische Abhandlung, auf, in Gleichmut zu leben.

Das Gasthaus

Das Menschsein ist ein Gasthaus.
Jeden Morgen ein neuer Gast.

Eine Freude, eine Bedrückung, eine Gemeinheit; ein momentanes
  Gewahrsein
kommen als unerwartete Besucher.

Begrüße und unterhalte sie alle!
Selbst wenn es sich um eine Schar von Sorgen handelt, die dein
  Haus gewaltsam
von seinen Möbeln befreien,
Behandele dennoch jeden Gast ehrenvoll.
Vielleicht stößt du so auf ein neues Vergnügen.

Den dunklen Gedanken, die Scham, die Bosheit:
empfange sie lachend an der Tür und bitte sie herein.
Sei dankbar für jeden, der kommt,
denn jeder ist gesandt worden
als Führer aus dem Jenseits.

Neunte Etappe

DAS MEER

Aus dem Herzen heraus leben

»Das Herz hat seine Gründe, von denen die Vernunft nichts weiß.«
Blaise Pascal

»Der Körper ist wie das Meer,
reich an verborgenen Schätzen.
Öffne deine innerste Kammer
und entzünde seine Lampe.«
Mirabai

»Mit jedem Atemzug pflanze ich Samen der Hingabe.
Ich bin ein Landmann des Herzens.«
Rumi

Die Brise bringt einen Hauch von Salz und Gischt. Der Weg war lang, und unsere Körper sehnen sich nach der Erneuerung, die das Meer verspricht. Endlich sehen wir es. Der Wind, der die Wellen aufwühlt, der ferne Horizont, die Wolken, die sich im Wasser spiegeln das majestätische, unendliche Meer! Hier fließen alle Flüsse zusammen: die breiten und die schmalen, die zaghaften und die ungestümen, die, die sich auf dem Weg dahinschlängeln, und die, die donnernd herbeiströmen. Wie auch immer ihr Lauf sein mag, ihr Wasser entlädt sich hier, in der Weite des Herzens.

In seiner Autobiographie *Erinnerungen, Träume, Gedanken* berichtet Jung von einer Begegnung mit einem indigenen Häuptling namens Ochwiay Biano oder Mountain Lake. Dieser Häuptling des Hopi-Volkes erzählte dem Psychiater, dass sein Volk durch den Blick des weißen Mannes verwirrt worden sei: »Ihre Augen blicken so intensiv, als ob sie etwas suchen würden. Wonach suchen sie? Wir wissen nicht, was sie wollen, wir verstehen sie nicht. Wir denken, sie sind verrückt.« Als Jung ihn fragte, was er damit meine, antwortete der Mann: »Man sagt, sie denken mit dem Kopf.« »Und du?« fragte Jung. Der Mann zeigte auf sein Herz.

Dieser Besuch veranlasste Jung zu der Überlegung, dass Kulturen Gedanken und Gefühle sehr unterschiedlich bewerten. In einem Brief, den er Jahre später an Mountain Lake schickte, schrieb ihm der Psychiater: »Ich mache mich auf den Weg, um die Wahrheit zu erforschen, an die die Indianer glauben. Sie hat mich immer als eine große Wahrheit beeindruckt.«

Der Vater der Analytischen Psychologie bezog sich auf eine Weltanschauung, die dem Menschen einen bescheidenen, aber bedeutungsvollen Platz im Universum zuweist und ihn mit einem Sinn und Zweck verbindet. Ein Zweck, der nicht so sehr intellektuell verstanden, sondern vielmehr intuitiv empfunden wird; und der Ort, an dem diese Intuition lebt, ist das Herz.

Worüber sprechen wir, wenn wir über das Herz sprechen? Man könnte es als eine Art Matroschka (russische Puppe) betrachten, in der die organischen Funktionen des Herzens mit anderen, subtileren, umfassenderen und mächtigeren Eigenschaften verwoben sind.

Aus physiologischer Sicht ist das Herz das wichtigste Organ des Körpers. Es ist kaum größer als eine Faust und wiegt zwischen 280 und 340 Gramm. Es versorgt alle Körpergewebe mit Sauerstoff und lebenswichtigen Nährstoffen und transportiert Kohlendioxid und andere Abfallstoffe ab. Es schlägt etwa 100.000 Mal pro Tag (etwa drei Milliarden Mal in einem Leben), 60 bis 80 Mal pro Minute, und ruht bei jedem Zyklus vier Zehntelsekunden lang. Es ist das einzige Organ, dessen Funktion eine eingebaute Ruhephase beinhaltet. Außerdem erzeugt es elektromagnetische Wellen, die 60-mal stärker sind als die des Gehirns. Die genauen Auswirkungen dieser Wellen auf andere Menschen und auf die Umwelt werden derzeit noch erforscht.

Das Herz hat auch eine emotionale Dimension. Das Gilgamesch-Epos, eines der ersten literarischen Werke der Menschheit, sprach vor über 3.800 Jahren vom Herzen als »Quelle unserer menschlichen Gefühle«. Die Wissenschaft bestätigt heute, dass dieses Organ das Tor zu dem psychophysiologischen Netzwerk ist (an dem auch das Gehirn und das Nervensystem beteiligt sind), das das komplexe Phänomen hervorbringt, das wir als »Emotionen« kennen.

In einem spirituellen Sinne ist das Herz von Mystikern, Künstlern, Philosophen und Dichtern als Sitz der Seele bezeichnet worden. Es ist der Ort, an dem transpersonale Erfahrungen entstehen und zum Ausdruck kommen. Im Hinduismus ist es als *Anahata* bekannt, was »der Klang, der von keinem Schlag kommt« oder himmlischer Klang bedeutet. Im Christentum ist das Heilige Herz das Symbol der religiösen Hingabe. Im Sufismus, der als »Religion des Herzens« bekannt ist, wird das Herz mit Flügeln dargestellt, und es wird als der Punkt der Vereinigung von Körper, Geist und Seele sowie als der Tempel, zu dem man geht, um zu beten, angesehen.

Nicht nur die Weisen und Dichter spüren intuitiv, dass in der Mitte des Brustkorbs, wo wir unser Wesen schlagen spüren, etwas Besonderes geschieht. Wir alle beziehen uns im täglichen Leben auf diese Dimension des Herzens. Unsere Sprache ist voll von Ausdrücken, die zeigen, dass wir dieses Organ für weit mehr als ein Muskelgewebe halten: »Es hat mir das Herz gebrochen«, sagen wir und »Hör auf dein

Herz«; »Ich sage es aus tiefstem Herzen«. Wir statten es mit einer besonderen Art von Intelligenz aus, die irgendwo zwischen Intuition und Weisheit liegt. Überraschenderweise zeigt die Wissenschaft heute, dass der Begriff des »weisen Herzens« mehr als nur eine Metapher ist. Die erste wissenschaftliche Erwähnung der »Herzintelligenz« erfolgte in den 1960er-Jahren, als die Psychologen John und Beatrice Lacey Studien durchführten, die zeigten, dass das Herz auf eine Weise mit dem Gehirn kommuniziert, die sich erheblich darauf auswirkt, wie wir die Ereignisse, die uns widerfahren, wahrnehmen und auf sie reagieren. Im Jahr 1991 wurde in den Vereinigten Staaten das HeartMath Institute gegründet, und der Neurokardiologe J. Andrew Armour führte den Begriff »Herz-Gehirn« ein, um das hochentwickelte Nervensystem zu beschreiben, mit dem dieses Organ ausgestattet ist.

Im Laufe der Jahre hat HeartMath die verschiedenen Dimensionen des Herzens weiter erforscht und ist zu dem Schluss gekommen, dass es eine dynamische und verbindende Intelligenz besitzt, die sich ständig an die Bedürfnisse von Geist und Körper anpasst. Es sendet mehr Signale an das Gehirn als umgekehrt und ändert seinen Rhythmus je nach emotionalem Zustand.

Bei belastenden Emotionen wird der Herzschlag chaotisch, und es werden Signale an das Gehirn gesendet, die die kognitiven Funktionen, die Wahrnehmung, das Gedächtnis und die Fähigkeit, Entscheidungen zu treffen, hemmen. Positive Emotionen hingegen erzeugen einen äußerst günstigen Zustand, den HeartMath »kardiale Kohärenz« getauft hat. In diesem Zustand werden die elektromagnetischen Wellen des Herzens und des Gehirns synchronisiert, das parasympathische Nervensystem wird aktiviert, das Immunsystem gestärkt und Hormone, die mit dem Wohlbefinden zu tun haben, werden ausgeschüttet. Es ist möglich, diesen wohltuenden Zustand innerhalb von Minuten zu erreichen, indem man einfache Techniken anwendet (auf die wir gleich noch eingehen werden), um positive Emotionen hervorzurufen und auszustrahlen.

EMOTIONEN ERFORSCHEN

In der modernen Gesellschaft sind wir uns der wahren Bedeutung unserer Gefühle noch nicht lange bewusst. Bis vor einigen Jahrzehnten wurden sie meist als ein Überbleibsel unserer instinktiven, tierischen Natur und als Hindernis für rationales Denken betrachtet. »Emotionaler Analphabetismus – oder ein Mangel an Sensibilität, Verständnis und Gewitztheit – hat seine Wurzeln größtenteils in der historischen Abwertung von Emotionen im Vergleich zu Kognition«, sagt Robert Augustus Masters in *Emotional Intimacy: A Comprehensive Guide for Connecting with the Power of your Emotions (Emotionale Intimität. Ein umfassender Leitfaden für die Verbindung mit der Kraft Ihrer Emotionen)*. Masters stellt dieses Missverständnis richtig:

> Es überrascht nicht, dass die Forschung zeigt, dass das nicht unterdrückte Vorhandensein von Emotionen wesentlich zu geistigen und sozialen Fähigkeiten beiträgt. Emotionen trüben den Himmel des rationalen Denkens nur dann, wenn es uns an Vertrautheit mit ihnen mangelt. Und das rationale Denken trübt das eigene Wasser, wenn es von den Emotionen abgeschnitten ist – es gleitet sozusagen in eine irrationale Rationalität ab!

Heutzutage werden Emotionen als wichtige Brücke zwischen Körper und Geist verstanden. Dies sind nur einige der Funktionen, die sie erfüllen: Sie vermitteln unsere sozialen Bindungen, lenken unsere Aufmerksamkeit, beeinflussen Gedächtnis und Lernen, wirken sich auf das Urteilsvermögen und die kognitive Verarbeitung aus und leiten unser moralisches Urteilsvermögen. Wir Homo sapiens »wissen nicht nur, dass wir wissen« – wie unser Name schon sagt – wir wissen auch, dass wir fühlen und fühlen, dass wir fühlen. Wir sind uns unserer Emotionen bewusst.

Alle Emotionen – einschließlich der Leid verursachenden Emotionen wie Wut, Angst, Traurigkeit, Neid, Eifersucht und Scham – spielen eine evolutionäre Rolle.

Wie der Psychotherapeut Norberto Levy in *The Wisdom of Emotions (Die Weisheit der Emotionen)* feststellt, sind leidvolle Emotionen keineswegs »negativ«, sondern hochgradig funktionale Alarmmechanismen: Sie zeigen uns, was uns fehlt oder was uns beeinträchtigt oder beunruhigt, und sie geben uns die Möglichkeit, dies zu korrigieren. Wut zum Beispiel kann dir sagen, dass etwas oder jemand eine deiner Grenzen überschritten hat. Angst warnt dich vor einer Bedrohung, der du vielleicht nichts entgegenzusetzen hast. Traurigkeit ist das Bewusstsein eines Verlustes, der deine Aufmerksamkeit erfordert. Neid spricht von einer plötzlichen und schmerzhaften Wahrnehmung von Mangel.

Diese Emotionen sind zwar lebenswichtig, aber sie funktionieren nur, wenn du in der Lage bist, ihre Botschaft zu hören und etwas zu tun, um sie aufzulösen oder zu transformieren. Umgekehrt können sie, wenn du sie längere Zeit mit dir herumträgst, deine Gesundheit beeinträchtigen. Und warum? Weil ihr Auftauchen das sympathische Nervensystem aktiviert (das für die Kampf- oder Fluchtreaktion verantwortlich ist), mit der Folge einer Kaskade physiologischer Auswirkungen: Das Blut fließt aus der Großhirnrinde ab und trübt die Gedanken; das Herz schlägt stärker; der Körper spannt sich an und zieht sich zusammen, und du isolierst dich von deiner Umwelt. Wenn du zulässt, dass schmerzhafte Emotionen die Linse werden, durch die du das Leben betrachtest, schaltet sich dein Herz schließlich ab, und die Welt wird zu einem feindlichen und fremden Ort.

Über die längste Zeit ihrer Geschichte beschäftigte sich die Psychologie vor allem mit der Erforschung schwieriger Emotionen, da ihr Hauptziel darin bestand, Störungen der Psyche zu heilen und den Menschen zu helfen, sich besser an die Anforderungen der Gesellschaft anzupassen. In den 1950er-Jahren begann die humanistische Psychologie, diesen Trend umzukehren und sich auf Emotionen und Einstellungen zu konzentrieren, die dem Menschen nicht nur helfen, zu funktionieren, sondern sich zu entwickeln. So begann die Erforschung »positiver« Emotionen wie Selbstbewusstsein, Zufriedenheit, Freude, Verlangen, Vorfreude, Erleichterung, Interesse, Spaß und Euphorie. All diese Emotionen erzeugen angenehme Empfindungen und tragen zur Verbesserung der Stimmung, der Beziehungen und der Gesundheit bei.

Es gibt jedoch eine Untergruppe der positiven Emotionen, die es wert ist, näher betrachtet zu werden. Wir werden sie »essentielle« oder

»expansive« Emotionen nennen, weil sie uns mit einer Dimension unserer Existenz verbinden, die über das Biologische und sogar das Psychologische hinausgeht und in den Bereich des Spirituellen führt. Diese Emotionen sind von Natur aus transpersonal: Sie verbinden uns mit anderen, mit der Natur, mit der Erfahrung des Heiligen und mit der *LIEBE* als der letzten Realität der Existenz.

Warum Liebe in Großbuchstaben? Weil die Liebe nicht nur eine Emotion, ein Gefühl, eine Haltung, eine Entscheidung, eine Art zu sein und zu handeln ist, sondern auch die eigentliche Natur des Lebens. Es gibt keine Möglichkeit, dieses uralte Wissen – das von allen Weisheitstraditionen vertreten wird – empirisch nachzuweisen, aber es ist kaum möglich, sie nicht in verschiedenen Spiegeln reflektiert zu sehen, wie zum Beispiel:

- in der gegenseitigen Abhängigkeit aller Lebensformen, die sogar auf subatomarer Ebene zum Ausdruck kommt;
- in dem Drang aller Lebewesen zu wachsen, zu gedeihen und zu interagieren;
- in der Entwicklung eines Bewusstseins, das jeden Tag mehr Menschen dazu motiviert, mitzuarbeiten, um Leiden zu lindern und eine mitfühlendere Welt zu schaffen. Es mag Kräfte geben, die in die entgegengesetzte Richtung arbeiten, dies ändert jedoch nichts an der Tatsache, dass es eine positive Tendenz gibt, die sich in den globalen Statistiken widerspiegelt, die im Laufe der Jahrhunderte einen Rückgang der Gewalt in der Welt zeigen.

Joseph Campbell, der Mythologe, dessen Stimme mehrere Etappen unserer Reise beleuchtet, sagte einmal, das Leben sei zugleich schrecklich und wunderbar, und wir müssten es in seiner Gesamtheit annehmen. Aber, so fügte er hinzu, in seiner Mitte gibt es eine Süße. Diese Süße könnte man durchaus als Liebe bezeichnen.

Wenn LIEBE in Großbuchstaben – Liebe als Synonym für Bewusstsein – der Grund des Meeres ist, von dem alles ausgeht, könnten wir sagen, dass Handlungen, die von der Liebe getragen sind, die Flüsse nähren, die das Meer speisen, aus dem alles immer wieder neu geboren wird, in immerwährender Co-Kreation. Woran können wir dies auf dem Weg eines individuellen Lebens erkennen? In dieser doppelten Bewegung: Auf der einen Seite haben wir die Verpflichtung und das Bewusstsein, eine Person (oder eine Idee, eine Sache, einen Ort, eine Landschaft) zu lieben; aber wenn wir diese Verpflichtung nicht mit täglichen Gaben von liebevollen Handlungen nähren, dann kann diese »Liebe« an Kraft und Glanz verlieren, bis sie auf die bloße Erinnerung an etwas reduziert wird, das einmal da war.

Was sind also diese von Liebe durchdrungenen, transpersonalen Emotionen, die direkt in das Meer des Herzens fließen? Und was können wir tun, um sie herbeizurufen und sie täglich zu kultivieren?

Emotionen, die das Herz nähren

Hier ist eine Liste der wichtigsten: Staunen, Ehrfurcht, Dankbarkeit, Freude, Mitgefühl, Vergebung, Demut, Freundlichkeit, Hoffnung, Verwunderung, Hingabe, Inspiration, Zufriedenheit, Humor, Mut.

Da wir, wenn wir sie empfinden, der Quelle nahe sind, können wir all diese Emotionen fast als Nuancen oder Abstufungen der Liebe betrachten: Jede ist eine spezifische Qualität, die entsteht, wenn die Liebe eine bestimmte Facette des Lebens beleuchtet. Zum Beispiel kann man sich Ehrfurcht als jene Form vorstellen, die die Liebe annimmt, wenn sie durch das Prisma des Mysteriums leuchtet. Du kannst sie in einem Augenblick erleben, in dem du in den Himmel blickst und spürst, wie sich deine Brust dehnt, weil die Liebe, die du bist, sich in der Form der Unermesslichkeit und Transzendenz erkennt.

Dies sind einige der Nuancen, die jede der wesentlichen Emotionen beleuchten:

Staunen: Liebe plus Wahrnehmung des Geheimnisses.
Freude: Liebe plus Freude.
Mitgefühl: Liebe plus Empathie für Leiden.
Dankbarkeit: Liebe plus Wahrnehmung von Gnade.
Wertschätzung: Liebe plus Anerkennung der Tugend.
Hoffnung: Liebe plus Sinnfindung.

Vergebung: Liebe plus Akzeptanz der Fehlbarkeit.
Güte: Liebe plus Wunsch nach dem Glück der anderen.
Demut: Liebe plus Transzendenz des Egos.
Ehrfurcht: Liebe plus Bewunderung.
Verwunderung: Liebe plus Wertschätzung der Schönheit.
Vitalität: Liebe plus Spannkraft von Körper und Geist.
Hingabe: Liebe plus Engagement und Hingabe an jemanden oder etwas.
Inspiration: Liebe und ein Zustrom von spiritueller Energie.
Zufriedenheit: Liebe plus Frieden.
Humor: Liebe und Wertschätzung für das Unsinnige.
Mut: Liebe plus Stärke und Überzeugung.

Was ist der Rote Faden, der sich durch all diese Gefühle zieht? Sie alle holen uns aus den muffigen Ecken des Verstandes heraus und verbinden uns mit einer Wirklichkeit, die größer ist als unsere Gegebenheiten. Sie bestehen nicht lange neben leidvollen Emotionen, die von Natur aus defensiv sind, sondern verdrängen sie eher. Indem sie uns daran erinnern, dass wir nicht nur unser Verstand, unser Körper oder unsere Geschichten sind, sondern Teil einer unermesslich größeren Wirklichkeit, erzeugen die Gefühle des Herzens eine seltsame Art von Freude, die weder künstlich erzeugt noch durch schlichte Wendungen des Glücks verloren werden kann.

Wie Angst und Wut sind auch die Emotionen Mitgefühl und Dankbarkeit im limbischen Gehirn verwurzelt. Gleichzeitig scheinen sie aber auch eine Kategorie für sich zu sein. Die essentiellen Emotionen scheinen der Polarstern der Evolution zu sein. Sie haben sich später in der Geschichte unserer Spezies entwickelt und scheinen uns den Weg in die Zukunft zu weisen. Sie ermöglichen nicht nur flexibles, kreatives, integriertes und effizientes Denken und aktivieren den Parasympathikus (der uns Gelassenheit und Entspannung bringt), sondern sind auch ein Zeichen für emotionale Reife. In der Kindheit, Jugend und im frühen Erwachsenenalter widmen wir einen großen Teil unserer Energie der Entwicklung und Stärkung unseres Ichs, und für diesen Prozess sind defensive Emotionen notwendig. In der zweiten Lebenshälfte oder im zweiten Erwachsenenalter werden Emotionen wie Wut, Eifersucht und Neid, wenn alles gut geht, seltener und weniger stark und machen tieferen Impulsen Platz, die unserem Herzen und unserem höheren Selbst näher sind. Das heißt nicht, dass das Ego aufhört zu existieren, aber es wird immer mehr der Seele untergeordnet.

Eine merkwürdige Tatsache: Obwohl alle Emotionen von Natur aus ansteckend sind, haben wesentliche Emotionen auch eine »erhebende« Wirkung: Allein die Tatsache, dass man sie miterlebt, auch wenn man nicht direkt daran teilnimmt, öffnet das Herz und erweitert den Blick. Wie fühlst du dich, wenn du einen Teenager siehst, der einem alten Mann über die Straße hilft? Oder wenn du von jemandem liest, der sein Leben aufs Spiel setzt, um einen anderen zu retten? Oder sogar, wenn du einen Film siehst, in dem die Liebe trotz aller Widrigkeiten triumphiert? Wie fühlt sich deine Brust in solchen Momenten an? Welchen Ausdruck hast du im Gesicht? Welche Vorstellung hast du in solchen Momenten von der ultimativen Natur des Lebens? Schauen wir uns einige der Hauptmerkmale der wichtigsten essentiellen Emotionen an.

Ehrfurcht und Verwunderung

Ehrfurcht ist die Wahrnehmung von etwas, dessen Größe, Ausmaß, Dimension oder Qualität so gewaltig ist, dass es dich zwingt, deine mentalen Paradigmen neu zu bestimmen. Ein Sternenhimmel, ein Wasserfall, eine Gewitterwolke, der aufgehende Mond, die Sichtung eines Wals, ein Schwarm Gänse, der in Formation fliegt, eine Sinfonie, eine sportliche Leistung oder ein Akt höchster Güte oder Mitgefühls können dich in Ehrfurcht versetzen.

Die Physiologie dieses Gefühls verrät etwas über seine Natur: Deine Augen öffnen sich weit, deine Augenbrauen wölben sich, dein Brustkorb weitet sich. Mit deiner Atmung geschieht etwas Seltsames: Du holst tief Luft und hältst den Atem an, als ob du Platz für etwas schaffen willst, das so groß ist, dass es nicht in deinen Körper passt.

Ehrfurcht erinnert uns an unsere Kleinheit und gibt uns gleichzeitig das Gefühl, mit einem unermesslichen Ganzen verbunden zu sein. Ihre Wirkung ist so stark, dass die Zeit stehenbleibt: In dem Moment, in dem sich die Wolken auflösen und ein majestätischer Schneegipfel vor einem auftaucht, hört man auf, an die Aufgaben des nächsten Tages zu denken. Menschen, die an wissenschaftlichen Experimenten zum Thema Ehrfurcht teilgenommen haben, berichten, dass sie sich durch diese Emotion gelassener fühlen, die Zeit, die ihnen zur Verfügung steht, bewusster wahrnehmen, die Stärken anderer mehr zu schätzen wissen, bereit sind, anderen etwas zu geben, und zufriedener mit ihrem Leben sind. Auch ihr Immunsystem wird gestärkt. Psychologen vermuten, dass eine der direkten Auswirkungen der Ehrfurcht darin besteht, »prosoziales« Verhalten zu fördern: die Bereitschaft, mit anderen in unserer Gemeinschaft zusammenzukommen und zu kooperieren.

Es gibt auch eine andere Art von Ehrfurcht, die einen negativen Beigeschmack hat, weil sie eine Mischung aus Überraschung und Angst ist und sich wie eine Überwältigung anfühlt. Ehrfurcht in diesem Sinne wird durch ein nahes Gewitter, den Anblick eines Tsunamis, eine Wochenschau über einen Nazi-Aufmarsch oder durch die Vorstellung, sich in der Leere des Weltraums zu verlieren, hervorgerufen. Diese Phänomene lösen bei uns ehrfürchtige Angst aus, weil sie uns mit dem erschreckenden Aspekt des Geheimnisses konfrontieren. In den Worten des deutschen Theologen Rudolf Otto: *mysterium tremendum et fascinans* (das ungeheure und faszinierende Geheimnis; die Tatsache, dass das Leben zugleich wunderbar und überwältigend ist). Doch unabhängig von der Qualität unseres Erstaunens – ob positiv oder negativ, angenehm oder erschreckend – ist eines sicher: Wir sind nicht mehr dieselben, nachdem wir es erlebt haben.

Aktivitäten zur Kultivierung der Ehrfurcht

- Verbringe Zeit in der Natur. Gehe durch einen Park. Betrachte die Bäume von unten; berühre ihre Rinde, bewundere ihre Höhe, überlege, wie alt sie sind. Liege auf den Rücken und schaue in den Himmel, bei Tag oder bei Nacht. Gehe an einen Fluss, ans Meer oder an ein anderes Gewässer. Sieh dir Naturdokumentationen oder Sendungen über den Weltraum an.

- Höre Musik, vor allem solche, die dich bewegt und dir das Gefühl gibt, mit dem Mysterium verbunden zu sein.
- Verliere dich in einem Kunstwerk.
- Achte auf die kleinen, alltäglichen Dinge, gehe mit der Neugierde eines Kindes an sie heran. Der buddhistische Mönch Thich Nhat Hanh fordert uns auf:»Trinke deinen Tee langsam und ehrfürchtig, als wäre er die Achse, um die sich die Welt dreht – langsam, im Gleichgewicht, ohne Eile und ohne Gedanken an die Zukunft. Lebe den Augenblick. Nur dieser Moment ist Leben.«
- Lies oder denke über inspirierende Menschen nach. Sprich mit anderen über sie.
- Erinnere dich und schreibe über überraschende Fakten aus der Geschichte oder aus deiner persönlichen Geschichte.
- Schreibe über etwas, das dich in der Vergangenheit in Erstaunen versetzt hat. Die Emotionen, die durch eine Erinnerung an das Erstaunen ausgelöst werden, sind denen sehr ähnlich, die man empfindet, wenn man es in Echtzeit erlebt.
- Suche nach neuen Dingen, die dich überraschen: Finde neue Wege zu vertrauten Orten; experimentiere mit verschiedenen Arten, dich anzuziehen; probiere Musik aus, die du sonst nie hörst; koste Lebensmittel, die du noch nie probiert hast.
- Achte auf das Unerwartete in den Menschen, Landschaften und Situationen, die du gut zu kennen meinst.

Dankbarkeit

Dankbarkeit ist die Anerkennung von etwas Wertvollem, das uns gegeben wird, ohne dass wir dafür arbeiten oder etwas zurückgeben müssen. Mit anderen Worten: etwas, das wir allein aus Gnade erhalten. Unabhängig davon, wen wir als Geber des Geschenks wahrnehmen – eine andere Person, eine höhere Macht, das Leben selbst –, entsteht das Gefühl der Dankbarkeit spontan in uns und veranlasst uns, etwas zu tun: unsererseits ein Geschenk oder eine Geste zu machen oder unsere Liebe in den Worten »Danke« auszudrücken. Die

Kultivierung dieses Gefühls und der ihm zugrunde liegenden Haltung ist die einzige Möglichkeit, wirklich in Fülle zu leben.

»Die Wurzel der Freude ist Dankbarkeit. Es ist nicht die Freude, die uns dankbar macht, es ist die Dankbarkeit, die uns Freude schenkt«, sagt Bruder David Steindl-Rast, ein Benediktinermönch österreichischer Herkunft, Doktor der Anthropologie und Psychologie und Autor von einem Dutzend Büchern – und der dankenswerterweise das Vorwort zu diesem Buch geschrieben hat.

In *Gratefulness, the Heart of Prayer* (Dankbarkeit – Das Herz allen Betens) erinnert sich Bruder David daran, wie er im von den Nazis besetzten Österreich als Kind die Dankbarkeit früh entdeckte. Als er eines Tages die Luftschutzsirene hörte, die vor einem bevorstehenden Angriff warnte, rannte er zu einer nahegelegenen Kirche und flüchtete unter eine Bank, um sich vor herumfliegendem Glas und fallenden Trümmern zu schützen. Er wartete darauf, dass das Gewölbe der Kirche unter den herabfallenden Bomben einstürzen würde, was jedoch nicht geschah. Als die Sirene wieder ertönte und ankündigte, dass die Gefahr vorüber sei, kam der Junge wieder heraus. Was er sah:

Die Gebäude, die ich vor weniger als einer Stunde gesehen hatte, waren jetzt rauchende Trümmerhaufen. Aber dass überhaupt noch etwas zu sehen war, überraschte mich ungemein. Mein Blick fiel auf ein paar Quadratmeter Rasen inmitten all dieser Zerstörung. Es war, als hätte mir ein Freund einen Smaragd in der hohlen Hand angeboten. Niemals zuvor oder danach habe ich Gras gesehen, das so überraschend grün war.

Dieser erstaunte Junge hat sein Leben der Aufgabe gewidmet, anderen zu vermitteln, die Geschenke, die das Leben uns jeden Tag macht, mit Gewahrsein und echter Begeisterung anzunehmen. Er fährt fort:

In dem Moment, in dem ich das Geschenk als Geschenk anerkenne und mir damit meine Abhängigkeit eingestehe, bin ich frei und kann in voller Dankbarkeit vorangehen. Diese Fülle geht mit der Freude über die Wertschätzung des Geschenks einher. Wertschätzung ist eine Reaktion unserer Gefühle. Unser Intellekt erkennt das Geschenk als Geschenk, unser Wille nimmt es an, aber nur unsere Gefühle reagieren mit Freude und schätzen so das Geschenk voll und ganz.

In einem Video mit dem Titel *A Good Day* (Ein guter Tag), das mehrfach um die Welt gegangen ist und das viele Menschen als tägliche Nahrung für den Geist ansehen, lädt Bruder David uns ein, wach zu leben: »Du denkst, dass dies nur ein weiterer Tag in deinem Leben ist. Aber es ist nicht nur noch ein Tag. Es ist der eine Tag, der dir heute gegeben ist. Er ist ein Geschenk.«

Selbst wenn etwas schiefläuft, sagt David, selbst wenn wir Missbrauch, Gewalt oder Ungerechtigkeit erleben, können wir immer eine Gelegenheit finden, dankbar zu sein. Wir können froh sein, dass wir die Möglichkeit haben, zu protestieren, zu kämpfen, um die Dinge zu ändern, oder, wenn wir nichts anderes tun können, aus der Erfahrung zu lernen und in der Liebe zu wachsen. »Wir sind nie mehr als einen Gedanken vom Frieden des Herzens entfernt«, sagt dieser erstaunliche Mann. Wie können wir uns der einzigartigen Gelegenheit bewusstwerden, die sich uns in jedem Augenblick bietet? Lasse uns die Möglichkeiten aufzählen.

Aktivitäten zur Förderung der Dankbarkeit

- **Führe ein Dankbarkeitstagebuch.** Schreibe jeden Morgen oder Abend drei verschiedene Dinge auf, für die du an diesem Tag dankbar sein kannst. Es ist wichtig, konkret zu sein (nicht »Ich danke für meine Kinder«, sondern »Ich bin dankbar, dass mein Sohn mich mit einem Lächeln begrüßt hat«). Du kannst auch erklären oder näher ausführen, warum du für jede Sache, die du erwähnst, dankbar bist. Es lohnt sich, auch kleine alltägliche Freuden zu erwähnen, wie den

Kaffee, den dir jemand im Büro gekocht hat, die Sonne, die dich durch das Fenster wärmt, oder die kühle Brise, die dich wachmacht, wenn du auf die Straße gehst.

- **Schau, wer deine Wohltäter sind, und finde einen Weg, ihnen zu danken.** Denke an Menschen, die in der Vergangenheit etwas Wichtiges für dich getan haben, und schreibe ihnen einen Dankesbrief. Wenn möglich, lies ihnen den Brief persönlich vor und schaue ihnen dabei in die Augen. Wenn die Person nicht mehr unter euch weilt, kannst du den Brief verbrennen, vergraben oder in einen Bach oder Fluss werfen und ihn so symbolisch den schöpferischen Kräften des Universums anvertrauen.

- **Innehalten, schauen, handeln.** Dies ist eine Übung, die Bruder David empfohlen hat. Sie ist so einfach, dass sogar Kinder sie lernen können. Worin sie besteht? In jedem Moment, ganz gleich, was gerade passiert, kann man innehalten (mit dem, was man tut, aufhören, um ganz präsent zu sein), hinschauen (mit den Augen des Herzens hingucken und nach der Gelegenheit Ausschau halten, die sich bietet) und handeln (die Handlung ergreifen, die für den Moment geeignet erscheint: sich freuen, feiern, vergeben, danken oder Protest äußern und tun, was notwendig ist, um Ungerechtigkeiten zu korrigieren und Schmerzen zu lindern). »Meistens«, sagt er, »besteht die Gelegenheit, die sich bietet, darin, den Moment zu genießen.«

- **Übe Dankbarkeit durch Unterlassung.** Wenn du ein belastendes Gefühl erlebst, nimm dir einen Moment Zeit, dir vorzustellen, wie dein Leben aussehen würde, wenn du nicht alles hättest, was du hast – auch wenn dich etwas belastet.

    Wenn du zum Beispiel ein Problem mit deinem Auto hast, denke daran, dass du dich glücklich schätzen kannst, ein Auto zu haben. Wenn du dich mit jemandem streitest, denke daran, dass du froh bist, diesen Menschen in deinem Leben zu haben. Die Dichterin Jane Kenyon hat dieses Gefühl in ihrem Gedicht »Otherwise« mit den folgenden Worten perfekt eingefangen:

Ich bin aus dem Bett aufgestanden
auf zwei starken Beinen.
Es hätte auch
anders sein können.
Ich aß Müsli, süße Milch,
einen reifen, makellosen
Pfirsich. Es hätte
auch anders sein können
… Ich schlief in … einem Zimmer
mit Gemälden an den Wänden
und plante einen weiteren Tag
just so wie diesen.
Aber eines Tages, das weiß ich,
wird es anders sein.

- **Sei konkret, wenn du dich bedankst.** Wenn du dich bei jemandem für etwas bedankst, nenne die konkreten Fakten, für die du dankbar bist (»Danke, dass Sie mich mit einem Lächeln bedient haben«). Wann immer es möglich ist, solltest du deine Dankbarkeit nicht nur in Worten ausdrücken, sondern auch mit deinen Augen, deinem Gesichtsausdruck und deinem Herzen.
- **Halte den Raum für Dankbarkeit.** Wenn die Dinge schieflaufen und du nicht einmal einen Hauch des Gefühls der Dankbarkeit in dir finden kannst, kann es helfen, sich an Gelegenheiten zu erinnern, bei denen du es gefühlt hast, und in deinem Herzen Raum für die Möglichkeit zu schaffen, dass das Gefühl zurückkommt, was eine andere Art ist, sich in Hoffnung zu üben. Auf diese Weise schaffst du die Voraussetzungen dafür, dass du, wenn sich der Himmel aufklart, leichter nach Hause zurückfindest. In solchen Momenten kannst du Freunde, deine Familie oder deine Mitarbeiter um Hilfe bitten und dass sie diesen Raum für dich halten, bis du ihn für dich wiederfinden kannst.

Freude

Politische Auseinandersetzungen, wirtschaftlicher Abschwung, globale Erhitzung, ethnische und gesellschaftliche Gewalt, Naturkatastrophen und persönliche Schicksalsschläge das Bewusstsein für all diese ständigen Probleme macht den Menschen zu einer Spezies, die anfällig für Sorgen, Entmutigung und manchmal sogar für Angst ist. Die folgende Tatsache mag daher überraschen: Wissenschaftliche Studien zeigen, dass der natürliche Zustand des Menschen bei Abwesenheit von Stress, Angst oder Schmerz ein Zustand der Ruhe und Zufriedenheit, ja sogar der Freude ist. Dabei geht es nicht um das Glück, das durch ein bestimmtes Ereignis hervorgerufen wird, sondern um die Freude, die wir allein aufgrund der Tatsache empfinden, am Leben zu sein.

Du fragst dich vielleicht: Wenn das ein so »natürlicher« Zustand ist, warum können wir ihn dann so leicht verlieren? Die Antwort ist einfach: Evolution. Für unsere prähistorischen Vorfahren bedeutete die Anpassung an die Umwelt, dass sie auf Bedrohungen (ein lauerndes Raubtier, eine giftige Pflanze, eine Klippe) mehr achtgaben als auf Quellen der Freude. Daher hat sich das menschliche Gehirn mit einer negativen Tendenz entwickelt. Beweise gefällig? Neigst du nicht auch dazu, dich unter den Dutzenden von netten Dingen, die du täglich hörst, auf die eine nicht so nette Bemerkung zu konzentrieren, die jemand gemacht hat? Das hat uns eine schützende und intelligente Veranlagung beschert, die aber unserer langfristigen Gesundheit nicht gerade zuträglich ist, geschweige denn unserer täglichen Lebensqualität.

Verschiedene Studien haben ergeben, dass Menschen, die häufiger über freudige Erfahrungen berichten, mehr Antikörper gegen Grippe produzieren und ein geringeres Risiko für Herz-Kreislauf- und Lungenerkrankungen, Diabetes, Infektionen und Bluthochdruck haben. Sie scheinen auch länger zu leben als ihre Altersgenossen.

Bis vor kurzem dachte man, dass unser grundlegendes Wohlbefinden so gut wie unveränderlich sei. Heute wissen wir, vor allem dank der Forschungen der Psychologin Sonja Lyubomirsky, dass das Glück zu 50 Prozent von unserer genetischen Veranlagung, zu zehn Prozent von unseren Lebensumständen und zu 40 Prozent von unseren Handlungen (das heißt von den Einstellungen und Entscheidungen, die wir jeden Tag treffen) bestimmt wird. Hierbei können die folgenden Praktiken helfen. Du kannst dich vielleicht nicht von Traurigkeit in Ekstase versetzen, aber du kannst dein Grundgefühl von Glück auf konkrete und beständige Weise steigern.

Aktivitäten zur Förderung der Freude

- Wirke bewusst der negativen Voreingenommenheit deines Verstandes entgegen, der dazu neigt, gut aus dem Schlechten, aber schlecht aus dem Guten zu lernen. Das geht, indem du gezielt innehältst, um positive Ereignisse wahrzunehmen und sie in dir aufzunehmen – sie wirklich zu genießen, wie trivial sie auch scheinen mögen. Wie lange solltest du dich auf solche Ereignisse konzentrieren? Forscher empfehlen zwischen 10 und 20 Sekunden, um die Erfahrung zu intensivieren und dem Gehirn die Möglichkeit zu geben, sie in dein mittelfristiges Gedächtnis einzuspeichern. Wenn du dies ein Dutzend Mal am Tag tust, wirst du allmählich ein neues neuronales Netz knüpfen, das dir immer bewusster macht, dass dein Leben im wesentlichen bereits freudig und glücklich ist.
- Teile deine Freude mit anderen Menschen. Erzähle anderen von den guten Dingen, die dir passieren. Tue Dinge, die du gerne tust, mit Menschen, die du liebst. Freude gehört zu den Erfahrungen, die sich vermehren und wachsen, wenn man sie teilt.
- Nutze deine Gaben und Stärken. Erkenne deine besonderen Gaben – Kreativität, Neugier, Altruismus, soziale Intelligenz, Teamfähigkeit – und suche nach neuen Möglichkeiten, sie täglich anzuwenden und auszubauen.
- Suche nach Gelegenheiten zum Geben. Unsere Gehirne sind so verdrahtet, dass wir beim Geben Freude empfinden. Daher bereiten selbst die kleinsten freundlichen Taten dir mindestens genauso

viel Freude wie dem Menschen, dem sie zugutekommen. Wenn du dich bewusst bemühst, die Menschen um dich herum durch einfache, alltägliche Handlungen glücklich zu machen, wirst du dein Wohlbefinden mit dem besten und organischsten aller Dünger nähren.

Mitgefühl

Empathie ist die Fähigkeit, die Emotionen eines anderen Menschen zu spüren, und sie ist ein Grundpfeiler unserer Beziehungen. Mitgefühl ist die Empathie, die wir angesichts des Schmerzes eines anderen empfinden, und der Wunsch, diesen Schmerz zu lindern. Mit anderen Worten: Einfühlungsvermögen plus Liebe. Alle Religionen und Weisheitstraditionen halten diese Fähigkeit für eine der wichtigsten, die es zu entwickeln gilt, und alle formulieren eine Variante des als Goldene Regel bekannten moralischen Gebots: »Behandle andere so, wie du von ihnen behandelt werden möchtest« oder in ihrer negativen Formulierung: »Was du nicht willst, dass man dir tu', das füg' auch keinem anderen zu.«

Es ist wichtig, zwischen dem Mitgefühl und dem zu unterscheiden, was die Buddhisten seinen »nahen Feind« nennen (eine Eigenschaft, die ihm ähnelt, sich aber grundlegend von ihm unterscheidet): Mitleid. Es ist nicht falsch, Mitleid für eine andere Person oder eine Situation zu empfinden, aber Mitleid ist ein eher egoistisches Gefühl, das uns vom Schmerz des anderen wegbringt und uns sogar (unbewusst) das Gefühl geben kann, ein wenig überlegen zu sein, weil wir selbst nicht so fühlen. Mitgefühl hingegen schlägt eine Brücke, denn der Schmerz des anderen verletzt dich, als wäre es dein eigener Schmerz, und bewegt dich dazu, aus Liebe zu helfen. Als Gefühl hat es die Fähigkeit, dich dem anderen näherzubringen und euch beide geistig zu erheben. Die Wissenschaft bestätigt, dass Mitgefühl uns schützt, während Mitleid zu einer Art emotionaler Erschöpfung führen kann. Darunter leiden manchmal Menschen in Pflegeberufen, was letztlich zu einem Burnout führen kann. Bei Mitgefühl ist der Schmerz des anderen für dich schmerzhaft, aber dein Wunsch zu helfen (und sehr oft auch die Möglichkeit, dies zu tun) erhebt dein Herz. Es ist das, was eine Mutter empfindet, wenn sie ihrem fiebernden Sohn ein kaltes Tuch auf die Stirn legt: Sicherlich ist ihr Herz voller Sorgen, aber es ist von einem Kraftfeld der Liebe umgeben und geschützt.

Dieser edle Impuls koexistiert jedoch mit einer anderen evolutionären Tendenz unserer Spezies, nämlich der, die Menschen in Freunde und Feinde zu unterteilen und unser Mitgefühl nur den Ersteren vorzubehalten. Diese Tendenz trug dazu bei, unsere Vorfahren davor zu bewahren, den Speeren eines rivalisierenden Clans zum Opfer zu fallen. Heute müssen wir unser Leben nicht mehr unbedingt täglich mit dem Speer verteidigen, aber der Instinkt ist geblieben.

Kannst du den Kreis deines Mitgefühls bewusst erweitern? Eine von Tania Singer und Matthias Bolz am Max-Planck-Institut in Deutschland durchgeführte Studie bestätigt, dass du das kannst. Die Forscher entwarfen und testeten ein Programm, das aus drei Phasen bestand: der anhaltenden Praxis der Meditation, Übungen zum Erlernen der Perspektivenübernahme und der Praxis von *metta*, der bedingungslosen Liebe (die ich gleich erläutern werde). Die Versuchspersonen verbrachten drei Monate mit jeder Phase, und nach den vollen neun Monaten wurde festgestellt, dass sich verschiedene Bereiche des Gehirns, die mit Mitgefühl in Verbindung stehen, physisch vergrößert hatten. Es liegt auf der Hand, dass wir mit dem richtigen Training alle zu mitfühlenderen Menschen werden können.

Dieses Training hilft uns, die Zugehörigkeit zu einer bestimmten Ethnie, Religion, Kultur oder Zugehörigkeit zu lockern, die manchmal unser Denken vernebelt, so dass wir unsere Sorge und Fürsorge auf alle Menschen, auf alle fühlenden Wesen und sogar auf den Planeten selbst ausdehnen können.Das bedeutet nicht, dass du dich persönlich dafür verantwortlich fühlen musst, alle Sorgen der Welt zu lindern, sondern nur, dass du ihnen nicht gleichgültig gegenüberstehst und dass du in der Lage bist, dein Bestes zu tun, um zu helfen, wo immer du kannst. Oft ist alles, was wir bieten können, ein Wort, eine Umarmung oder ein stilles Gebet, aber selbst eine kleine Geste wird dir ein tiefes und echtes Gefühl der Zugehörigkeit geben.

Aktivitäten zur Förderung des Mitgefühls

- Kultiviere die Fähigkeit, Schmerz zu ertragen – deinen eigenen oder den eines anderen –, indem du in Kontakt mit deiner Atmung und deinem Körper kommst und den aufrichtigen Wunsch entwickelst, dass das Leiden ein Ende habe. Wenn jemand, den du kennst, von Trauer oder Angst übermannt wird, kann ein Gefühl der Offenheit, Akzeptanz und Empfänglichkeit das größte Geschenk sein, das du dieser Person machen kannst. Deine Reaktion muss nicht perfekt sein, solange sie aufrichtig ist. Die Gewissheit, dass deine Absicht gut ist, wird dir helfen, für die andere Person offen zu bleiben, ganz gleich, welche Prüfungen sie gerade durchmacht.

- Nimm die Auswirkungen des Mitgefühls in deinem Körper und deiner Seele wahr: Nimm wahr, wie sich dieses Gefühl in deiner Brust, deinem Hals, deinem Gesicht auswirkt; wie es deine Gedanken weicher macht und negative Gefühle wie Wut und Frustration mildert. Wenn du dir dies alles bewusst machst, kannst du das nächste Mal, wenn du es brauchst, mit diesem Gefühl in Kontakt treten.

- Entwickle einen Sinn für Perspektiven. Jedes Leben enthält ein gewisses Maß an Leid, und diese Tatsache macht es nicht zu einem schlechten Leben oder einem, das nicht lebenswert wäre. Ganz im Gegenteil, sagt Desmond Tutu, ehemaliger Erzbischof von Südafrika und Friedensnobelpreisträger: »Durch Schwäche und Verletzlichkeit lernen die meisten von uns Einfühlungsvermögen und Mitgefühl und entdecken so ihre Seele.« Wir müssen lernen, auf die Fähigkeit des anderen zu vertrauen, Leiden zu verarbeiten und daran zu wachsen.

- Mache dir die Technik des Naikan zu eigen, die im Japan der Nachkriegszeit von einem Geschäftsmann namens Yoshimoto Ishin entwickelt wurde. Das Wort bedeutet, »nach innen schauen«. Sie besteht darin, zu all deinen Beziehungen die folgenden drei Fragen zu stellen:

1 Was habe ich von dieser Person bekommen?

2 Was habe ich ihr gegeben?

3 Welche Probleme und Schwierigkeiten habe ich in das Leben dieser Person gebracht?

In der traditionellen japanischen Kultur wird die Rolle der Vorfahren über alles andere gestellt, und so beginnt man die Naikan-Praxis, indem man an seine Mutter denkt, um sich der Güte der Person bewusstzuwerden, die einen großgezogen hat, so unvollkommen sie auch gewesen sein mag. Wenn du dann die gleichen drei Fragen in Bezug auf andere Menschen stellst, mit denen du zu tun hast, wirst du ihnen gegenüber eine mitfühlende und duldsame Haltung entwickeln.

- Übe die Mitgefühlsmeditation. Achte bei geschlossenen Augen genau auf deinen Atem und stelle dir jemanden vor, den du sehr liebst. Lasse dich die Liebe spüren, die diese Person in dir auslöst, und lasse sie wachsen und sich ausdehnen.
- Denke dann an den Anteil an Leid, den diese Person erfahren hat, und lasse deine Liebe zu ihr hinfließen. Gleichzeitig rezitiere im Stillen die folgenden Sätze: »Möge dein Leiden aufhören Möge diese schwierige Zeit vorübergehen Mögen sich die Dinge für dich bessern.« Du kannst diese Praxis auf andere Leidende ausdehnen und schließlich die gleichen guten Wünsche an alle fühlenden Wesen in der Welt senden.
- Übe dich in Selbstmitgefühl. Im Westen haben wir eine ausgeprägte Neigung, uns selbst schlecht zu behandeln, als ob wir immer auf die eine oder andere Weise mangelhaft wären und als ob nichts, was wir tun, jemals genug sein würde, damit wir uns würdig fühlen. Die buddhistische Autorin Tara Brach nennt diese verzerrte Vorstellung von uns selbst die »Trance der Unwürdigkeit«. Hier sind einige Übungen, die helfen, dieser Tendenz entgegenzuwirken:

1 Frage dich zu verschiedenen Zeiten des Tages: Gibt es einen Teil von mir, den ich in diesem Moment ablehne? Allein der Blick auf diesen abgelehnten Aspekt – Müdigkeit, Kopfschmerzen, Wut,

Traurigkeit – kann dir helfen, ihn zu integrieren und nicht länger einen sinnlosen Kampf gegen dich selbst zu führen.

2 In Momenten körperlichen oder emotionalen Schmerzes kannst du eine Hand auf dein Herz legen und die folgenden Sätze sagen oder denken, die von der Expertin für Selbstmitgefühl Kristin Neff geprägt wurden: »Dies ist ein Moment des Leidens. Leiden ist ein Teil des menschlichen Lebens. Kann ich in diesem Moment freundlich mit mir umgehen?« Diese einfache Frage enthält viel Weisheit, denn sie erinnert uns an drei wichtige Wahrheiten: dass Leiden an sich nichts Schlechtes ist, sondern ein organischer Teil des Lebens; dass wir mit unserem Leiden nicht allein sind; und dass wir unserem Schmerz Liebe und Heilung entgegenbringen können.

3 Wann immer du mit schwierigen Gefühlen wie Angst oder Scham konfrontiert bist, kannst du eine Meditation praktizieren, die von Tara Brach gelehrt wird.

Dies sind die Schritte in Kurzform:

- **E**rkenne, was vor sich geht.
- **A**kzeptiere, dass die Erfahrung so ist, wie sie ist.
- **S**chaue sie dir neugierig und genau an.
- **B**ringe dir selbst Mitgefühl entgegen.

Hier ist jeder Schritt im einzelnen:

E: Gestehe sie dir bewusst ein: die Gedanken, Gefühle und Verhaltensweisen, die dich beeinträchtigen. Der erste Schritt aus der Trance der Unwürdigkeit besteht darin, zu erkennen, dass du in einer Denkweise gefangen bist, die von schmerzhaften und einschränkenden Überzeugungen geprägt ist. Vielleicht spürst du die folgenden »Symptome«: Unruhe in deinem Körper; eine kritische innere Stimme; Gefühle von Angst, Wut oder Scham. Zu Beginn beobachte einfach, was passiert.

A: Akzeptiere, dass die Erfahrung so ist, wie sie ist. Akzeptiere, dass die Gedanken, Emotionen und Empfindungen, die du festgestellt hast, da sind, ohne zu versuchen, sie zu kontrollieren, zu verändern, ihnen auszuweichen oder sie zu beurteilen. Eine Möglichkeit, dies zu tun, besteht darin, geistig »Ja« oder »Alles ist gut« zu flüstern, um die Erfahrung anzunehmen.

S: Sieh dir das, was dir widerfährt, mit Interesse genau an. Wenn du es einmal akzeptiert hast, kannst du es mit Neugier weiter erforschen. Frage dich vielleicht: Was braucht im Moment am meisten Aufmerksamkeit? Wie erlebe ich das in meinem Körper? Wo spüre ich es genau? Was glaube ich? Was kann ich durch diese Verletzlichkeit über mich selbst lernen? Was brauche ich am meisten? Es ist besser, die Antwort im Körper zu suchen als in der intellektuellen Analyse.

B: Bringe dir Mitgefühl entgegen. Selbstmitgefühl entsteht, wenn du anerkennst, dass du leidest, wird aber am stärksten, wenn du dein Selbst mit Liebe und Zärtlichkeit versorgst. Du kannst versuchen, herauszufinden, was der Teil von dir, der verletzt, verängstigt oder verwundet ist, am meisten braucht. Braucht er eine Botschaft der Beruhigung? Vergebung? Kameradschaft? Finde heraus, welche Geste dir Trost spendet oder dein Herz erweichen könnte. Es kann ein mentales Flüstern sein: »Ich bin bei dir«; »Es tut mir leid, dass du leidest, und ich liebe dich«; »Es ist nicht deine Schuld«; oder »Vertraue auf deine Großzügigkeit.«

4 Geshe Thupten Jinpa, Autor von *Fearless Heart: How the Courage to be Compassionate Can Transform our Lives* (Mitgefühl), empfiehlt, an der Selbstakzeptanz zu arbeiten, indem man sich an eine Person erinnert, die einen bedingungslos geliebt hat (vielleicht die eigene Mutter oder den eigenen Vater), oder sich eine Gestalt von großer Weisheit und großen Mitgefühls vorstellt (wie den Buddha, der als »ein liebender Freund sogar für einen Fremden« bekannt war, weil sein

Mitgefühl nicht davon abhing, den Empfänger zu kennen, sondern nur davon, in der Gegenwart eines fühlenden Wesens zu sein). Rufe dir das unendliche Mitgefühl der Person deiner Wahl auf und richte es auf dich selbst. Du kannst Sätze verwenden wie: »Möge dein Leiden enden«, »Mögen Frieden und Ruhe einkehren«, »Mögest du dir selbst Schutz geben.«

5 Wenn du eine innere Stimme hörst, die dich abwertet, ist es wichtig, sich daran zu erinnern, dass Gedanken nicht unbedingt die Realität widerspiegeln. Wenn du vom Verstand zum Herzen hinabsteigst, kannst du diese Gedanken manchmal umgehen und dich mit tieferen Gefühlen verbinden.

6 Eine weitere Komponente des Selbstmitgefühls ist die Fähigkeit, sich selbst zu vergeben (so wie das Mitgefühl uns erlaubt, anderen zu vergeben); und dieses wichtige Gefühl oder diese wichtige Handlung werden wir jetzt betrachten.

Vergebung

Wir alle haben andere verletzt und enttäuscht, absichtlich oder unabsichtlich, so wie wir alle verletzt und enttäuscht worden sind. Das ist ein Teil der menschlichen Natur. Der Weg, mit dieser Fehlbarkeit (und ihren Folgen) zu leben, ohne im Schmerz gefangen zu bleiben, besteht darin, Vergebung zu üben. Vergebung ist eine Handlung, und sie ist auch das Gefühl, das entsteht, wenn man in der Lage ist, die Last des Grolls abzulegen und sich wieder mit seinem Herzen zu verbinden. Vergebung entlastet nicht jemanden, der Schaden angerichtet hat, und ignoriert auch nicht die Folgen einer Handlung. Sie stellt vielmehr eine Verbindung zu etwas her, das größer ist als das Fehlverhalten und der Schaden, den es verursacht hat.

In der buddhistischen Psychologie wird Vergebung nicht als moralisches Gebot dargestellt, sondern vielmehr als eine Möglichkeit, Leiden zu beenden und dem Leben Harmonie und Würde zu verleihen. Vergebung bedeutet so gesehen, dass man sich mit der Tatsache abfindet, dass etwas Schlimmes passiert ist und dass man nichts daran ändern kann, obwohl man, wenn man es will – wenn man bereit ist –, darüber hinausgehen kann.

So wie Dankbarkeit mehr ist als das Wort »Danke«, beschränkt sich Vergebung nicht auf die Worte: »Ich vergebe dir.« Um heilend zu wirken, muss eine Entschuldigung von einem echten Gefühl der Reue und des Bedauerns begleitet sein. Dieses Gefühl kann nicht erzwungen werden; es ist das Ergebnis eines Prozesses. Wenn du den Versuch unternimmst, zu vergeben, und es nicht kannst, ist die Zeit vielleicht noch nicht gekommen, und du musst dir vielleicht auch selbst dafür vergeben. Wenn du jedoch beharrlich bleibst, wird das Gefühl höchstwahrscheinlich irgendwann auftauchen. Großzügigkeit und Wiederholung sind die beiden großen Verbündeten der Vergebung. Hier sind einige Vergebungsmeditationen, die der Autor und Lehrer Jack Kornfield vorgeschlagen hat.

Aktivitäten zur Kultivierung von Vergebung

- Von anderen Vergebung erhalten. Es gibt viele Möglichkeiten, wie wir andere verletzen, verraten oder im Stich lassen können, ob bewusst oder unbewusst, oft aufgrund von Schmerz, Angst, Wut oder Verwirrung. Wenn die Person, die du verletzt hast, in der Lage ist, deine Bitte um Vergebung zu hören, kannst du diese direkt aussprechen und gleichzeitig anbieten, den Schaden, den du angerichtet hast, wiedergutzumachen, wenn dies möglich ist. Wenn es nicht möglich ist, kannst du dir immer noch vorstellen, dass du Vergebung für das von dir Begangene erhältst. Dies ist die Meditation:

Ich erlaube mir, mich zu erinnern und den Schmerz zu fühlen, den ich anderen zugefügt habe. Ich fühle meinen Kummer und mein Bedauern. Ich fühle, dass ich endlich frei bin, diese Last loszulassen und um Vergebung zu bitten. Ich bringe mir jedes Leid, das ich verursacht habe, ins Bewusstsein, und die Menschen, die betroffen waren. Ich schaue jedem von ihnen in die Augen und sage leise: »Ich bitte euch um Vergebung. Ich bitte euch um Vergebung.«

- Vergebung für sich selbst. Es gibt viele Arten, wie wir uns selbst durch Worte oder Taten verletzen, verraten oder im Stich lassen. Hier ist die Meditation:

Ich betrachte die Art und Weise, wie ich mir selbst geschadet habe; ich fühle die Last, die ich als Folge davon getragen habe, und die Möglichkeit, diese Last loszulassen. Wenn du bereit bist, kannst du dir Vergebung für all diese Fehler anbieten, einen nach dem anderen, indem du wiederholst: »Für die Art und Weise, in der ich mir selbst Schaden zugefügt habe durch eine Handlung oder Unterlassung, aus Angst, Schmerz oder Verwirrung, biete ich mir selbst volle und aufrichtige Vergebung an. Ich vergebe mir selbst.«

- Vergebung für jene, die uns verletzt haben. Es gibt viele Anlässe, bei denen wir das Gefühl haben, von anderen verletzt, missbraucht oder im Stich gelassen worden zu sein, bewusst oder unbewusst, durch Worte, Taten oder Gedanken. Dies ist die Meditation:

Ich erlaube mir, den Schmerz zu fühlen, der durch diese Beleidigungen verursacht wurde, und ich biete mir die Möglichkeit, diese Last loszulassen, indem ich meine Vergebung ausbreite. Wenn dein Herz bereit ist, sprich: »Ich erinnere mich jetzt an die vielen Arten, wie andere mir aus Angst, Schmerz, Wut und Verwirrung Schaden zugefügt und mich verletzt haben. Ich habe diesen Schmerz schon zu lange in meinem Herzen getragen. In dem Maße, in dem ich dazu bereit bin, biete ich meine Vergebung an. Denen, die mich verletzt haben, biete ich meine Vergebung an. Ich vergebe ihnen.«

Wenn es dir schwerfällt, mit dem Gefühl der Vergebung in Kontakt zu kommen, kannst du entweder dein Höheres Selbst, eine Gestalt voll Weisheit und Mitgefühl oder dein Herz (je nachdem, was dir am meisten zusagt) um Hilfe bitten, um die Kraft dafür zu finden. Du kannst auch an die Vernunft appellieren und dich daran erinnern, dass der Zweck von Schuld und Scham darin besteht, zu lernen und zu wachsen, und nicht darin, ein Martyrium daraus zu machen.

Liebe

Als letztes auf der Liste, aber eigentlich an erster Stelle, werden wir sehen, dass es auch Praktiken gibt, um diese Mutter-Emotion zu kultivieren, die sowohl ein Ausdruck des Ozeans als auch seine eigentliche Quelle ist. Es stimmt zwar, dass die Liebe immer bei uns ist, aber ebenso klar ist, dass wir sie nicht immer fühlen können, so wie Musik in uns allen lebt, aber wir können sie nicht als wirklich wahrnehmen, bis wir unseren Mund öffnen und sie als Gesang äußern.

Bei den Übungen in »Das Dorf« ging es darum, die Wunden zu lindern und zu heilen, die sich wie große schwarze Gewitterwolken zwischen dich und die Sonne, die dein Herz ist, schieben. Die Übungen in diesem Kapitel laden dich dazu ein, die Wolken hinter dir zu lassen und dich darauf auszurichten, die Sonne durch direkte spirituelle Erfahrung zu verstärken. »In dem Moment, in dem wir unserer Liebe freien Lauf lassen, wird die Erde verwandelt, es gibt keinen Winter und keine Nacht; alle Unannehmlichkeiten verschwinden, alle Verpflichtungen sind abgegolten«, schrieb Ralph Waldo Emerson.

Aktivitäten zur Kultivierung der Liebe

- Führe ein »Andachtsbuch«: ein Notizbuch, in dem du Sätze, Ideen, Zitate, Gedanken, Lieder und Erinnerungen notierst, die dir helfen,

dich wieder mit einem liebevollen Ziel zu verbinden. Beginne deinen Tag mit einer Inspiration, zum Beispiel:
»Wache im Morgengrauen mit einem geflügelten Herzen auf und danke für einen weiteren Tag des Liebens.« (Kahlil Gibran) Es ist tröstlich, das Notizbuch als ständige Erinnerung an die eigene wahre Natur zur Hand zu haben.

- Sehen und gesehen werden. Sieh hinter die Masken, die die Menschen tragen, ihre schwierigen Gefühle, ihre Verletzlichkeit, ihre Wunden. Schaue durch sie hindurch, bis du in ihr Herz siehst, das sich allezeit danach sehnt, zu lieben und geliebt zu werden. Erlaube anderen, das gleiche in dir zu sehen.

- Übe *metta* (Pali für »universelle oder bedingungslose Liebe«). Diese ist eine der transzendentesten Meditationen im Buddhismus. Sie besteht darin, gute Wünsche zu rezitieren. Zuerst richte sie an dich selbst (da du genauso viel Liebe und Mitgefühl verdienst wie jeder andere Mensch). Zweitens schicke gute Gedanken an einen Wohltäter (jemanden, der einem geholfen hat oder einem Gutes wünscht) oder an einen geliebten Menschen. Drittens sende sie an eine neutrale Person (jemanden, über den du wenig weißt und der bei dir weder Anziehung noch Abneigung hervorruft). Schließlich richte deine Aufmerksamkeit auf eine Person, die du als schwierig empfindest.

Man könnte sagen, dass der große Wert dieser Technik im letzten Schritt enthalten ist, denn sie drängt dich, die Türen deines Herzens genau dann zu öffnen, wenn du den Drang hast, sie zu verschließen. In diesem Sinne ist es praktizierter Gleichmut und Ausgeglichenheit und ein Gegenmittel gegen unsere natürliche Neigung, einige wenige Personen in unserem inneren Kreis zu bevorzugen und all jene von unserer Fürsorge und Sorge auszuschließen, denen gegenüber wir gleichgültig oder sogar feindselig sind. Selbst wenn eine Beziehung so schwierig ist, dass du beschließt, dich nicht mehr mit diesem Menschen zu treffen (dessen Einstellung oder Verhalten dir Schmerzen bereitet), kannst du immer noch daran denken, dass dieser Mensch leidet und glücklich sein möchte, genau wie du, also wünsche ihm aufrichtig Glück und ein Ende seines Leidens. Es kann einige Zeit dauern, bis echte gute Wünsche auftauchen, aber wenn du diese Praxis beharrlich verfolgst, ist es wahrscheinlich, dass sie gut werden. Das physische Herz ist ein edles Organ, und das spirituelle Herz ist Stärke und Widerstandsfähigkeit.

Die geäußerten Wünsche können beispielsweise die folgenden sein:
- Möge er/sie glücklich sein.
- Möge er/sie bei guter Gesundheit sein.
- Möge er/sie sicher und beschützt sein.
- Möge er/sie friedlich und ruhig sein.

• Sich im Einfinden im Herzen üben. HeartMath hat Kurzübungen entwickelt, um dies inmitten negativer Emotionen oder wann immer du dich von der Welt abgetrennt fühlst, zu tun. Sie dauern nur ein paar Minuten. Hier sind die Schritte:

1 Lasse dein Bewusstsein vom Kopf zum Herzen hinabsteigen (als ob du mit einem Aufzug in die Mitte deiner Brust fahren würdest).
2 Spüre, dass du aus und in diesen Teil des Körpers atmest.
3 Rufe ein Gefühl der Liebe, Wertschätzung, des Mitgefühls oder der Dankbarkeit hervor. Es kann helfen, sich das Bild eines geliebten Menschen, einen Ort, den du gerne hast, oder eine glückliche Erinnerung ins Gedächtnis zu rufen.
4 Bemühe dich aufrichtig, die Emotion eine Zeit lang aufrechtzuerhalten (wenn möglich 5 bis 15 Minuten).
5 Strahle dieses Gefühl in die Welt aus und stelle dir vor, dass es jeden erreicht, der es braucht.

• Gute Fragen. Wann immer du nicht weißt, wie du dich in einer bestimmten Situation verhalten sollst, empfiehlt der Psychologe und Autor Rick Hanson, Fragen zu stellen wie: »Wenn ich ein liebender Mensch bin, was ist für mich in dieser Situation wichtig zu tun?« »Wenn ich auf die Liebe vertraue, welche ist die richtige Handlung?« Ich möchte noch eine einfachere Möglichkeit hinzufügen: »Was würde die Liebe an meiner Stelle tun?«

Als zusätzliche Motivation mag es hilfreich sein, sich an die Worte von Albert Einstein zu erinnern: »Der Mensch ist Teil eines Ganzen, das wir ›Universum‹ nennen, ein Teil, der in Zeit und Raum begrenzt ist. Er erlebt sich selbst, seine Gedanken und Gefühle, als etwas vom Rest Getrenntes – eine Art optische Täuschung seines Bewusstseins. Diese Täuschung ist für uns eine Art Gefängnis, das uns auf unsere persönlichen Wünsche und auf die Zuneigung zu einigen wenigen uns nahestehenden Personen beschränkt. Unsere Aufgabe muss es sein, uns aus diesem Gefängnis zu befreien, indem wir unseren Kreis des Mitgefühls auf alle Lebewesen und die gesamte Natur in ihrer Schönheit ausdehnen.«

Aus dem Herzen zu leben, bedeutet letztlich nicht, dass große Dinge geschehen müssen, um Dankbarkeit zu empfinden, dass man außergewöhnliche Menschen braucht, um Liebe und Zuneigung zu empfinden, dass man schreckliche Ereignisse braucht, um Mitgefühl zu empfinden, oder dass man majestätische Schauspiele braucht, um zu staunen. Wenn es dir gelingt, diese Gefühle zu deinem täglichen Brot zu machen, wirst du in der Lage sein, dich von jedem Schmerz, jeder Enttäuschung oder Niedergeschlagenheit zu erholen und an den Ort zurückzukehren, der dich zu deinem wahren Norden zurückruft: in das warme Wasser des Herzens.

WIE IM HIMMEL

So kommen wir am Ende eines Weges an, das – wie Mythen, wie Träume – nirgendwo und überall ist.

Hier, wo ich schreibe, ist es acht Uhr morgens an einem Sommersonntag. Ein Hauch von Wärme liegt in der Brise, als ich hinausgehe, um den Tag zu begrüßen. Ein Paar Spechte (frischgebackene Eltern: Ich habe sie mit ihren Jungen gesehen) frisst am Boden, geschützt durch die morgendliche Stille. Die Papageien plaudern leise, als wollten sie niemanden wecken. Der Kiskadee stößt einen Schrei aus.

Die Ulme an der Ecke hat sich vom Rückschnitt erholt und ist wieder rund wie ein Baum aus dem Bilderbuch. Vor der Schule streut der Pagodenbaum seine weißen Blüten auf den Gehweg. Im Herbst wird er Schoten hervorbringen, die wie Rosenkranzperlen aussehen.

Von der Ameisenkolonne, die in der vergangenen Nacht das Viertel Blatt für Blatt zerlegt hat, ist keine Spur zu sehen. Wo sind sie hin, um ihre Ernte einzusammeln? Der Schwalbenschwanz-Schmetterling sucht den Garten nach der einzigen Blume ab, für deren Nektar er auf die Welt gekommen ist, um daran zu nippen. Seine Geliebte (ein seltenes orchideenähnliches Geschöpf) versucht, ihn abzuwimmeln, aber er bleibt hartnäckig.

Hinter den Fensterläden trinken einige meiner Nachbarn ihren Morgenkaffee. Andere trinken allein Tee und genießen die Stille. Viele von ihnen, so stelle ich mir vor, schwimmen noch in den Wassern des Schlafs oder wachen langsam auf, noch durchtränkt von Abenteuern, an die sie sich in wenigen Minuten kaum noch erinnern werden, die aber vielleicht Spuren hinterlassen haben.

»Das ist die große Frage, die dir die Welt jeden Morgen stellt«, sagt Mary Oliver: »Hier bist du, lebendig. Möchtest du etwas dazu sagen?«

Wie wirst du reagieren?

Im Bett bleiben und die Überbleibsel der letzten Nacht auskosten? Oder gehst du hinaus in die Welt, um die Gerüche, Geräusche und Beschaffenheit der Erde in dir aufzunehmen? Vielleicht pflückst du Löwenzahnblüten, die am Wegesrand wachsen, um deinem Frühstück einen Hauch von Wildheit zu verleihen. Vielleicht beschließt du, Blätter, Samen und Tannenzapfen zu sammeln und einen Altar zu errichten, um die wechselnde Landschaft der Jahreszeiten in deinem Viertel, in deiner Nachbarschaft, in deinem Leben zu würdigen. Du wirst vielleicht unterwegs anhalten und Freunden und Fremden gute Fragen stellen.

Du wirst von den Antworten, die du bekommst, überrascht sein, aber besonders von deinen eigenen.

Du könntest dich dafür entscheiden, schwierige Gefühle, die in dir aufsteigen, zu beobachten und ihnen mit dem aufrichtigsten Mitgefühl zu begegnen, das du aufbringen kannst. Wenn du das Mitgefühl derzeit nicht in dir selbst finden kannst, kannst du es dir von jemand anderem ausleihen.

Zu jeder Zeit, besonders am Ende des Tages, kannst du dir einen Moment Zeit nehmen, um für alles zu danken.

Diese altehrwürdigen Praktiken und die vielen anderen, die wir auf dieser Reise geteilt haben, sind Riten der Wiederannäherung; Krümel, die wir zurücklassen, um uns daran zu erinnern, dass, wenn wir uns verirren, die Heimat immer nur einen Gedanken oder eine Handlung entfernt ist.

»Es dämmert nur der Tag, an dem wir wach sind«, sagte Thoreau. Der Mann des Waldes sprach nicht von einem einmaligen Erwachen, von einer Klarheit, die in einem weltbewegenden Moment über uns hereinbricht und Zweifel, Angst oder Vergessen für immer verbannt. Nein. Er sprach von der Art des Erwachens, die täglich stattfindet, jedes Mal, wenn man sich daran erinnert, die Augen weit zu öffnen und zu sehen.

Was sehen?

Den Zaunkönig, den Spatz, die Distel auf dem kargen Feld, die Sonnenblumen, die das Licht genießen, und den Hagelsturm, der auf die frisch aufgegangenen Knospen prasselt. Sieh deine Schwächen und deinen Wagemut. Sieh den Schmerz deiner Enttäuschung und die Freude über die wiedergefundene Hoffnung. Sieh den Augenblick, in dem die Welt von innen heraus leuchtet, und den Moment, in dem sie einzustürzen droht. Indem du mit den Augen des Herzens siehst, machst du das Leben neu und gehst dorthin, wo kein Kompass nötig ist, weil es kein festes Ziel gibt. Du gehst dorthin, wo das Wunderbare auf dich wartet.

Liste der Aktivitäten, Rezepte und Übungen

Erste Etappe: Der Urwald

Zweite Etappe: Der Garten

Dritte Etappe: Der Fluss

Vierte Etappe: Der Berggipfel

Fünfte Etappe: Der Sumpf

Sechste Etappe: Das Dorf

Achte Etappe: Der Leuchtturm

Neunte Etappe: Das Meer

Literaturverzeichnis

Einführung

Campbell, Joseph. *The Power of Myth*. New York: Doubleday, 1988.

Hillman, James. *The Soul's Code: In Search of Character and Calling*. New York: Warner, 1996.

Masters, Robert Augustus. *Spiritual Bypassing: When Spirituality Disconnects Us from What Really Matters*. Berkeley: North Atlantic, 2010.

Moore, Thomas. *Care of the Soul: How to add Depth and Meaning to Your Everyday Life*. London: Piatkus, 1992.

Plotkin, Bill. *Soulcraft: Crossing into the Mysteries of Nature and Psyche*. San Francisco: New World Library, 2003.
deutsch: Soulcraft: Die Mysterien von Natur und Seele. Arun, 2011.

Wilber, Ken; Patten, Terry; Leonard, Adam and Morelli, Marco. *Integral Life Practice: A 21st-Century Blueprint for Physical Health, Emotional Balance, Mental Clarity and Spiritual Awakening*. Boston: Integral, 2008.
deutsch: Integrale Lebenspraxis. Kösel, 2010.

Erste Etappe: Der Urwald

Dean Moore, Kathleen. *The Pine Island Paradox*. Minneapolis: Milkweed Editions, 2014.

Gladstar, Rosemary. *Rosemary Gladstar's Medicinal Herbs: A Beginner's Guide*. North Adams: Storey, 2012.

Harrod Buhner, Stephen. *The Secret Teachings of Plants: The Intelligence of the Heart in the Direct Perception of Nature*. Rochester: Bear & Company, 2004.
deutsch: Die heilende Seele der Pflanzen. Herba Press, 2017.

Haskell, George David. *The Song of Trees: Stories from Nature's Great Connectors*. New York: Viking, 2017.
deutsch: Der Gesang der Bäume. Kunstmann, 2017.

Pollan, Michael. *Second Nature. A Gardener's Education*. New York: Grove Press/Atlantic Monthly Press, 2003.
deutsch: Meine zweite Natur. Oekom, 2014.

Pretor-Pinney, Gavin. *The Cloudspotter's Guide*. London: Hodder & Stoughton, 2006.
deutsch: Wolkengucken. Heyne, 2006.

Rothenberg, David. *Why Birds Sing: A Journey into the Mysteries of Bird Song.* New York: Basic, 2005.
deutsch: Warum Vögel singen. Spektrum, 2007.
Thoreau, Henry David. *Walden; or, Life in the Woods,* various editions, 1854.
deutsch: Walden. Ein Leben in der Natur. dtv, 1999. *(Es gibt verschiedene Ausgaben in unterschiedlicher Übersetzung.)*
Wall Kimmerer, Robin. *Braiding Sweetgrass: Indigenous Wisdom, Scientific Knowledge and the Teachings of Plants.* Minneapolis: Milkweed Editions, 2014.
deutsch: Geflochtenes Süßgras. Aufbau, 2021.
Weed, Susun. *Healing Wise: The Wise Woman Herbal.* Woodstock: Ash Tree Publishing, 2003.
deutsch: HeilWeise. Frauenoffensive, 2000.
Young, Jon. *What the Robin Knows: How Birds Reveal the Secrets of the Natural World.* Wilmington: Mariner Books, 2013.

Zweite Etappe: Der Garten

Ackerman, Diane. *A Natural History of the Senses.* New York: Vintage, 1991.
deutsch: Die schöne Welt der Sinne. Europa-Verlag, 2002.
Crawford, Ilse. *The Sensual Home.* New York: Rizzoli, 1998.
deutsch: Wohngefühl. Augsburg: Augustus, 1998.
Hempton, Gordon. *One Square Inch of Silence: One Man's Search for Natural Silence in a Noisy World.* New York: Atria Books, 2009.
Norris, Gunilla. *Simple Ways Towards the Sacred.* London: SPCK, 2012.
deutsch: Die Weisheit der Wäscheklammer. Ostfildern: Patmos, 2013
Oliver, Mary. *Long Life: Essays and Other Writings.* Cambridge, MA: Da Capo Press, 2005.
Thomsen Brits, Louisa. *The Book of Hygge: The Danish Art of Contentment, Comfort and Connection.* New York: Plume, 2017.
deutsch: Hygge: Die dänische Art Mosaik, 2017.
Wiking, Meik. *The Little Book of Hygge: The Danish Way to Live Well.* New York: Penguin Life, 2016.
deutsch: Hygge – ein Lebensgefühl. Lübbe, 2016.

Dritte Etappe: Der Fluss

Asma, Stephen. *The Evolution of Imagination*. Chicago: University of Chicago Press, 2017.

Cameron, Julia. *The Artist's Way: A Course in Discovering and Recovering Your Creative Self*. London: Souvenir, 1994.
deutsch: Der Weg des Künstlers. München: Knaur, 2019.

Cheetham, Tom. *Imaginal Love: The Meanings of Imagination in Henry Corbin and James Hillman*. London: Spring Publications, 2015.

Eliade, Mircea. *The Sacred and the Profane: the Nature of Religion*. New York: Harper Torch Books, 1959.
deutsch: Das Heilige und das Profane. Insel, 1998.

Fezler, William. *Imagery for Healing, Knowledge, and Power*. New York: Fireside, 1990.

Harner, Michael. *The Way of the Shaman*. New York: Harper & Row, 1980.
deutsch: Der Weg des Schamanen. München: Heyne, 2013.

Johnson, Robert. *Inner Work: Using Dreams and Active Imagination for Personal Growth*. New York: HarperCollins, 1986.

Mellick, Jill. *The Art of Dreaming: Tools for Creative Dream Work*. Newburyport: Conari Press, 2001.

Vierte Etappe: Der Berggipfel

Campbell, Joseph. *The Power of Myth*. New York: Doubleday, 1988.

Jung, Carl Gustav. *Memories, Dreams, Reflections*. New York, Vintage: 1963.
deutsch: Erinnerungen – Träume – Gedanken. Walter, 1971 *(und weitere Ausgaben).*

Keen, Sam and Valley-Fox, Anne. *Your Mythic Journey: Finding Meaning in Your Life Through Writing and Storytelling*. New York: Penguin Putnam, 1989.

Krippner, Stanley and Feinstein, David. *Personal Mythology: Using Ritual, Dreams, and Imagination to Discover Your Inner Story*. Fulton: Energy Psychology Press, 1989.

Llewellyn Vaughan-Lee. *The Return of the Feminine and the World Soul*. Salisbury, UK: The Golden Sufi Center, 2009.
deutsch: Die Matrix des Lebens. Arbor, 2011.

Markova, Dawna. »From Rut to River: Co-Creating a Possible Future« in *The Fabric of the Future*. Newburyport: Conari Press, 1998.

Murdock, Maureen. *The Heroine's Journey*. Boston: Shambhala, 1990.
deutsch: Der Weg der Heldin. München: Heyne, 1999.

Pearson, Carol. *Awakening the Heroes Within: Twelve Archetypes to Help Us Find Ourselves and Transform the World*. San Francisco: HarperCollins, 1991.
deutsch: Die 12 seelischen Archetypen. München: Knaur, 1993.

Fünfte Etappe: Der Sumpf

Bly, Robert. *A Little Book on the Human Shadow*. New York: HarperCollins, 1988.
deutsch: Der Schatten. Wasserburg: Eagle Books, 2018.

Hollis, James. *Why Good People Do Bad Things: Understanding Our Darker Selves*. New York: Gotham, 2007.

Johnson, Robert. *Owning your Own Shadow: Understanding the Dark Side of the Psyche*. San Francisco: Harper San Francisco, 1994.

Johnson, Robert and Ruhl, Jerry. *Living your Unlived Life: Coping with Unrealized Dreams and Fulfilling your Purpose in the Second Half of Life*. New York: TarcherPerigee, 2017.

Von Franz, Marie-Louise. *Shadow and Evil in Fairy Tales*. New York: C. G. Jung Foundation Books, 1985.
deutsch: Der Schatten und das Böse im Märchen. Verlag Jungsche Psychologie, 2012.

Zweig, Connie and Abrams, Jeremiah (editors). *Meeting the Shadow: Hidden Power of the Dark Side of Human Nature*. New York: Penguin Putnam, 1990.
deutsch: Die Schattenseite der Seele. München: Scherz, 1993.

Sechste Etappe: Das Dorf

Hollis, James. *The Eden Project: In Search of the Magical Other*. Toronto: Inner City Books, 1998.

Masters, Robert Augustus. *Emotional Intimacy: A Comprehensive Guide to Connecting with the Power of Your Emotions*. Louisville: Sounds True, 2013.

Perel, Esther. *Mating in Captivity*. New York: HarperCollins, 2006.
deutsch: Was Liebe braucht. München: Heyne, 2020.

Schnarch, David. *Passionate Marriage: Keeping Love and Intimacy Alive in Committed Relationships*. New York: W. W. Norton & Company, 2009. *deutsch:* Die Psychologie sexueller Leidenschaft. Stuttgart: Klett, 2016.

Welwood, John. *Perfect Love, Imperfect Relationships: Healing the Wound of the Heart*. Boston: Shambhala, 2006. *deutsch:* Vollkommene Liebe. Freiburg: Arbor, 2007.

Winnicott, Donald. *Babies and their Mothers*. Cambridge: Perseus, 1987.

Siebte Etappe: Das Feuer

Andrae, Walter. *Die ionische Säule: Bauform oder Symbol?* Berlin: Berlin-Verlag für Kunstwissenschaft, 1933.

Driver, Tom. *Liberating Rites: Understanding the Transformative Power of Ritual*. Charleston: Booksearch Publishing, 2006.

Grimes, Ronald. *Deeply Into the Bone: Reinventing Rites of Passage*. Oakland: University of California Press, 2002.

Imber-Black, Evan; Roberts, Janine and Whiting, Richard. *Rituals in Families and Family Therapy*. New York: Norton, 1988. *deutsch:* Rituale. Carl Auer, 2015.

Van Gennep, Arnold. *Rites of Passage*, (trans. Monika Vizedom and Gabriel Caffee). Chicago: University of Chicago, 1960. *deutsch:* Übergangsriten. Campus, 2005.

Achte Etappe: Der Leuchtturm

Dass, Ram. *Still Here: Embracing Aging, Changing, and Dying*. New York: Penguin, 2000. *deutsch:* Die Reise geht weiter. München: Goldmann, 2001

Fehmi, Les. *Open Focus Brain: Harnessing the Power of Attention to Heal Mind and Body*. Durban: Trumpeter, 2008. *deutsch:* Open Focus Aufmerksamkeitstraining. München: Arkana, 2008.

Kornfield, Jack. *Meditation for Beginners*. Boulder: Sounds True, 2004. *deutsch:* Meditation für Anfänger. München: Arkana, 2007.

Nhat Hanh, Thich. *Being Peace*. Berkeley: Parallax Press, 1987. *deutsch:* Innerer Friede – Äußerer Friede. Theseus, 2001.

Piver, Susan. *Start Here Now: An Open-Hearted Guide to the Path and Practice of Meditation*. Boulder: Shambhala, 2015.

Salzberg, Sharon. *Real Love: The Art of Mindful Connection.* New York: Flatiron Books, 2017.
deutsch: Wahre Liebe. München: O.W. Barth, 2017

Neunte Etappe: Das Meer

Brach, Tara. *Radical Acceptance: Awakening the Love that Heals Fear and Shame.* New York: Bantam Dell, 2003.

Jinpa, Thupten. *A Fearless Heart: How the Courage to be Compassionate Can Transform our Lives.* New York: Avery, 2015.
deutsch: Mitgefühl. München, O.W. Barth, 2016.

Jung, Carl. *Memories, Dreams, Reflections.* ibid.
deutsch: Erinnerungen, Träume, Gedanken. ibid.

Kornfield, Jack. *A Path with Heart.* New York: Bantam, 1993.
deutsch: Frag den Buddha und geh den Weg des Herzens. Kösel, 2018.

Levy, Norberto. *La sabiduría de las emociones. Cómo interpretar el miedo, el enojo, la culpa, la envidia, la vergüenza.* Buenos Aires: Debolsillo, 2003.

Masters, Robert Augustus. *Emotional Intimacy: A Comprehensive Guide to Connecting with the Power of your Emotions.* Louisville: Sounds True, 2013.

Pearsall, Paul. *The Heart's Guide.* New York: Broadway, 1998.

Danksagung

Dieses Buch wurde als Kurs geboren. Ein Jahr lang erkundete ich mit einer Gruppe beherzter und engagierter Seelen Station für Station und lernte so viel von ihnen wie sie von mir. Ihre mutige Erkundung der verschiedenen Gebiete und die Entdeckungen, die sie auf ihrem Weg machten, führten zu den Seiten, die du in den Händen hältst. Mein erster Dank gilt ihnen.

Ich möchte Ana Vidal, meiner Agentin, für ihr Vertrauen in mein Werk und für ihre Hilfe bei der Verbreitung in der englischsprachigen Welt danken. Ich habe als Teenager in den Vereinigten Staaten gelebt, und nachdem wir nach Argentinien zurückgekehrt waren, war es für mich wie ein zweites Zuhause. Es berührt mich unbeschreiblich, dass ein kleiner Teil von mir zurückkehren wird.

Ich danke Sabine Weeke und Findhorn Press für die großzügige Aufnahme meines Buches und Jacqui Lewis für ihr kunstvolles und respektvolles Lektorat jeder Zeile. Ich danke Nick Inman für seine sorgfältige Übersetzung und dafür, dass er mir geholfen hat, die Äquivalente der Vögel und der wilden Nahrungsmittel in der nördlichen Hemisphäre zu finden. Welch ein Glück, dass ich einen Übersetzer gefunden habe, der meine schrulligen Leidenschaften teilt!

Meine ewige Dankbarkeit für Bruder David, für das unschätzbare Geschenk seiner Worte und für die Freude an unserer Freundschaft. Und an Beto Rizzo und Lizzie Testa, wunderbare Seelen, die uns einander vorgestellt und mich mit ihrer Zuneigung geehrt haben. Ich möchte mich bei meinen alten und neuen Freunden bedanken, die mich inspirieren und mir Halt geben und die Welt ganz und wahr und schön machen, jeden einzelnen Tag, in guten und in schlechten Zeiten.

Ich verschenke mein Herz an meine Familie. Meinem Vater, der, als er meinen ersten gedruckten Artikel sah, sich selbst zum »Präsidenten meines Fanclubs« erklärte und dies bis zum Ende blieb; meiner Mutter, die eine berufstätige Frau wurde, als dies noch nicht die Norm war, und die mir beibrachte, furchtlos in Richtung meiner Träume zu gehen; meinen Brüdern und ihren klugen und herausfordernden Gesprächen; meinen Schwägerinnen und Neffen und Nichten, für die Süße ihrer Gesellschaft; meiner Schwester, die mich zu früh verließ, deren poetische Stimme und Schönheit aber für immer in mir leben werden.

Ich möchte mich bei meiner angeheirateten Familie, den Pico-Berges, dafür bedanken, dass sie mich in ihren geistreichen, luziden und reizenden Stamm aufgenommen haben. Es ist mir eine Freude und eine Ehre, sie zu meinen Freunden zählen zu dürfen.

Meine dankbare Anerkennung an Sofi und Anouk, die mich zur stolzesten Stiefgroßmutter des Universums gemacht haben. Ihr seid wahrlich ein endloses Geschenk.

Meine Verehrung für Marina und Juan, die mir zehnmal mehr gezeigt haben, worum es bei der ganzen Aufregung um das Muttersein geht, und die meine Tage mit Freude, Licht und Lachen füllen.

Mauricio, alle Wege führen zu dir zurück. Du bist der Ort, an dem das Wunderbare wohnt, mein Leben.

Über die Autorin

Fabiana Fondevila ist Schriftstellerin, Ritualgestal-
terin, Aktivistin und Lehrerin aus Buenos Aires,
Argentinien. Ihre Arbeit verwebt Naturerforschung,
Traumarbeit, mythisches Bewusstsein, archetypische Psychologie, Sozialarbeit und essentielle Gefühle wie Ehrfurcht, Dankbarkeit und Lebendig-
keit. Fabianas Leidenschaft ist es, eine Brücke
zwischen innerer Arbeit und dem Handeln in der
Welt zu schlagen, so dass unsere tiefste Freude und die Bedürfnisse
der Welt einander so oft und so vollständig wie möglich begegnen und
sich gegenseitig nähren können.

Für weitere Informationen besuche ihre Website:
www.fabianafondevila.com

Hier kann man sich zum **Neue Erde-Newsletter** anmelden:
newsletter.neueerde.de/anmeldung

NEUE ERDE im Buchhandel

Neue Erde ist ein kleiner unabhängiger Verlag, und der unabhängige Buchhandel ist unser natürlicher Partner. Wir unterstützen die Initiative »buy local«.

Sollte es Lieferschwierigkeiten bei den Büchern von NEUE ERDE geben, lassen Sie immer im VLB (Verzeichnis lieferbarer Bücher) nachsehen, im Internet unter **www.buchhandel.de**

Alle lieferbaren Titel des Verlags sind für den Buchhandel verfügbar.

Sie finden unsere Bücher auch auf unserer Homepage **www.neue-erde.de** oder in unserem Gesamtverzeichnis, welches Sie gerne hier anfordern können:

NEUE ERDE GmbH
Cecilienstr. 29 · 66111 Saarbrücken
info@neue-erde.de